BESTSELLER

JACOBO GRINBERG-ZYLBERBAUM

PACHITA

DEBOLS!LLO

El papel utilizado para la impresión de este libro ha sido fabricado a partir de madera procedente de bosques y plantaciones gestionadas con los más altos estándares ambientales, garantizando una explotación de los recursos sostenible con el medio ambiente y beneficiosa para las personas.

Pachita

Primera edición en Debolsillo: abril, 2024
Primera reimpresión: mayo, 2024
Segunda reimpresión: julio, 2024
Tercera reimpresión: septiembre, 2024
Cuarta reimpresión: octubre, 2024
Quinta reimpresión: noviembre, 2024
Sexta reimpresión: noviembre, 2024
Séptima reimpresión: noviembre, 2024
Octava reimpresión: mayo, 2025
Novena reimpresión: agosto, 2025
Décima reimpresión: octubre, 2025
Undécima reimpresión: diciembre, 2025
Décima segunda reimpresión: febrero, 2026

D. R. © 1990, Jacobo Grinberg-Zylberbaum
D. R. © 2024, con la autorización de Estusha Grinberg Arditti

D. R. © 2026, derechos de edición mundiales en lengua castellana:
Penguin Random House Grupo Editorial, S. A. de C. V.
Blvd. Miguel de Cervantes Saavedra núm. 301, 1er piso,
colonia Granada, alcaldía Miguel Hidalgo, C. P. 11520,
Ciudad de México

penguinlibros.com

D. R. © 2024, Emiliano Ruiz Parra, por la semblanza
D. R. © 2024, Joaquín Nava, por la ilustración en portada
D. R. © 2024, Leilani Grinberg, por el retrato en interiores
Penguin Random House / Laura Velasco, por el diseño de portada

Penguin Random House Grupo Editorial apoya la protección del *copyright*. El *copyright* estimula la creatividad, defiende la diversidad en el ámbito de las ideas y el conocimiento, promueve la libre expresión y favorece una cultura viva. Gracias por comprar una edición autorizada de este libro y por respetar las leyes del Derecho de Autor y *copyright*. Al hacerlo está respaldando a los autores y permitiendo que PRHGE continúe publicando libros para todos los lectores.
Se reafirma y advierte que se encuentran reservados todos los derechos de autor y conexos sobre este libro y cualquiera de sus contenidos pertenecientes a PRHGE. Por lo que queda prohibido cualquier uso, reproducción, extracción, recopilación, procesamiento, transformación y/o explotación, sea total o parcial, ya en el pasado, ya en el presente o en el futuro, con fines de entrenamiento de cualquier clase de inteligencia artificial, minería de datos y textos, y en general, cualquier fin de desarrollo o comercialización de sistemas, herramientas o tecnologías de inteligencia artificial, incluyendo pero no limitado a la generación de obras derivadas o contenidos basados total o parcialmente en este libro y cualquiera de sus partes pertenecientes a PRHGE. Cualquier acto de los aquí descritos o cualquier otro similar, así como la distribución de ejemplares mediante alquiler o préstamo público, está sujeto a la celebración de una licencia. Realizar cualquiera de esas conductas sin licencia puede resultar en el ejercicio de acciones jurídicas.
Si necesita fotocopiar o escanear algún fragmento de esta obra diríjase a CeMPro
(Centro Mexicano de Protección y Fomento de los Derechos de Autor, https://cempro.org.mx).

ISBN: 978-607-384-241-9

Impreso en México – *Printed in Mexico*

ÍNDICE

Jacobo Grinberg-Zylberbaum: El Quijote de la ciencia,
por Emiliano Ruiz Parra   IX

Introducción   1
    La lattice del espacio-tiempo   1
    El campo neuronal   2
    El trabajo de Pachita   4
    Los orbitales de la conciencia   5
    La conciencia de Unidad   6
    El factor de direccionalidad y el procesador central 7
    El hipercampo   7

Presentación   9
    I. La entrada   21
   II. El espíritu sobre la materia   25
  III. Los daños   37
   IV. El aporte   47
    V. El séptimo día del séptimo mes   55
   VI. La Unidad   65
 VII. Cuauhtémoc   85

VIII.	Los seres	99
IX.	El hombre	109
X.	Patrones	113
XI.	Parral	117
XII.	El inicio	123
XIII.	Las visitas	133
XIV.	El hijo de Pachita	137
XV.	El exorcismo	141
XVI.	El monte Blanco	161
XVII.	Las consultas	167
XVIII.	La individualidad	175
XIX.	Lo que ustedes los mortales llaman ego	189
XX.	Fausto	205
XXI.	La obra	213
XXII.	Los guerreros	225
XXIII.	Quetzalcóatl	229
XXIV.	Primero de septiembre	245
XXV.	Vibraciones	251
XXVI.	Entre la justicia y la rueda de la fortuna	261
XXVII.	Lo absoluto y lo relativo	267
XXVIII.	El corazón	273
XXIX.	El médium dañado	279
XXX.	La muerte del Papa	289
XXXI.	El daño de Armando	291

Murmullos del silencio — 303
Agradecimientos — 309

JACOBO GRINBERG-ZYLBERBAUM: EL QUIJOTE DE LA CIENCIA

Por Emiliano Ruiz Parra

Jacobo Grinberg nació el 12 de diciembre de 1946 en la Ciudad de México, en una familia de inmigrantes que habían escapado de las persecuciones antisemitas en Europa del Este. Estudió Psicología en la Universidad Nacional Autónoma de México (UNAM) y un doctorado en Neurociencias en la Universidad de Nueva York.

Jacobo Grinberg es uno de los mexicanos más desafiantes de la segunda mitad del siglo XX. Eligió el cerebro humano como tema de investigación y se propuso responder a la pregunta de dónde proviene *la experiencia*, es decir, cómo se construye la realidad en la mente. Esa respuesta lo llevó a formular la *teoría sintérgica* (*sintergia*, neologismo derivado de *síntesis y energía*), de la que se hablará más adelante.

Grinberg fue un hombre de ciencia, obsesionado con las mediciones objetivas y puntuales, los experimentos y las comprobaciones de laboratorio. Esa obsesión, sin embargo, no le impidió cruzar fronteras: conoció y divulgó los supuestos dones de los chamanes indígenas como Pachita, que realizaba trasplantes de órganos con un cuchillo de monte. Se tomó en serio las escuelas místicas, en especial la cábala judía y el budismo tibetano; estudió y practicó la meditación y el yoga. Sus intereses intelectuales quedaron registrados en más de 50 libros. Fue un autor prolífico que lo mismo escribió textos científicos que cuentos, novelas y una autobiografía.

En diciembre de 1994 Jacobo Grinberg desapareció. Nunca fue localizado y las autoridades no obtuvieron mayores pistas de su paradero ni de los posibles responsables de su secuestro. Su repentina ausencia provocó, primero, una temporada de olvido. Grinberg no era bien visto por la comunidad científica de su época y durante años había soportado acusaciones de charlatanería y falta de rigor científico. Con el tiempo, sin embargo, se ha formado un público dispuesto a las propuestas del doctor Grinberg. Quien se aventure a leer sus libros encontrará a un autor audaz, a un científico que cruzó fronteras y, sobre todo, a un ser humano que buscó la libertad en cada palabra escrita.

El ortodoxo

Antes de convertirse en un científico de mente abierta, Jacobo Grinberg fue un hombre de normas y estructuras tradicionales. Cuando era joven, escogió como mentor al profesor más rígido y exigente de la carrera en Psicología: el médico y neurofisiólogo Héctor Brust Carmona. "Se convertiría en la influencia más importante de mi vida —escribió el propio Grinberg—, mi ser reconocía en Brust la figura paterna que mi inconsciente anhelaba".

En los sesenta los estudios de psicología habían surgido dentro de la Facultad de Filosofía y Letras de la UNAM, que bullía entre movimientos de izquierda, pensadores existencialistas y jóvenes en pleno despertar político y sexual. El plan de estudios incluía materias más duras, como la psicofisiología, y los estudiantes debían caminar a la Facultad de Medicina a tomarlas. Entre esos profesores estaba Brust Carmona.

"Me burlaba de las emociones, considerándolas muestras de debilidad —escribió Grinberg en su autobiografía *La batalla por el templo* (1991)—, el impulso a ser admitido me perseguía siempre". Después de rigurosos exámenes, el joven Grinberg entró como aprendiz al laboratorio que dirigía Brust Carmona y se vestía siempre de bata, traje y corbata. Tanto en el laboratorio como en su vida matrimonial "todo debía vivirse de la misma forma, sin desviación alguna", recordó después. El joven Jacobo —al igual que Brust Carmona— estudiaba el núcleo caudado del cerebro: justo la parte del órgano que regula el control.

En esa época se aceptaba y practicaba la experimentación con animales. En el laboratorio de Brust lo hacían, sobre todo, con gatos. Se les abría la cabeza, se les conectaban ánodos y cátodos en el cerebro, y se les estimulaba con proteínas. Lizette Arditti, quien fue su primera esposa, me cuenta que el examen profesional de Jacobo provocó conmoción. Llevó a un gato con electrodos en la cabeza. El auditorio se crispó cuando el michi enseñó los colmillos después de que le estimularon la amígdala (un núcleo subcortical en el cerebro). En ese entonces, escribió Grinberg, "solo aceptaba los resultados de experimentos controlados". Aprendió a dominar las artes quirúrgicas, el registro encefalográfico y el método experimental. Y comprendía la física cuántica, central para sus teorías de madurez.

Y llegó 1968, ese año que subvirtió a las juventudes en diversas ciudades del mundo y, por supuesto, en la Ciudad de México. Para ese entonces, Jacobo ya empezaba a cuestionarse sus ideas sobre la vida. Y dio el paso: al igual que cientos de miles de jóvenes universitarios, se sumó al movimiento estudiantil. "Me gustaban las normas —reflexionó después— pero también empezaba ya a anhelar un cambio de estructuras". La tarde del 2 de octubre tenía planeado acudir a la marcha a Tlatelolco, pero uno de los gatos del laboratorio sufrió una crisis y Jacobo pasó horas dándole respiración de boca a boca y eso le impidió llegar a la marcha que devino en masacre. En los días que sucedieron a la matanza de las Tres Culturas, Jacobo acudió a cuidar a los gatos en medio de una universidad tomada por los soldados.

"Empecé a sentir una necesidad imperiosa de libertad y todo el control que me había impuesto comenzó a resquebrajarse, dentro de mí hervía la inquietud y el deseo de algo desconocido". Su atuendo sufrió cambios: guardó la corbata y comenzó a usar guayaberas, mezclilla y tenis.

La madre

Hay un tópico que se repite en los textos acerca de Jacobo Grinberg: el impacto que le provocó la muerte de su madre. El niño Jacobo tenía 10 años y cuidó a su mamá en su agonía, en la casa familiar de la calle Sócrates, en la colonia Polanco. Él mismo se pregunta si esa orfandad lo llevó a estudiar el cerebro, pues su madre falleció de un tumor cerebral.

"Yo pasaba mucho tiempo solo cuidando a mi mamá; pensaba yo mucho y pensaba en las distintas dimensiones del mundo", le contó a su amigo Juan José Sánchez Sosa.

Sin ese cimiento que era Estusha Zylberbaum, la familia quedó a la deriva, en manos de un padre violento y de una nana, Petra, que cuidó a los pequeños hermanos Nathán, Jacobo y Gerardo Grinberg, de acuerdo con el relato autobiográfico del propio Jacobo.

En un ambiente doméstico sofocante, Jacobo Grinberg se matriculó en la licenciatura en Física en la Facultad de Ciencias de la UNAM. Y se inscribió en un grupo sionista: quería emigrar a Israel. En ese grupo conoció a Lizette Arditti. Jacobo, recuerda Arditti, era un muchacho lector y muy intelectual, que desde entonces lucía una larga y cerrada barba negra. En unos meses se instalaron como trabajadores agrícolas en un kibutz a escasos 500 metros de la Franja de Gaza —uno de los kibutz atacados por Hamas el 7 de octubre de 2023.

"Descubrimos el amor con mucha libertad. No estaban nuestros padres para decirnos así sí o así no. Era una exploración hermosa y muy libre", recuerda Arditti más de medio siglo después. Arditti lo sigue llamando Jaco, como le decía de cariño cuando eran novios.

Un año después, Grinberg volvió a México. Su padre había tenido otro hijo con una nueva esposa: un niño "que era una hermosura", como recuerda el propio Grinberg. Ese pequeño se convertiría en el célebre actor Ari Telch. Arditti regresó también a la casa de sus padres, en Guadalajara. Jacobo la visitaba cada que podía. El propio Grinberg cuenta en sus páginas autobiográficas que era tímido y se quedaba callado en las comidas con sus suegros. Pronto abandonó la física porque reparó que las matemáticas no eran su fuerte, se matriculó en la carrera de Psicología y consiguió trabajitos como ayudante de maestro y auxiliar de laboratorio. Su amigo y también estudiante de Psicología Juan José Sánchez Sosa recuerda que ambos trabajaban en el laboratorio de la Preparatoria 4, al poniente de la Ciudad de México. Con una mínima autonomía económica, el 25 de septiembre de 1968 Jacobo y Lizette se casaron en la sinagoga de la calle Monterrey, en la colonia Roma de la Ciudad de México. Lo celebraron con un brindis en la casa de los padres de Arditti, que se habían mudado a la Ciudad de México. En 1971 nació Estusha Grinberg, la única hija de Jacobo y Lizette.

Jacobo era un muchacho bajito y regordete de —más o menos— un metro sesenta de estatura. "Un osito", como lo recuerda Juan José Sánchez Sosa. Un joven de buen sentido del humor, que contaba chistes.

"Lo recuerdo muy claramente como alguien excepcionalmente despierto. Muy perceptivo. Era optimista y muy cercano interpersonalmente. Ponía mucha atención a lo que estaba uno diciendo, lo pensaba, lo comentaba e interactuaba a partir de eso", me dice Sánchez Sosa en su laboratorio de la Facultad de Psicología, de la que es profesor emérito.

Grinberg empezó a cuestionarse ideas incluso desde su propia vida personal.

"Abrazaba a Lizette, pero soñaba con otras mujeres", escribió Grinberg en su autobiografía.

"Era todo muy lindo hasta que Jacobo empezó a despertar a otras mujeres", me cuenta Arditti. Jacobo trató de convencerla de tener una relación abierta. "Yo no pude con eso. Me dije: tengo que hacerle caso a mi corazón, no a las ideas. Y ahí hay una separación contundente y Jacobo agarra su camino".

En *La batalla por el templo* Grinberg cuenta sus múltiples búsquedas que lo llevaron a romper con maneras de ser y de pensar que había aprendido de su rígida madre y de los maestros del Colegio Israelita. Grinberg amó profundamente a las mujeres. A su hija Estusha, sobre todo, y a Lizette mientras fue su pareja. Los enamoramientos de Grinberg eran como erupciones volcánicas. Se fascinaba por una mujer y la amaba locamente unas semanas; luego llegaba el aterrizaje a la realidad, empezaban los pleitos constantes y Grinberg se sentía agobiado.

"Siento que no era muy maduro en la parte afectiva", me dice Arditti en entrevista.

La pareja intentó una reconciliación. Grinberg se fue a estudiar el doctorado a la Universidad de Nueva York, al laboratorio de Estudios del Cerebro, que dirigía Roy John. En Nueva York, Grinberg experimentó un despertar intelectual y empezó a forjar sus más revolucionarias ideas. Lizette y la pequeña Estusha lo alcanzaron y retomaron la vida familiar. Pero a las pocas semanas ocurrió lo mismo: Jacobo se sintió "en una prisión" y la pareja se separó por segunda vez. El viaje, sin embargo, fue provechoso para ambos. Lizette hizo una maestría en Psicología Humanista y descubrió su segunda vocación, la pintura. Aun después de separarse, Grinberg le llevó a Arditti cada uno de sus más de 50 libros. Sabía que ella los leería y comprendería.

Años después, Grinberg reflexionaría acerca de su rompimiento con Arditti: "Lizette era mi amiga, hermana y esposa, y ambos nos sosteníamos a la perfección. Solamente cuando se pierde una relación así se percibe lo maravillosa que era".

La teoría sintérgica

Los chamanes indígenas, los lamas tibetanos, la cábala judía. Grinberg les dedicó atención y escribió sobre ellos como ningún otro investigador mexicano de su época. Pero fue más lejos, en busca de explicarse la conciencia terminó por ofrecer una teoría del cosmos. Grinberg se preguntó cómo se forma *la experiencia*: aquello que los seres humanos percibimos y conocemos como la realidad:

"Jacobo quería entender el mundo consciente: lo que vemos, tocamos, saboreamos, sentimos. A Jacobo le interesaba el hecho de que nosotros estamos conscientes y podemos hacernos preguntas como de dónde vienen los átomos, cuál es el origen de la vida, y otras", me dice Manuel Delaflor, quien fuera su discípulo durante seis años.

Grinberg pronto se dio cuenta de que no existía una dicotomía entre la realidad y nuestra percepción, o entre la materia y la idea que tenemos de esta. Ambas eran una sola cosa y había que entenderlas como una unidad. O mejor aún, como *la Unidad*.

Y para explicarlo ofreció la teoría sintérgica.

El universo —propone esta teoría— está conectado a través de la *lattice* (celosía, enrejado), una matriz, constituida a nivel cuántico, que contiene toda la información del universo. La lattice contiene la misma información en todos y cada uno de sus puntos. Lo que nosotros conocemos como realidad es el resultado de la interacción entre la lattice y nuestro campo neuronal. Pero el ser humano no es un receptor pasivo de la lattice. La conciencia no solo recibe la información. También participa de ella. Al hacerlo, la altera y la modifica.

"Cuando la energía se concentra de cierta forma en el cerebro se produce lo que él llama un campo neuronal, que interactúa con la lattice o matriz básica del espacio, y de esta interacción surge el mundo que vemos. ¿Cómo se crea la experiencia? Es la distorsión producida por la actividad cerebral —me explica Delaflor—. Sí existe un mundo material, pero lo que nosotros percibimos está mediado por esta interacción. Lo que percibimos está construido, no está dado".

El cerebro, para Grinberg, es una estructura *similar* a la lattice: un cuerpo orgánico cuyos 12 mil millones de neuronas se conectan por medio de los axones. El cerebro, dice Grinberg, es un espejo donde se refleja la lattice. Y el órgano capaz de decodificarla por medio de un proceso que llamó la *neuroalgoritmización*.

Durante meses, Grinberg estuvo presente en la sala de operaciones de Bárbara Guerrero, *Pachita*. ¿Cómo debe reaccionar un científico ante lo que veían sus ojos? Grinberg cuenta que Pachita sacaba tumores o transplantaba órganos sanos después de extirpar riñones o pulmones enfermos. Lo que más interpelaba a Grinberg era que, de la nada, aparecían en las manos de la chamana un riñón, un pulmón o un pedazo sano de cerebro que injertaba en los cuerpos de sus pacientes.

Grinberg se explicó esos milagros por medio de su teoría sintérgica. Decía: el cerebro de Pachita es capaz de alterar la lattice. Por eso el interés de Grinberg en estudiar los cerebros de los chamanes mexicanos y los lamas tibetanos.

"Lo voy a explicar en términos especulativos: si el cerebro construye el mundo que vemos, ¿qué pasa si nos encontramos con un cerebro que no procesa el mundo como los demás? El chamán aparentemente tiene capacidades que le permiten hacer predicciones o curaciones de formas que no son entendidas de manera convencional porque su conciencia es distinta: distorsionan de otra manera la base del espacio y, por lo tanto, tienen habilidades que otros no tienen. El interés de Jacobo, más que antropológico, era 'necesito encontrar cerebros que no funcionan como los cerebros convencionales para ver si la teoría tiene sustento'", dice Delaflor.

"Todos nuestros pensamientos están interrelacionados [...] muchos ni siquiera son nuestros, sino que vienen del colectivo", anotó Grinberg. En busca de huellas medibles de la interacción entre el cerebro humano y la lattice, pensó en el concepto *potencial transferido*. Quería saber si los cerebros de dos personas podían comunicarse. El experimento era sencillo: dos personas se encontraban y conversaban. Después, metía a cada uno a una cámara de Faraday, en donde no tenían ningún tipo de contacto. Ahí, estimulaba solo al sujeto A. Quería saber si el cerebro del sujeto B, en ese mismo momento, registraba una variación eléctrica medible por los aparatos. Según el periodista Sam Quiñones —que escribió sobre Grinberg tres años después de su desaparición—, sus resultados fueron positivos en el 25 por ciento de los casos.

"Para la ciencia son casualidad. Como no se ha logrado replicarlo con un nivel estadístico confiable, la comunidad científica lo ha eliminado de sus áreas de experimentación", escribió Leah Bella Attie (*Alicia en el país de la conciencia*). Attie era la colaboradora de Grinberg que estaba a cargo de los experimentos de potencial transferido a la desaparición del investigador.

La teoría sintérgica no se tomó en serio. "Me siento como excomulgado, viviendo al margen de la sociedad, [ese ha sido] el precio a pagar por no someterme al paradigma imperante", escribió Grinberg en *La batalla por el templo*.

Meses antes de desaparecer, Grinberg recibió a un reportero. Le dijo que sus investigaciones tenían tres vertientes: el enfoque neurofisiológico, que desarrollaba en el laboratorio; el enfoque chamánico, que se hacía en el trabajo de campo, y el estudio de las distintas escuelas místicas. "Lo acusan de charlatanería", lo provocó el reportero. "La ciencia se define por su método, no por sus temas", replicó el psicofisiólogo.

Sam Quiñones hace una bella síntesis de la sintergia: "La teoría por la que Grinberg llegó a ser conocido reflejaba su personalidad. Basándose en la física y en sus experiencias con curanderos, un poquito de Einstein, un poquito de doña Pachita, su mensaje esencial era cálido y esperanzador: toda la humanidad está interconectada. Grinberg pasó casi toda su vida de adulto tratando de probar esta idea. Si tuvo éxito o no es un debate que continúa en su ausencia".

El laboratorio

Así lo describe Manuel Delaflor: "Entrabas y había un espacio de oficina con el escritorio de Jacobo enfrente de una ventana. Había libreros por todos lados y podíamos sentarnos ahí ocho o diez personas con sillas alrededor del escritorio. Luego un pasillo, otra computadora y varios estantes y aparatos de registro electroencefalográfico. Después venía un baño independiente y una cámara de Faraday en donde podía la gente entrar y estar aislados electromagnéticamente del entorno".

Leah Bella Attie y Amira Valle tenían poco más de 20 años cuando trabajaban con Jacobo Grinberg. Ellas han escrito un libro para rescatar sus memorias y los trabajos científicos que hicieron con la dirección de su maestro. Se llama *Alicia en el país de la conciencia* e hicieron una edición de autor en 2014. Ellas conocieron a Jacobo Grinberg cuando él estaba en la cuarta década de su vida. Grinberg ya había desarrollado sus principales teorías. Era consciente de la heterodoxia de sus planteamientos y del rechazo que provocaban en los científicos institucionales.

En el volumen, Attie y Valle cuentan que cuando Jacobo Grinberg llegaba enojado al laboratorio "su energía era tan fuerte que las computadoras paraban o no prendían. Teníamos que poner las manos encima para que se calmaran como si fueran cachorritos". Por el contrario, cuando Grinberg estaba feliz y entusiasmado, "el hipercampo del laboratorio cambiaba" y los aparatos funcionaban a la perfección.

Jacobo Grinberg dirigía el laboratorio número 23 de la Facultad de Psicología de la UNAM, el cual obtuvo cuando lo nombraron coordinador de la maestría en Psicobiología. Allí pasaba la mayor parte de su tiempo. "Tenía cámaras de Faraday, electroencefalógrafos, equipos para inducir sonidos con bocinas; tenía registros psicofisiológicos, tasa cardiaca, pletismógrafo para respiración, [medidores de] temperatura distal periférica", recuerda Juan José Sánchez Sosa, quien, en la década de los noventa, era director de la Facultad de Psicología. La cotidianidad se desarrollaba entre computadoras, plumillas y papel de electroencefalograma.

"Jacobo era muy entusiasta y podía ser muy convincente y elocuente con las personas correctas. En la UNAM nosotros teníamos siempre las mejores computadoras antes que nadie. Era el mejor laboratorio", recuerda Delaflor.

Celebraba reuniones semanales cada viernes a las tres de la tarde. Attie y Valle cuentan que era una delicia intelectual. Discutir los proyectos de trabajo, los hacía hablar de filosofía, ciencias y disciplinas orientales. Y no tuvo problema en aceptar entre sus colaboradores al "genio autodidacta" —así lo llamaba— Manuel Delaflor, quien carecía de títulos y diplomas.

Jacobo Grinberg también se postulaba a diversas convocatorias del Conacyt y la UNAM para obtener becas para los 15 colaboradores que llegó a tener el laboratorio.

"No existían los buscadores [de internet], pero Jacobo era muy diestro buscando y encontrando qué fundaciones financiaban proyectos. Alguna vez me dijo 'no tienes idea de la cantidad de dinero que nadie usa porque nadie responde a las convocatorias'. Él conseguía dinero del Conacyt, que ya existía, con relativa facilidad", recuerda Sánchez Sosa.

Al laboratorio acudían lamas tibetanos, chamanes indígenas, cabalistas judíos, pacientes operados por Pachita. Grinberg los invitaba a que entraran a la cámara de Faraday, a ponerse gorritos con electrodos en la cabeza y medirles el *potencial evocado* y el *potencial transferido*, conceptos centrales en las investigaciones del equipo. El laboratorio era el epicentro, pero los investigadores salían a confrontar sus hallazgos. Delaflor recuerda que acompañó a su maestro a ver a luminarias contraculturales de su época como Carlos Castaneda —el autor de *Las enseñanzas de don Juan*— o el muy excéntrico jesuita Salvador Freixedo, experto en ovnis.

"Jacobo daba batallas frontales para defender el laboratorio de despiadados ataques", escribió Amira Valle. Ataques que provenían de "el grupo de neurofisiólogos que no podía aceptar que un miembro de su comunidad hubiese cambiado radicalmente el enfoque, alejándose de la ortodoxia". Por esas épocas, Grinberg dirigía el curso de meditación en el auditorio de la facultad; tenía la cátedra de Mecanismos de la Memoria, y además daba un seminario con especialistas, con quienes discutía temas diversos.

"Cuando empieza a describir estas otras experiencias que parecían no tener explicación, una gran cantidad de la comunidad científica de la UNAM y de afuera dijeron 'es otro charlatán, ya está hablando de cosas raras, no está haciendo ciencia', pero Jacobo nunca dejó de usar el laboratorio con la metodología apropiada'', recuerda su amigo y colega Sánchez Sosa.

"Cerramos los jueves", decía un letrero pegado en la puerta del laboratorio. Leah Bella Attie descubriría que los jueves Jacobo Grinberg se dedicaba a meditar, hacer yoga y profundizar en prácticas orientales. Leah quiso sumarse, después uno y otro colega de su equipo se fueron animando hasta que los jueves se convirtieron en el día en que varios integrantes del laboratorio viajaban a la cabaña que Grinberg tenía en algún lugar de los Altos de Morelos. Allí les enseñó yoga, meditación autoalusiva, Prana Yana (una técnica de respiración) y caminatas de conciencia: a cada paso había que tocarse un dedo y decir za-ta-na-ma... "Era ver al académico transformarse en nuestro maestro espiritual", escribió Attie. "Durante un tiempo, cada jueves, ahí íbamos a hacer meditación. La cabaña estaba en medio del bosque y no tenía agua ni luz, ni nada", dice Delaflor.

Era una época sin internet ni celulares. Las cartas se recibían por fax y se imprimían en ruidosas impresoras de puntos. No había teléfono adentro del laboratorio y, cuando Grinberg tenía llamada, Leah era la responsable de salir corriendo a contestar el teléfono.

Algunos colaboradores se ganaron el mote de "los cuatro sintérgicos". Uno de los sueños de Grinberg era establecer el Instituto Nacional para Estudios de la Conciencia (INPEC): un espacio donde integrar sus búsquedas científicas y espirituales: continuar con sus investigaciones y también enseñar meditación y yoga. Pero sobrevino su desaparición a fines de 1994 y sus proyectos quedaron en vilo.

Las fronteras

Jacobo Grinberg cruzó las fronteras de la ciencia. Experimentó con la ouija, el I-Ching, la astrología y la cábala; creyó en la *visión extraocular* (ver sin los ojos) y enseñó a los niños a practicarla. De acuerdo con sus escritos, alguna vez logró levitar; rememoró 12 vidas pasadas y al menos dos veces *mudó de cuerpo*. Fue a Costa Rica a buscar señales de la Atlántida, el continente perdido, acompañado de chamanas de ese país. Cuando Grinberg escribió sus libros la contaminación del aire en la Ciudad de México era ya insoportable. Según su propio testimonio, no se quedó cruzado de brazos: con ejercicios de respiración y meditación limpió la atmósfera de algunas de las manzanas a la redonda. Luego se comunicó a la Secretaría de Ecología (sic) para ofrecer su técnica y fue cortésmente desairado.

Pero acaso su experiencia más audaz la vivió junto a Bárbara Guerrero, *Pachita*, la chamana que hacía transplantes de órganos con un cuchillo de monte. Grinberg atestiguó decenas, acaso cientos de operaciones de pacientes que llegaban desahuciados y se iban felices, sanos y curados. Pachita —cuenta Grinberg— entraba en trance y el espíritu de Cuauhtémoc, el último emperador azteca, tomaba el cuerpo de la chamana. Grinberg se dirigía a Pachita como "Hermano", porque en realidad le hablaba a Cuauhtémoc, con quien conversaba en los intervalos entre paciente y paciente.

"Supe que yo estaba ahí no para fundar un instituto [de estudios de la conciencia] sino para establecer un puente de unión entre Cuauhtémoc y Quetzalcóatl […] Cuauhtémoc me animaba a escribir en un lenguaje florido […] me contaba de su vida de emperador y de la terrible conquista [a la] que fue sometido él y su reino", cuenta el propio Grinberg. "Publiqué un libro sobre Pachita y mis colegas de la UNAM pensaron que había enloquecido", recordó después.

En la India fue a buscar a un gurú de 800 años de edad, pero llegó tarde: había muerto tres días antes. En México buscó al chamán don Panchito, menos longevo, pero que llegó a los 130 años. También estuvo en busca de las huellas históricas del indio yaqui Juan Matus, el sabio de *Las enseñanzas de don Juan*. Se convenció de su existencia histórica y absorbió sus ideas por medio de los libros de Carlos Castaneda.

"Comencé a sospechar que las ideas que yo suponía mías en realidad me habían sido dadas por don Juan desde el otro mundo [...] mi campo neuronal había logrado interactuar con don Juan en alguna zona de la lattice".

He hecho una enumeración de algunas de las fronteras intelectuales que Grinberg cruzó, y que él mismo contó en el delicioso volumen autobiográfico *La batalla por el templo* (1991). Lo dicho aquí con prisa y trivialidad posee, en realidad, un atrevimiento que el lector solo encontrará cuando lea los libros de Grinberg.

Su audacia intelectual más seductora tiene un giro borgiano o de cuento de Philip K. Dick. Cuenta Grinberg que, en los años cincuenta, un inmigrante europeo llegó a una universidad norteamericana a dictar conferencias sobre la conciencia. Se le conocía como el Viejo. Convocó a sus estudiantes más comprometidos a apartarse a una vida de reflexión en una reserva indígena. Ahí, el maestro llegó a un grado tan elevado de meditación que un día se esfumó entre los árboles. Ese maestro se llamaba —coincidentemente— Jacobo *Albert* Grinberg-Zylberbaum.

Décadas después, uno de los discípulos del Viejo encontró los libros de Jacobo Grinberg —el mexicano—, y notó que coincidían punto por punto con las enseñanzas del viejo Albert. Grinberg —el joven— se pregunta si acaso el espíritu del Viejo lo ha tomado y guiado desde su infancia, específicamente desde un momento crucial: la muerte de su madre, Estusha. "¿Era Albert el arquitecto del plan y yo una simple herramienta en sus manos para realizar sus deseos?", se pregunta. Acerca de aquel hombre "de vez en cuando recibo noticias confirmatorias de su existencia y de su conexión misteriosa con la mía".

Sin embargo, dice Delaflor, Jacobo siempre renegó de que lo tildaran de *parapsicólogo*. "Esto es ciencia", decía.

Y nunca, recalca su amigo Sánchez Sosa, nunca Jacobo Grinberg perdió contacto con la realidad. Era reticente al consumo de alcohol y drogas. Nunca alucinó ni oyó voces.

"Buscaba la explicación científica para aquello que no parecía científico. Siempre regresaba a la metodología científica, principalmente la metodología experimental. Le alborotaba la mente el encontrar un puente entre lo que había visto aparentemente sin explicación ninguna y lo que sabíamos de neurofisiología y psicofisiología", afirma.

El hobbit

"De lejos parecías un hobbit de Tolkien, bajito, regordete", le escribe Amira Valle. Poseía una bella voz de tenor. En la intimidad —me cuenta Estusha Grinberg— le gustaba cantar arias de ópera. Acumulaba frascos de vitaminas y las consumía seguido, y en las paredes colgaba collages de fotografías de sus viajes, en particular sus retratos con lamas o chamanes. Le gustaba la comida judía, pero en la cotidianidad lo recuerdan comiendo en el puesto de quesadillas de la Facultad de Psicología y disfrutando tacos de chile relleno.

Se movía en cochecitos sencillos: un vochito azul celeste y un Brasilia que lo llevó con Estusha en un largo viaje hasta San Francisco, California. Se encerraba a escribir y a meditar en una cabaña en el fraccionamiento Los Robles, en Morelos, que había bautizado como *Safed* en honor a una ciudad de cabalistas en Israel. Ahí no había luz ni agua, solo paz y silencio.

Tenía carácter fuerte. Impulsivo, me dice Manuel Delaflor. "Gruñón, sangroncito, fascinante, un genio", añade Amira Valle. "Duro, exigente y perfeccionista", dice Leah Bella Attie. "No era una persona realizada, no tenía logros contemplativos ni regulación emocional", según Valle. "Jacobo era neurótico. Nos hizo llorar varias veces. La gente lo tenía idealizado: no estaba iluminado", remata Attie.

Ella cuenta que Grinberg dormía poco. "Decía que su cabeza era un radio. Un día no podía dormir, prendió su radio de onda corta y escuchó la noticia: empezaba la guerra del Golfo".

"Soy una especie de iluminado neurótico", se confesó Grinberg ante Attie. Hay una escena que quedó marcada en los recuerdos de Amira y Leah. Además de científica en ciernes, Leah era bailarina. Se preparaba para una presentación en el Festival Cervantino y tenía un ensayo aquella tarde. Se disculpó por retirarse antes de su hora de salida y se despidió de sus colegas. Grinberg montó en cólera. Golpeó la mesa con los puños y le puso un ultimátum: elige el laboratorio o la danza. Uno de los colaboradores lo llamó a la calma.

"Está bien, pero termina lo que estás haciendo en el laboratorio porque no me queda mucho tiempo", pidió Grinberg.

Su hija Estusha lo recuerda de una manera diametralmente distinta: un padre amorosísimo y muy consentidor, y un hombre sereno que nunca se estresaba. Amira Valle y Leah Bella Attie también lo rememoran haciendo expediciones al Espacio Escultórico para meditar en grupo o caminando entre las milpas y nopaleras de Morelos tras una sesión de yoga. A Grinberg le emocionaba el aprendizaje. Cuando aprendía algo nuevo parecía un niño feliz.

De niño le llamaban Jacky en la familia y lo hacía feliz ir de vacaciones a Acapulco. En ese entonces criaba tarántulas, desarmaba radios y televisores para aprender su funcionamiento y construía pequeños aviones. En esos años tuvo un sueño revelador: estaba adentro de una nave espacial y un ser extraño le ponía cables en la cabeza. Le enseñaba a leer libros con solo poner sus manos encima del volumen y le daba una predicción que se cumpliría décadas después: escribirás muchos libros.

El escritor

Nunca acudió a un taller literario ni manifestó, de niño o adolescente, deseo de convertirse en escritor. Sin embargo, un día —un día que recuerda bien Lizette Arditti— se propuso escribir.

"Yo quiero escribir, y voy a hacer mucho dinero de escribir. Siento que puedo hacer suficiente dinero y entonces voy a poder dejar la facultad".

Por aquel entonces Estusha tenía apenas cuatro añitos de edad. "Su apasionamiento por escribir le dio de un día para otro", recuerda Arditti. Era 1972, posiblemente. Desde entonces y hasta 1994, el año de su desaparición, Jacobo Grinberg escribió más de 50 libros. Sus obras solían ser breves, pero su fiebre escritural no deja de ser un portento para un académico de tiempo completo, viajero incansable, que pasaba parte de su tiempo buscando financiamientos para la investigación o tomaba algún empleo ocasional para completar sus ingresos.

"En ocasiones podía escribir durante horas y sentirme fresco en lugar de cansado", recordaba el propio Grinberg en el libro dedicado a Pachita. Y sí: llenaba agendas con su letra pequeñita que luego pasaban a máquina sus asistentes de investigación. Escribía cuatro libros simultáneamente y se aventuró a diversos géneros. Libros de texto para estudiantes, tratados científicos; pero también cuentos y novelas de ciencia ficción, poemas y su volumen autobiográfico, una honesta revisión de sí mismo —a veces quizá demasiado severa— que recuerda a las *Confesiones* de San Agustín.

"Se sentaba durante horas, todo lo escribía en manuscrita y nunca corregía, o mínimamente", añade Arditti, testigo de su súbita conversión a escritor. Primero empezó con cuentos: "Sus cuentos son sueños de libertad —me dice—, de encontrarse a un sabio en una cueva que le diga de qué trata la vida y el cosmos. Y tuvo una evolución hasta novelas más complejas como *Los cristales de la galaxia*, completamente integrada a la teoría sintérgica".

De joven se bebió a los grandes autores de ciencia ficción. Todos, dice Arditti: Asimov, Clarke, K. Dick, Le Guin…

A veces dictaba sus textos en casetes que luego transcribían sus asistentes de investigación. Los martes eran sus días de escritura en el laboratorio. Además, se encerraba en su cabaña del fraccionamiento Los Robles, en Ahuatlán, Morelos, a poner sus ideas en negro sobre blanco. Entre sus discípulas corrió la idea de que podía escribir un libro en una sola noche.

Aprendió a jugar con las palabras, como lo hizo con la creación del nombre de su teoría sintérgica. Con las metáforas puestas al servicio de la ciencia, la noche estrellada le hacía pensar en una red neuronal: las estrellas hacían sinapsis unas con otras. El cosmos como un gran cerebro pensando: pensándonos. Lo mismo imaginó del planeta: si la Tierra es un ser viviente —como estaba seguro que era—, ¿en dónde estaría su mente? ¿Dónde guardaría sus recuerdos? Alguna vez hizo esta pregunta frente a sus colegas del laboratorio y Amira Valle aventuró una respuesta: en el mar, ahí está la memoria de la Tierra. Grinberg asintió.

Los delfines

Jacobo Grinberg nadando con delfines. Esa es la última imagen que Amira Valle y Leah Bella Attie guardan de su maestro, en noviembre de 1994. Querían probar si era posible que los cerebros de los niños con autismo y los cerebros de los delfines experimentaran el potencial transferido. Habían conseguido gorritos con electrodos adaptables a los mamíferos marinos del parque acuático Atlantis, en el Bosque de Chapultepec. Como Attie estaba embarazada, se quedó en la orilla. Amira, Jacobo y Terita —su última esposa— se lanzaron al acuario con trajes de neopreno. Todo iba bien hasta que un delfín atacó a Terita y la obligó a salir de la alberca. La jornada de nado con delfines terminó con un regusto amargo.

Tres décadas después, estos sucesos se leen como una señal de mal augurio o, quizá, un asomo de advertencia interespecie. ¿Qué percibió aquel delfín de lo que ocurría con Grinberg?, se pregunta Attie.

"La conocí en una reunión, vestida al estilo iraní y con unos ojos rasgados que le daban una apariencia extraña. Más rara me pareció su conducta y su lenguaje", escribió el científico en su autobiografía. Poco antes de conocerla, Grinberg había visitado a un quiromanciano que había leído las líneas de su mano. Le dijo que "estaba a punto de conocer a [su] verdadera compañera... y que sería mi última oportunidad de formar una relación estable", como escribió Grinberg en *La batalla por el templo*. Grinberg decidió creerle y se casó con Teresa Mendoza, *Terita*, la mujer que ha sido señalada como sospechosa de colaborar en su desaparición.

En las vísperas del 12 de diciembre de 1994 —cumpleaños de Jacobo Grinberg— lo esperaban en casa de Luis Schettino —uno de "los cuatro sintérgicos"— para celebrar sus 48 años, pero nunca llegó. Su familia también le había preparado una comida que se quedó sin cumpleañero.

Las alertas tardaron algunas semanas en encenderse, porque Grinberg y Teresa tenían un viaje programado a Campeche y luego otro a la India. La policía de investigación descubriría después que ni siquiera habían comprado los vuelos. Nunca se volvió a saber de Jacobo Grinberg.

Hay distintos puntos de vista sobre los últimos meses del científico y en particular del papel de Terita. Sam Quiñones, periodista estadounidense que se interesó por el psicofisiólogo tres años después de su desaparición, afirma que 1994 había sido un buen año para el investigador. Los experimentos sobre potencial transferido eran prometedores; Grinberg los había llevado a un congreso internacional y había regresado *radiante*. Estaba feliz porque recibió noticias de que el libro *Pachita* sería traducido al inglés. En efecto, tenía problemas con Terita, pero se debían a que ella quería tener hijos y Jacobo no. Salvo eso, "Grinberg tenía todas las razones para estar con Terita".

Otros indicios apuntan a que Grinberg y Terita mantenían una pésima relación. A su hermano Jerry, Grinberg le había dicho que tenía miedo de su pareja y prefería dormir en una combi (testimonio dado al cineasta Ida Cuéllar). La desaparición sigue sin aclararse. El documental *El secreto del doctor Grinberg* (Ida Cuéllar, 2020) especula con la hipótesis de que la Agencia Central de Inteligencia de Estados Unidos (la CIA) secuestró a Grinberg —posiblemente— para usar sus descubrimientos con propósitos militares. La película de Cuéllar apunta a que Terita pudo haber colaborado en la desaparición.

A principios de diciembre de 1994, sonó el timbre del teléfono en el laboratorio. Ruth Cerezo, una de "los cuatro sintérgicos", tomó la llamada. Era Terita, quien le informaba escuetamente que ya no esperaran a Jacobo durante el resto del mes. Pero pasó el tiempo y, al no recibir señales de vida, la familia y amigos de Jacobo acudieron a las autoridades. La Procuraduría General de Justicia del Distrito Federal asignó al comandante Clemente Padilla como responsable de la investigación. Padilla estableció que Grinberg había desaparecido contra su voluntad, pero nunca lo encontró y apuntó hacia Teresa como sospechosa. Hasta el día de hoy el caso sigue sin aclararse.

Los recuerdos de Valle y Attie pintan a un Jacobo Grinberg librando batallas. Una de ellas con Terita: Jacobo llegaba alterado al laboratorio "especialmente después de pelearse con Teresa, y perdía por completo el control, [estaba] en mucha turbulencia emocional", escribieron en el manuscrito inédito *Anécdotas de laboratorio*.

La desaparición de Grinberg dejó en la orfandad a varios de sus colaboradores. "Cuando él desaparece canibalizan el laboratorio: todo el mundo se pelea por las cosas porque teníamos lo mejor de lo mejor", dice Delaflor. Valle y Attie acusan que aquellos colegas que menospreciaban su trabajo se apropiaron de las computadoras y los sofisticados aparatos de su laboratorio, que quedó clausurado. A Estusha se le permitió sacar objetos personales de su papá, pero las investigaciones, los *papers*, los proyectos quedaron interrumpidos y abandonados.

Desde entonces, la familia de Jacobo Grinberg se ha encargado de resguardar y difundir su legado. Lizette Arditti, en su momento, fue la creadora de las portadas originales de los libros de quien fuera su primer esposo. Su hija, Estusha Grinberg, gestiona la página web oficial: jacobogrinberg.com. Ella es una de las representantes más importantes del género World Music en México, y musicalizó el libro de poemas *Cantos de ignorancia iluminada* de su padre. Su página web es estusha.com. Nicolás Mesnage, yerno de Jacobo, ha sido un promotor infatigable de los libros de Grinberg, al ser el primero en digitalizarlos y ponerlos de vuelta al alcance del gran público. Jacobo Grinberg tiene hoy dos nietas —a las que no conoció—, Ixchel y Leilani. Esta última es la autora del retrato que acompaña este texto. La Biblioteca Jacobo Grinberg que se publicará en Debolsillo forma parte de este esfuerzo por mantener el legado del científico mexicano.

En internet circulan fantásticas hipótesis: que lo secuestraron los ovnis, que se transformó en el Subcomandante

Marcos del EZLN o que llegó a un estado meditativo tan elevado que simplemente se evaporó. Una de las teorías compara a Jacobo Grinberg con Neo, el personaje de la película *The Matrix* (hermanas Wachowski, 1999). La *matrix* es un programa de realidad virtual en el que todos vivimos inmersos. Los robots han tomado el control del mundo y nos mantienen esclavizados, conectados a cables para extraer nuestra energía. Esos mismos cables nos conectan a *the matrix*, a la ilusión en la que creemos estar vivos, mientras somos expoliados. Jacobo Grinberg, como Neo, se ha liberado de esa matriz y es el primer hombre libre de la Tierra. Y así se propaga la leyenda, el mito del autor de culto, guía intelectual y espiritual.

Lizette Arditti anota otra hipótesis: en un país como México, con 120 mil desaparecidos, te matan —y acaso te desaparecen— por robarte el dinero de la billetera.

Juan José Sánchez Sosa dice lo que perdió la ciencia: "Lo que le haya pasado es una pérdida gigante para la psicología en particular. Iba en el camino correcto, acabaría no sé si con el Premio Nobel, pero sí con un premio importante. Hubiera encontrado los principios regulatorios de lo que vemos y decimos: 'no lo puedo creer'. Y describir cómo ocurrió: cómo es que lo vi y cómo se explica".

¿Qué diría hoy si regresara?, se pregunta Lizette Arditti. Aventura una respuesta: aprovecharía los avances tecnológicos para probar sus teorías y prestaría poca atención a la mitificación de su personaje. Arditti lo compara con el Quijote. "Jacobo podría ser un Quijote. Porque el Quijote era un congruente total: vivía su cuento". Amira Valle le escribe con cariño y nostalgia: "Te mando un beso a la lattice, donde habitas por siempre". Amira Valle, Leah Bella Attie y Manuel Delaflor tienen además un proyecto: darle continuidad a las investigaciones de su maestro y reabrir un laboratorio para volver a ellas. Su hija Estusha Grinberg pide recordarlo no solo como un gran científico, sino, también, como un hombre que dio su vida por la búsqueda de libertad.

Retrato de Jacobo Grinberg-Zylberbaum hecho por su nieta Leilani Grinberg.
leilanigrinberg.com

INTRODUCCIÓN

El libro que presento a continuación es la versión completa y original de la descripción que resultó de mi trabajo al lado de Bárbara Guerrero, *Pachita*.

Una versión previa fue publicada en forma de dos volúmenes (*Pachita* y *Cuauhtemoctzin*) por la editorial Edamex.

Consideré necesario reunir aquellos dos volúmenes en uno solo y añadirle una introducción y una sección de presentación. La razón de incluir estas dos nuevas secciones obedece a las preguntas que surgieron en los lectores acerca de una posible explicación científica del trabajo que realizaba Pachita.

Mi intención es ofrecer esta explicación, aunque antes debo advertir que esta es únicamente una hipótesis de trabajo muy modesta y limitada.

La lattice del espacio-tiempo

La mecánica cuántica actual ha desarrollado una concepción acerca de la estructura del espacio que nos va a servir de punto de partida para intentar explicar el trabajo de Pachita.

El concepto de *lattice* considera que la estructura fundamental del espacio es una red o matriz energética hipercompleja de absoluta coherencia y total simetría. A esta red se le denomina lattice y se considera que en su estado fundamental constituye el espacio mismo omniabarcante y penetrando todo lo conocido.

Esta red permanece totalmente invisible hasta que alguna de sus porciones (por cualquier causa) altera su estado de coherencia. Una partícula elemental es precisamente una desorganización elemental de la estructura en cualquiera de sus localizaciones. Cualquier átomo o compuesto químico es una particular conformación estructural de la lattice con respecto a su estado fundamental de máxima coherencia.

La concepción de lattice surgió de los estudios de cristalografía, porque la estructura de cualquier cristal es una lattice de alta coherencia que se asemeja a la estructura del espacio.

A partir de Einstein, el concepto de espacio ha sido inseparable del tiempo, por lo que la consideración de la lattice del espacio-tiempo se refiere a ambos unificándolos. Si esta desapareciera, el espacio y el tiempo harían lo mismo.

Cualquier objeto "material" es en realidad una organización irrepetible de la estructura de la lattice. En su estado fundamental de total coherencia, no existen ni objetos ni alteraciones temporales fuera de la misma. Es únicamente cuando la lattice cambia su estructura fundamental que el tiempo transcurre y los objetos aparecen.

El campo neuronal

El cerebro humano es la conformación más compleja conocida de la estructura de la lattice (exceptuando la estructura fundamental de sí misma). Cada una de los 12 mil millones de neuronas del cerebro humano junto con todas sus conexiones anatómicas son otras tantas alteraciones de su estructura fundamental. Cada vez que una neurona se activa y su membrana celular cambia su potencial de reposo produciendo cambios eléctricos de superficie, la lattice cambia su conformación. El conjunto de las modificaciones de su estructura, que resultan de toda la actividad del cerebro, crea una alteración colosalmente compleja de sí misma.

Esta alteración ocurre en todas las dimensiones del espacio y se le denomina *campo neuronal*. El campo neuronal de un cerebro vivo continuamente interactúa con la lattice produciendo en ella conformaciones energéticas a las que denominamos imágenes visuales.

En realidad, el campo neuronal y la lattice forman una unidad y es esta la que sirve de fundamento al campo neuronal. Sin embargo, por razones didácticas hablaré de la interacción entre el campo neuronal y la lattice cuando haga referencia al efecto que el cerebro tiene sobre la estructura de esta última.

El mundo que conocemos resulta de la interacción entre el campo neuronal y la lattice. Todos vemos un mundo similar porque la estructura de nuestros cerebros es muy parecida y, por lo tanto, los campos neuronales que producimos son semejantes aunque irrepetibles y únicos a cada momento.

Existen, sin embargo, diferentes niveles de interacción y prácticamente un número infinito de conformaciones que el campo neuronal puede adoptar.

Las estructuras cerebrales que más se han utilizado durante la evolución son las más fijas estructural y energéticamente hablando. Esto explica la relativa fijeza de nuestra percepción visual. Al mismo tiempo, las estructuras cerebrales más nuevas, evolutivamente hablando, no tienen tal fijeza ni producen campos neuronales tan parecidos. Por ello, las creaciones intelectuales y el pensamiento son tan variables y con tanta capacidad de originalidad, aunque ambos, el mundo visual y el mundo del pensamiento tienen el mismo origen en la interacción del campo neuronal y la lattice.

De acuerdo con los estudios de la conciencia que indican que esta posee valores discretos dando lugar a niveles cualitativamente diferenciados de la experiencia, es posible suponer que la interacción entre el campo neuronal y la lattice posee congruencia solamente con ciertas bandas o niveles, mientras que otras no. Por ello existen mundos auditivos diferenciados de los visuales u olfativos y niveles particulares que la conciencia mística oriental conoce tan bien.

Algunos niveles de interacción solamente son accesibles después de un entrenamiento riguroso, mientras que otros son más cotidianos y comunes. En todos los niveles, sin embargo, el cerebro afecta la estructura de la lattice.

El trabajo de Pachita

Tal como el lector podrá constatar a través de la lectura de este libro, el nivel de la conciencia de Pachita era extraordinariamente diferenciado. Durante las operaciones que realizaba, ella era capaz de materializar y desmaterializar objetos, órganos y tejidos. El manejo de las estructuras orgánicas le permitía realizar trasplantes de órganos a voluntad, curaciones de todo tipo y diagnósticos a distancia con un poder y exactitud colosales. Estar junto a Pachita era una experiencia única en la cual se experimentaba el poder de su mente capaz de conocer los contenidos del pensamiento, las intenciones y las experiencias más íntimas de sus colaboradores y pacientes como si fueran un libro abierto. Además, Pachita lograba penetrar el tiempo prediciendo eventos futuros como si su campo neuronal en interacción con la lattice del espacio-tiempo decodificara y modificara la estructura temporal de la realidad.

Todos estos portentos pueden ser explicados si se acepta la posibilidad de que las modificaciones de la lattice producidas por el campo neuronal de Pachita eran capaces de modificar sustancialmente a aquella produciendo conformaciones similares a la de los objetos (en caso de las materializaciones) o retornos a la estructura de la lattice de los objetos (en caso de las desmaterializaciones).

Pachita poseía un control único sobre su campo neuronal transformándolo y modificando con él la estructura de la lattice. Aunque sus efectos parecían ser milagrosos, se basaban, de acuerdo con esta hipótesis, en el mismo mecanismo que todos utilizamos para crear nuestras imágenes o nuestros pensamientos.

Los orbitales de la conciencia

La existencia, antes mencionada, de niveles discretos congruentes en la interacción del campo neuronal y la lattice explica al Hermano Cuauhtémoc. Pachita decía que el espíritu del último emperador azteca trabajaba a través de su cuerpo realizando su trabajo. Ella se introducía a un trance transformando su personalidad y efectuando las operaciones a las que he hecho mención y que se describen con lujo de detalles en este libro.

De acuerdo con la hipótesis que he presentado, el campo neuronal de Pachita era capaz de interactuar en forma congruente con una banda de la lattice que ella denominaba Cuauhtémoc. A estas bandas la teoría sintérgica[1] las denomina los *orbitales de la conciencia*.

La conciencia de Unidad

El campo neuronal es capaz de mimetizar la estructura fundamental de la lattice. Esto se logra incrementando la coherencia inter y transhemisférica. Cuando la coherencia cerebral es así incrementada, el campo neuronal deja de modificar la estructura fundamental de la lattice y la conciencia se vuelve de Unidad. En este estado de Unidad total desaparece el ego y el sujeto de la experiencia se vuelve una especie de "rey de la creación" capaz de modificar la realidad desde sus orígenes.

No puedo explicar la existencia de Pachita y sus efectos a menos que acepte que ella había logrado llegar a la *conciencia de Unidad*. Esto me explicaría su capacidad de reconocer cualquiera de las mentes que se le aproximaban y su habilidad de hacer aparecer su conciencia en diferentes localizaciones del universo. Pachita decía ser capaz de salirse de su cuerpo y hacer aparecer su experiencia en localizaciones extracorpóreas. Esta capacidad implicaba entre otras la de poder focalizar su atención total en diferentes porciones de la lattice.

---

[1] La teoría sintérgica sostiene que la experiencia es la interacción del campo neuronal con la lattice.

El factor de direccionalidad y el procesador central

Normalmente hacemos algo similar con nuestra atención; la focalizamos en diferentes regiones de la interacción entre el campo neuronal y la lattice. La capacidad atentiva de Pachita era, sin embargo, extraordinariamente acrecentada. En ambos casos, la de la atención normal y la de la acrecentada, se requiere de un factor explicativo además de la interacción entre campo neuronal y lattice. A este factor la teoría sintérgica lo denomina *factor de direccionalidad*.

El factor de direccionalidad hace aparecer la experiencia consciente en diferentes regiones de la lattice y requiere de la existencia de un controlador del mismo al que la teoría sintérgica denomina *procesador central*.

Acerca de este último poco se sabe y solamente se puede conjeturar que pertenece al observador independiente de la lattice y el campo neuronal.

Este observador en diferentes tradiciones se ha denominado Ser, Purusha o Atman.

La existencia del observador se encuentra en la frontera del conocimiento científico precisamente por la necesidad de considerarlo independiente de la lattice. La aceptación del observador como independiente del mundo físico no ha sido aceptada por la ciencia, aunque para Pachita su realidad era incuestionable.

El hipercampo

Una consecuencia lógica de todo lo que antecede es la idea de que, sumada a la organización propia de la lattice y a su interacción con el campo neuronal, sea necesario considerar las interacciones entre todos los campos neuronales existentes en el seno de la lattice. A esta lattice que incorpora todos los campos neuronales se le denomina *hipercampo*.

Pachita parecía poseer la capacidad de decodificar el hipercampo conociendo, de esta forma, el estado de la conciencia planetaria. Esta capacidad de decodificación no era pasiva, puesto que ella afirmaba que, a través del Hermano Cuauhtémoc, se realizaban misiones planetarias de direccionalidad y modificación del hipercampo.

Cualquier alteración del hipercampo afecta a todos los campos neuronales y por lo tanto determina cambios en la conciencia individual y colectiva.

Una de las facetas más extraordinarias de Pachita era precisamente su trabajo en el hipercampo y su ideal de transformación para bien de la humanidad.[2]

JACOBO GRINBERG-ZYLBERBAUM
Ciudad Universitaria, 19 de mayo de 1987

---

[2] Al lector que tenga interés en profundizar más en estos aspectos teóricos, se le recomienda leer los siguientes libros de mi autoría:
El cerebro consciente, México: Trillas, 1979; y *El espacio y la conciencia*, México: Trillas, 1981.

PRESENTACIÓN

Conocí a Pachita cuando debía conocerla. Me preguntaba en ese entonces hasta dónde debía impulsarse la individualidad. Aún más, me interrogaba acerca del sentido real de la individualidad y todo lo que encontraba como respuesta no me satisfacía. Al mismo tiempo, algo dentro de mí no estaba completo. Con Pachita aprendí que la individualidad se conserva aún después de la muerte corporal, que la sensación de ser un yo mismo independiente y completo es sana y debe expandirse hasta acceder al todo, que la Unidad no se alcanza destruyendo el Yo, sino transformándolo después de aceptarlo. Todo me recordaba a John Cooke, quien decía que el ego debe ser amado, conocido y después olvidado. Su regalo más grande fue el entender que se es siempre y que, por lo tanto, es necesario respetar la vivencia de la existencia y no invalidarla.

Lo que veía en casa de Pachita desafiaba en un grado tan fundamental mis concepciones acerca del cuerpo y su importancia que después de la primera sesión de operaciones salí a la calle sintiéndome un espíritu y viviendo mi cuerpo como una especie de vehículo. Las notas después de esta sesión reflejaban ese estado de ánimo:

> … mi cuerpo, mi cuerpo es solo un instrumento, me dije a la salida de la casa de Pachita.
> El mercado con las flores brillaba en esa madrugada y yo me sentía unido con todo.
> Las flores son hermanitas, la tierra es hermanita, los gusanos son hermanitos, los pájaros, las víboras, los ojos.
> Mi cuerpo no me pertenece, mi cuerpo es un instrumento, el espíritu se mueve.
> Mis manos estaban rojas de la sangre vertida con el cuchillo de monte…

En esa primera sesión de operaciones yo había visto cómo una mujer se aproximó a Pachita para acostarse en una cama improvisada hecha de tablas semirrotas y allí, en medio de todos, un cuchillo de monte se introdujo en su vientre para sacar un tumor y trasplantar algún órgano interno. Esa mujer, la primera persona que vi operar, me dejó una huella indeleble. Recuerdo que, a punto de desmayarme tras ver la operación, algo en mí decidió proseguir y tomar todo con naturalidad y fuerza. ¿Qué fue y cómo logré no gritar de horror o salir corriendo de allí? ¡No lo sé! Lo cierto es que a partir de cierto instante me sentí como en mi casa y lo único que deseaba era ayudar y aprender.

Recuerdo que después de esa sesión estaba tan hambriento que decidí ir a cenar a un restaurante. Me senté y vi que todos se me quedaban viendo. Volteé a ver mis manos y me di cuenta de que estaban rojas de sangre.

El caso más extraordinario y el que me enseñó que realmente no existen límites, fue el de una niña, quien en una operación convencional había sido sobreanestesiada, dejándole su cerebro muerto por la falta de oxígeno. Los padres, desesperados después de ver una docena de neurólogos, dieron con Pachita y le pidieron ayuda. Pachita aceptó y la segunda operación que vi aquella primera noche, fue un trasplante de corteza cerebral en la niña sobreanestesiada.

Aquello fue demasiado difícil para mí

Durante más de 10 años me he dedicado a investigar algunos aspectos de la fisiología cerebral y aunque me considero bastante revolucionario entre mis colegas, jamás me imaginé, ni podría haber aceptado, que una parte del cerebro pudiera trasplantarse de un ser humano a otro. Jamás lo hubiera aceptado de no haberlo visto, pero el caso es que lo vi y eso me trastornó tan profundamente que, a partir de ese momento, todas mis concepciones psicofisiológicas cambiaron. La niña era un "vegetal" que no se movía ni hablaba ni controlaba sus esfínteres. En esa operación, y en cuatro subsecuentes, Pachita cortó el cuero cabelludo con el cuchillo de monte y después abrió el hueso del cráneo usando un pedazo de sierra de plomero.

Yo veía eso y parte de mí pensaba que no era cierto y otra que era maravillosamente real.

Después Pachita hizo aparecer una sección de corteza humana, tomó un pedazo en sus manos, le lanzó su aliento y le ordenó que viviera: "¡Vive!, ¡vive!", le gritaba.

Posteriormente, con la ayuda del cuchillo, introdujo el pedazo de corteza al cráneo de la niña y con una serie de movimientos extraños, lo dejó depositado allí. Por fin, la herida se cerró después de que yo fui invitado a colocar mis manos encima de la misma. A eso se le llamaba saturar. La niña fue vendada y devuelta a sus padres.

La operación se realizó sin anestesia, sin asepsia y considerando su magnitud y seriedad, lo que se podía haber esperado como mínima reacción era una meningitis fulminante. En lugar de ello, la niña se presentó a los 15 días para una nueva operación, sin infecciones, sin haberse muerto de shock postoperatorio y con algún síntoma de mejoría. De hecho, después de cuatro operaciones similares a la descrita, yo vi a esa niña empezar a tener movimientos voluntarios, balbucear vocablos, quejarse de dolor y molestias y sonreír, ¡sí! ¡Sonreír!

Cuando yo vi sonreír a esa niña y alcancé a comprender los motivos de su alegría, entendí que lo más fundamental es lo de mayor alcance espiritual, lo que cualquiera comprende, lo que se encuentra presente en todos los niveles, lo clásico, lo que se siente como certeza y mismidad.

Era el cumpleaños de Cuauhtémoc y el recinto de las operaciones fue vestido de flores y saturado de incienso. Pachita se sentó en el centro del cuarto, respiró profundamente y, unos minutos más tarde, el saludo de Cuauhtémoc nos introdujo a un mundo mágico. En un mensaje magnífico, el Hermano nos comunicó sus deseos y su amor. En cierto momento empezó a hablar de Dios y de sus designios. La niña en su silla de ruedas estaba en el recinto acompañada de sus padres y en el instante en el que el Hermano llega a la máxima profundidad espiritual, la niña sonrió. Cada vez que Cuauhtémoc alcanzaba un nivel que yo solo podría catalogar como de total trascendencia, la niña volvía a sonreír. Fuera de esos niveles, yo no notaba reacción alguna en ella. Aquello me enseñó lo que ya mencioné y me llenó de fe.

Una de las facetas más misteriosas de la obra era lo que acontecía con la conciencia de Pachita durante las operaciones. Recuerdo que cuando le leí el libro, la más asombrada era ella como si no recordara lo que acontecía en las operaciones o como si no hubiese estado en ellas. Esto último parecía lo más probable. Pachita, la conciencia de Pachita, estaba ausente durante las operaciones. ¿Cómo explicar esto? En realidad, no lo sé.

Armando y la misma Pachita decían que el espíritu de Pachita se iba de su cuerpo y que el espíritu del Hermano lo ocupaba mientras tanto. Creo que esta última era una explicación demasiado simple para lo que verdaderamente acontecía. Quizá, Pachita funcionaba en un nivel en el que su conciencia se conectaba con la estructura más fundamental de lo que la física llama lattice y de allí extraía todo su poder.

Una muestra de este poder yo la tuve en Parral. Cuando llegamos a esta ciudad, una sequía la tenía sedienta durante meses. Los campos estaban secos y la gente se quejaba del calor y de la falta de agua. Pachita hizo lo mismo. Usando el peor caló maldijo la sequía y pidió lluvia. A la media hora empezó a caer una llovizna ligera y en la noche comenzó una tormenta que no disminuiría su volumen de precipitación durante varios días.

Los ríos de Parral se empezaron a desbordar y en las calles la gente volteaba a ver el cielo y con ademanes de sorpresa y beneplácito agradecían la lluvia.

En el estado de Morelos yo había visto a don Lucio controlar una tormenta y me había maravillado de su poder. Lo que hacía Pachita me maravillaba aún más. ¿De dónde venía su fuerza?

De pequeña, Pachita había sido abandonada por sus padres y adoptada por un negro africano llamado Charles. Durante 14 años Charles cuidó de Pachita y le enseñó a ver las estrellas y a curar.

Después, Bárbara Guerrero, Pachita, luchó al lado de Villa, fue cabaretera, vendedora de billetes de lotería, cantaba en camiones de paso... Creo que haber vivido tantas experiencias la conectaron con lo que trascendía de todas ellas. De alguna manera, Pachita había logrado dejar atrás muchas ilusiones y eso la colocaba en un punto de contacto íntimo con la verdadera realidad. La verdadera realidad era lo que hacía.

Me parece que lo que he dicho no logra explicar por qué Pachita no era consciente durante las operaciones, a menos de aceptar que lo que nosotros conocíamos de Pachita, la personalidad que nos mostraba cotidianamente, era una especie de matriz de relaciones aparentes que desaparecía cuando la verdadera Pachita aparecía.

Creo que Armando no estaría de acuerdo con lo anterior. Él era el ayudante más veterano de Pachita y él mismo también se dedicaba a curar.

Sin embargo, él sí conservaba su conciencia habitual. Alguna vez me dijo que había hecho un trato con el Hermano y que este trato consistía en que, a cambio de mantener su conciencia, no recibiría tanta protección como Pachita. Por eso, me confesó, "he tenido tantos daños y Pachita me ha tenido que operar tantas veces".

Por supuesto que los daños y su significado merecen algún intento de explicación. Pachita y todo el chamanismo mexicano distinguen entre enfermedad buena y enfermedad mala. La enfermedad buena la consideran natural y curable con medicinas convencionales. La enfermedad mala, en cambio, son los daños. Alguien tiene una envidia (me explicaba alguna vez don Lucio) y la persona envidiada recibe una carga energética que lo enferma. Los daños son las introyecciones de los malos pensamientos de los otros, son las malas intenciones detectadas a niveles corporales.

Me parece que toda la concepción de los daños merece un estudio profundo, sobre todo para entender cómo una alteración en las características del campo neuronal puede materializarse en un cuerpo.

A las materializaciones a partir de la aparente nada, Pachita las denominaba "aportes". De pronto, Pachita hacía una serie de movimientos extraños con las manos y, sin que previamente hubiera un objeto, algo aparecía en la palma de su mano. Estas materializaciones eran cotidianas y parte normal de las sesiones. La física actual también ha observado algo similar en la súbita aparición de partículas elementales a partir de la lattice. Creo que el cerebro de Pachita era capaz de alterar la morfología del espacio y eso se manifestaba como una súbita materialización de un objeto.

A mí me dio un aporte que describo en uno de los capítulos de este libro. Por supuesto que la explicación que he ofrecido no dice nada acerca de la especificidad de los aportes. Yo recibí un pequeño óleo pintado por un artista chino llamado Flo; Memo, un hijo de Pachita, una medalla de oro con los símbolos de las 12 tribus de Israel; Armando, algo diferente. ¿De dónde provenían esas formas materializadas y cómo surgían tan perfectas e impecables? ¡No lo sé!

Pachita se consideraba miembro de la tribu perdida de Israel. En realidad, históricamente las 12 tribus de Israel se dividieron hace miles de años. 10 tribus abandonaron el territorio de Israel. De esta forma, se puede hablar de la existencia de 10 tribus perdidas de Israel. Pachita aseguraba pertenecer a una de ellas.

No puedo añadir nada más porque nunca hablé con Pachita acerca de ello.

Los pacientes que iban a ser operados se sometían a la ingestión preoperatoria de una serie de medicinas provenientes de otras tantas hierbas naturales. Memo ayudaba en la confección de las mismas y alguna vez me explicó cómo las preparaban. En las consultas, estas hierbas eran recetadas. Su variedad era extraordinaria, lo mismo que las formas en las que se preparaban. Recuerdo que a los pacientes diabéticos Pachita les recomendaba tomar un vaso de agua con clavos oxidados (solamente el agua por supuesto). Algunos de estos remedios los describo en el libro, por lo que allí refiero al lector interesado.

En las primeras sesiones, yo no distinguía o más bien no aceptaba que el Hermano, y no Pachita, operaba. Por supuesto, el cuerpo de Pachita no desaparecía durante las operaciones, lo que se transformaba era su personalidad. Yo estaba acostumbrado a meditar y sabía que una etapa de la meditación se caracteriza por un estado de apertura hacia contenidos inconscientes. Cuando se llega allí, se reciben mensajes y se vislumbra la existencia de un estado de conocimiento puro y alejado de convencionalismos. Todo ello se experimenta y se vive como algo maravilloso, pero se siente que pertenece al uno mismo, que el Yo no desaparece y otra entidad ocupa el cuerpo.

¡No, eso no se experimenta! Más bien la sensación es la de estar en contacto con otro nivel de uno mismo. Para

Pachita y para Armando, una transformación similar indicaba la entrada de otra entidad, el abandono del cuerpo por el uno mismo y la ocupación del mismo cuerpo por otro ser. Yo no podía creer eso y me resistí a aceptar la transformación que veía en la personalidad de Pachita como señal de la desaparición de Pachita y la aparición del Hermano Cuauhtémoc. Más bien, suponía que Pachita se introducía a un nivel de sí misma extraordinariamente poderoso y diferente al de su yo normal, pero era ella misma transformada y no otro ser ocupando su cuerpo.

Al terminar la primera sesión de operaciones, acompañé a una de las ayudantes de Pachita a su casa. Platicamos durante el trayecto:

Mi hija no podía respirar, escupía sangre y no había nada que hacer. La llevé con el Hermano, le sacó los pulmones, materializó unos pulmones nuevos y se los injertó.

Solo se me ocurrió preguntarle si había podido respirar entre la extracción y el injerto.

—¿Pudo respirar?

La mujer se rio y me dijo que habían sido unos pocos segundos de intervalo entre una y otra maniobra...

Recuerdo que yo estuve a punto de decirle que no era el Hermano el que había hecho aquello, sino la misma Pachita en otro nivel de conciencia, pero me contuve. ¿Quién era yo después de todo para afirmar algo así? Jamás en ninguna meditación había yo llegado a un nivel en el que pudiera trasplantar unos pulmones. ¿Cómo podía yo saber si en verdad Cuauhtémoc existía y era capaz realmente de ocupar el cuerpo de Pachita?

A partir de ese momento decidí no juzgar y simplemente aceptar lo que veía y oía.

Pero no era fácil. Yo pensaba que la Unidad existía y que la individualidad debía desaparecer para lograr la Unidad y he aquí que, si Cuauhtémoc era una entidad individualizada, entonces la individualidad no desaparecía. El intento de equilibrar mi concepto de Unidad con el de individualidad me llevó a una etapa de confusión de la que salí cuando meses después de la muerte de Pachita conocí a los sufis.

Un maestro sufi hablaba con Dios:
Dios, le decía, muéstrame tu presencia sin el velo de tus atributos.
Dios le contestaba con una negativa: ¡NO!
El sufi le rogaba:
¡Te lo suplico!
Dios le decía:
¡NO!, porque no podrás resistir la soledad de mi divina Unidad.
El sufi emocionado replicaba:
¡Pero si eso es precisamente lo que deseo, llegar a la Unidad!
Pues bien, Dios accedía,
sabe entonces que tú eres aquello...

¡Tú eres aquello! Esa respuesta me convenció de la ausencia de una real dicotomía. En la Unidad, la experiencia de existencia persiste. En la Unidad se llega al "uno mismo" que es idéntico para todos.

No intento invalidar la existencia del Hermano. Simplemente describo lo que vi sin negar experiencias y sin someter las vivencias a juicios críticos reduccionistas. Por ello, hablo de Cuauhtémoc y de Pachita y de Armando y de mí mismo como seres diferentes uno del otro, cuando en realidad todos somos un mismo y único Ser.

Durante toda mi experiencia al lado de Pachita, cogniciones interesantes aparecieron en mi mente. Las he compilado y algunas de ellas las reproduzco al final de este libro. Las he titulado "Murmullos del silencio", porque aparecieron en momentos de silencio conceptual y de gran paz. Aunque no relatan incidentes y aparentemente no están relacionadas con el resto de la obra, creo que su inclusión está justificada por haber aparecido durante mi colaboración con Pachita y porque enriquecen el texto.

Aunque en ocasiones la tentación casi traicionó mi prudencia, no he querido retocar los capítulos que ya estaban escritos ni tampoco añadir nuevas descripciones. Creo que haberlo hecho atentaría en contra de la frescura del texto. Una posible desventaja, sin embargo, es que algunas frases pudieron mejorar con una corrección o una descripción clarificarse usando el mismo procedimiento. Espero que el lector disculpe tales faltas y aprecie la frescura original. Esta última (cuando existe) resulta de haber escrito mis experiencias el mismo o el siguiente día después de las sesiones. Algo en mí mismo se comprometió a escribir con la mayor cantidad de detalles y eso solo era posible hacerlo con un intervalo mínimo entre la experiencia y la descripción de la misma. Sin embargo, confieso que mis propias carencias son un límite insalvable y que jamás pude describir todo lo que yo deseaba. Espero que lo descrito sea suficiente para que el lector sienta el carácter y la atmósfera de la obra de Pachita y del Hermano.

Mis antecedentes como psicofisiólogo están incluidos en algunos capítulos y secciones. Quiero decir con lo anterior que en algunas partes me introduzco en tecnicismos y explicaciones fisiológicas que quizá solo sean entendibles para el especialista. Creo que tengo algún derecho de incluir mi propia visión de esta obra y por ello me he atrevido a no suprimir las partes del libro con sabor fisiológico.

Han transcurrido años desde que viví las experiencias con Pachita y siento que no soy el mismo que era antes de conocer a esa maravillosa mujer. Su amor hacia todos sus pacientes era ejemplar, su entrega a la obra de curarlos totalmente y su buen humor y frescura hacían especialmente deliciosas las ocasiones en las que tuve oportunidad de acompañarla. En verdad, la extraño y la recuerdo mucho.

Considero que este libro es una continuación de la obra iniciada por Pachita y su heredad. Ojalá que el que lo lea impulse su amor al prójimo, a sí mismo y a Dios.

I

LA ENTRADA

Encontré la casa frente a un mercado lleno de flores. Se advertía un bullicio frente a la puerta; algunas sillas de ruedas, niños gritando y uno que otro ser extraño, maltrecho por heridas o "daños". Como siempre, la llegada estuvo repleta de pruebas. Siempre que se inicia algo sucede que alguien prueba al aspirante.

¡Todo es tan frágil! La conciencia, el cuerpo... pueden enfermar tan fácilmente...

Todos los días veo una foto del planeta Tierra tomada desde el espacio. Una esfera llena de tonos de azul y rosa, rodeada de negro. Entreveo figuras formadas por las nubes; seres sonrientes o enojados, colaborando entre sí o peleándose.

Me imagino que cada forma representa la conclusión global de millones de conciencias individuales y que cada guerra, disputa política o movimiento religioso se materializa en esas entidades formadas por reflejos de agua, nubes y contornos de continentes.

En ocasiones, el reflejo de la resolana pinta un águila blanca con alas extendidas flotando sobre la colosal esfera.

La cuida y es, al mismo tiempo, la resultante total. Un dolor de cabeza representaría una guerra entre dos países; un dolor de su estómago, los estertores de un fallido movimiento de liberación y una paz interna el día de la Navidad.

No todo debe ser consciente para esa águila; solo emocionalmente, solo sintérgica y gestálticamente; solo un sentimiento, resumen de todos los sentimientos, o un dolor, pináculo de todos los dolores en cada una de sus células.

Pero más allá de resultantes sintergistas y procesos gestálticos, más allá de los sentimientos globales, más allá... lo que decide...

Toqué la reja y me pidieron esperar.

—Ayer —les dije en un ruego— Pachita me invitó a ayudar al Hermano. Díganle que Jacobo llegó...

Me introducen a un garaje lleno de macetas colgantes de un techo. Siento que penetro en filas de dolientes esperanzados; siento que no estoy preparado, me enojé con un chofer de taxi que me cerró el camino; me puse de mal humor por haberme perdido en calles desconocidas. Todavía vivo en el filo de una navaja y en ocasiones me atrae la muerte y no puedo elaborar mis muertes...

Espero y veo caras. Una niña de ojos brillantes, incapaz de hablar, caminar o pensar, sonríe milagrosamente. La amo y pregunto a sus padres por su mal.

Hace un año, me dice una madre cuidadosa, hace un año la operaron de las anginas y se les pasó la anestesia. Se convirtió en un vegetal y ahora, por lo menos, sonríe. Pachita la ha operado varias veces y ha mejorado mucho...

Le pido a Dios y volteo y sigo sintiéndome no preparado. No me abren y sé la razón. A pesar de todo, insisto de nueva cuenta. Decido sentarme en el suelo para meditar.

Como siempre, comienzo la lucha; la única posibilidad es aceptarlo todo. Decidir que algo está mal y algo está bien es anteponer alguna estructura a la sabiduría interna. Me dejo libre y una negrura me invade. Poco a poco comienzan los pensamientos y en un descuido mi tonal toma un ligero tinte azulado y penetró en él.

Aparece la primera imagen, todo un proceso colosal transformado y decantado y purificado y manifestado y corregido y doy gracias por la maravilla.

Me invade una sensación de paz, toco los tentáculos de mi ser y en otro descuido me deslizo por uno de ellos en dirección a mi centro.

Ahora no solo es paz, sino certeza. Estoy conmigo y con él y con todo y sé que sé.

Abro los ojos, me aproximo a la puerta y, en ese instante, sincronísticamente me anuncian:

—¡El Hermano quiere que pases!

II

EL ESPÍRITU SOBRE LA MATERIA

Una vez conocí a un amigo que vivía en el presente no por decisión ni por mandato. Tampoco por cuestiones ideológicas o por sostener cierta enseñanza. Simplemente le sucedían demasiadas cosas y no tenía tiempo para pensar en el pasado.

Sus facciones estaban en constante movimiento; gestos de asombro lo atravesaban a cada instante y parecía atender a mil cosas al mismo tiempo, como llamadas de seres que siempre lo asombraban.

Antes de iniciar este capítulo tuve que pedir permiso y, al igual que mi amigo, comencé a ser invadido por cogniciones. La mayoría no las recuerdo; solo sé que existe un momento en el que se atraviesa un umbral y lo que antes era "oscuridad" se ilumina con la "luz".

Pero la "luz" también es capaz de engañar. He tenido, ahora recuerdo, miles de "luces" y cada una de ellas me fue abandonada y sirvió de catapulta para la siguiente hasta que apareció la verdadera. Pero he aquí una trampa mortal; no puedo decir verdadera, cuando todo es real. Creo que lo único que podría afirmar es que cada quien tiene la oportunidad de conectarse con algo que está más de acuerdo con su naturaleza y que cumple los requisitos y las alternativas de la etapa en la que se vive y la sensación que se le estimula es la de la llenura.

Pero, puesto que siempre se avanza (excepto si existe una atadura redundante), lo siguiente siempre es inimaginable. Así (por lo menos) me ha sucedido a mí innumerables veces. Creo que ya llegué y siempre tengo la buenaventura de encontrarme con algo que me sobrepasa. Sin embargo, existe una plataforma que se conserva y que matiza. Hace años empecé a tener imágenes. Siempre nuevas, siempre originales y desconocidas. Creí que eso era y me vanaglorié de haber logrado la verdadera plenitud. Luego me di cuenta de que pensaba y que existía una pregunta que debía responder. Fui matizado por ella durante años y jamás me imaginé que pudiera existir algo más imposible que responder y algo que incluyera más.

Me cuestioné acerca del origen de la experiencia y puesto que todo es experiencia me cuestioné (suponía yo) acerca del origen del todo.

Alguna vez entreví que podía existir algo más allá de la experiencia; pero confieso que me asusté. Lo que sí me sucedió es que terminé desconfiando de cualquier contestación. Arribé así a la conclusión del Ser como magnificente concentrador de toda la sabiduría y trascendente entidad por encima y más allá de cualquier consideración humanoide.

Sin embargo, la primera vez que perdí mi forma humana creí quedarme aún sin el Ser, más bien sin el Ser que yo había sentido como tal. La verdad es que me conecté con lo que externamente podía haber sido juzgado como cinismo, pero tuve la suerte de reconocerme como ilimitado.

Ahora sé que eso fue el antecedente de lo que me iba a suceder después de operar con Pachita. Los cuerpos, riñones, médulas, dedos, cerebelos, edificios, coches, plantas se convirtieron en tentáculos de Dios, cosas sin importancia comparadas con la magnificencia del espíritu.

Me burlé de mi propio cuerpo como me he burlado de todo convencionalismo y estructura. Cerrar los ojos y estar allí despegado de mi cuerpo viéndolo, arreglando los asuntos que más me competen como ser. Veo que todo se dirige a esa condición de ilimitada magnificencia y veo que todo me preparó para la revelación.

Hace años me introduje al cerebro creyendo encontrar en él las respuestas.

En mi infancia viví los motores eléctricos, los campos magnéticos y los radios como la esencia.

Después la física y mi interés por el cerebro (impulsado por un cáncer sufrido por mi madre) no fueron muy diferentes de mi asombro ante el movimiento de una bobina.

Ahora, a punto de penetrar en una habitación alumbrada por una vela y plagada de olores de estómagos descompuestos y entrañas podridas, algo en mí decidió que nada sería igual que antes.

Debo decir otra cosa, antes de relatar lo que viví.

Existe una lucha colosal entre la "luz" y la "oscuridad". Las llamo así por no tener otros términos. Cada accidente es una prueba, cada caída una señal que una inteligencia inconmensurable manda a cada una de sus partes. Lástima que existan quejas, catarsis y salidas superficiales. No permiten ver y antes bien se conectan en un circuito de retroalimentación del que no existe escape mientras se siga alimentado.

Una pequeña antesala, resguardada del cuarto de trabajo del Hermano por una cortina, me dio la bienvenida. Todo parecía muy natural, excepto la custodia de la entrada. Un muchacho preocupado impedía o facilitaba la entrada, dependiendo de las instrucciones del Hermano Cuauhtémoc. Descorrí la cortina y unos cuerpos envueltos en sábanas y acostados en el piso me saludaron como presencia del familiar y simultáneamente aterrorizante espectáculo. Después entendí que los operados recibían en ese cuarto la energía suficiente para cicatrizar las heridas y acomodar y equilibrar sus campos energéticos.

—Mi niño, acércate, llegaste en el tiempo preciso.

La voz del Hermano me recibió haciéndome sentir en familia, cuidado y bendecido.

Pachita se encontraba sentada en una silla junto a una cama de tablas, cubierta de un colchón de hule espuma con plástico encima. Sus ojos cerrados miraban a Leo, su ayudante durante seis años, siempre presente dos días a la semana. Leo me saludó y me acomodó a su izquierda. Me arremangué la camisa y me preparé para recibir instrucciones. Junto a mí, un parapsicólogo argentino tomaba fotografías.

La imagen de mi primera entrevista con don Lucio apareció. En Nepopualco la mesa de operaciones era un altar y los instrumentos eran huevos, palma y agua purificada. Aquí los mismos manejos se hacían con un cuchillo de monte. Apareció una señora enferma del estómago.

—Hermanita linda, ¿qué te pasa?

—Tengo dolor, Hermano, no puedo vivir con él. Ayúdame en el nombre del Padre.

—Así sea, mi hijita, acuéstese, mi preciosa.

Nos trajeron una sábana. Cada enfermo traía una, junto con una venda y unos broches.

Le desabrochamos la falda y Leo pidió unos algodones secos. Los coloqué alrededor del estómago y antes de poder pronunciar palabra alguna, el cuchillo de monte en manos del Hermano penetró en la carne.

Pedí a Dios no desmayarme y supe que debía darle fuerzas a la hermanita. Le pregunté su nombre, le tomé la mano y la consolé y acaricié mientras veía salir la sangre de una herida de 15 centímetros hecha por el cuchillo. La mano de Pachita auscultó el interior del vientre, pidió unas tijeras y cortó algo que produjo un olor fétido. En dos minutos había concluido la operación. Leo me indicó que pidiera un algodón empapado en alcohol y me ordenó que *saturara*.

—¿Saturar?

—Rápido, satura la herida.

"Supe" que debía colocar el algodón sobre la herida y colocar mis manos sobre él. Lo hice y la herida cerró instantáneamente. Me dieron una venda y cubrí el vientre con ella.

La mujer reía y daba gracias; la levanté, sintiéndola sin peso, después de cubrirla con la sábana y se la llevaron a descansar. La colocaron en el suelo sin queja alguna. Volteé a ver al Hermano y a Leo y les dije que estaba con Dios. Sentí que había cerrado una herida, que el Hermano había manejado la materia como si fuese un juguete, que Leo era un santo; me dije que esto era, que no existía límite, que Dios existía, que éramos dioses, que éramos, éramos…

Después, una fuerza me guio en 15 operaciones más; di cariño, di amor, inspirado por esas gentes, y curé.

¿Quiénes éramos? ¿Qué es lo que nos traspasaba?

¿Quién era el Hermano, quién Pachita...? ¡Todo es posible!

A partir de esa primera intervención, todo fue natural. Me sentí como en mi hogar, el mismo que visito en mis meditaciones. Por primera vez no hubo diferencia alguna entre mi pensamiento y el mundo; por primera vez en mi vida, realmente hice algo.

No hay anestesia, no se suturan las heridas; apenas si hay dolor, los operados ríen mientras sus entrañas y su sangre nos bañan.

Me costó un año llegar al silencio. Cuando regresé de Tepoztlán por poco muero de angustia. En ese pueblo mágico se leía el pensamiento y se hacía llover y en una ocasión vi al Tepozteco rebosante de energía mandar truenos al valle, en respuesta a una oración. En Tepoztlán hubo maravillas, pero no había silencio. Los pobladores gustaban lanzar cohetes en los momentos más significativos del día y las mujeres cazaban a los hombres como conejos. Rita había comprado una jaula en la que encerró a dos pájaros. Los bautizó con mi nombre y el de O. y los observaba. Así nos vigilaba. Sara lanzaba el oráculo y viajaba en vidas pasadas y Paul veía platillos voladores. Don Lucio se comunicaba con el espíritu de los "daños" y con el señor de la "luz"; tampoco había límites, pero no existía el silencio.

Cuando escribía en Tepoztlán, lo hacía entre las posturas de yoga, sentado en un jardín, con un cuaderno al lado. En las noches dormía en el pórtico de mi casa viendo las estrellas, pero no había silencio.

Aquí, entre el atronador sonido de la sangre y el susurro del cuchillo penetrando los huesos, había silencio. El mismo silencio que había aprendido a vivir en la meditación, el mismo que permitía volar hacia el infinito y trabajar en el lugar que más me gustaba; pero del que generalmente solo rememoraba la sensación placentera de haber estado.

Solamente una vez había podido seguir a mi conciencia durante sus viajes. Recuerdo haber visto gente y haber trabajado con ella en algún proyecto colosal. Aquí había silencio y era ese mismo lugar; pero en conciencia, en vigilia, despierto, conmigo, sin necesidad de recordar.

La segunda operación fue la de la niña sobreanestesiada. Le acaricié la cara, le besé sus ojitos dulces y le tomé la mano; le di todo, mientras el Hermano aplicaba su cuchillo en la parte posterior de la cabeza. Con un movimiento intenso penetró el cuero cabelludo mientras Leo y yo dábamos "energía". Abrió el hueso y de pronto un tejido fresco se materializó en la mano izquierda del Hermano. Con el cuchillo levantó la carne e introdujo ese tejido en el cráneo. Coloqué mis manos sobre un algodón mojado, lo apliqué y me ordené cerrar la herida.

Como en la primera operación, la herida cerró instantáneamente.

En mis días de estudiante y después como psicofisiólogo pude observar el choque espinal. Basta cortar la médula espinal para dejar paralizada a una persona sin remedio y de por vida. Eso fue, al menos, lo que aprendí en esos días. Nos trajeron a un muchacho, de 30 años, en una silla de ruedas. En un accidente automovilístico su médula espinal recibió un impacto atroz y la corriente nerviosa proveniente de las áreas motoras corticales dejó de activar los músculos de las piernas. Parálisis de parte del tronco y de las extremidades inferiores fue el resultado.

—Acuéstate, mi niño precioso, mi amor, mi pobrecito angelito.

—Hermano, me operaron y me pusieron dos barras de metal y no siento mis piernas ni las puedo mover. ¡Ayúdame!

—Así sea, en el nombre del Padre.

La voz del Hermano era la de una madre y vi lágrimas en los ojos del muchacho.

Se acostó boca abajo, entre Leo y yo descubrimos su espalda y la rodeamos de algodones.

El cuchillo penetró las vértebras y descubrió la médula espinal. El Hermano unió los extremos despedazados y pidió un injerto de hueso. Un ayudante le trajo un frasco de vidrio del que sacó un hueso y con el mango del cuchillo lo incrustó en la espalda. Leo, más precavido que yo, se cubrió con las manos. Yo fui salpicado y unas gotas rojas en mi oreja quedaron como testigos del portento.

Apliqué mis manos y la herida cerró y el muchacho comenzó a mover una pierna. Ligera pero segura la conexión quedaba restablecida y solo era cuestión de tiempo. Acaricié la pierna del operado y di gracias al cielo.

Después trajeron a un viejito de 85 años. Obrero de una fábrica, no podía comer. Su esófago se había cerrado hacía tres meses y solo se alimentaba de líquidos.

El Hermano lo hizo acostar y pasó sus manos sobre el vientre del enfermo. Vio lo que tenía adentro y supo qué hacer. Abrió desde la garganta hasta el estómago e introdujo sus manos en el conducto esofágico. Lo despegó y lo dejó libre. Luego tomó el pene del enfermo e introdujo el cuchillo por el conducto urinario. Volteó a verme y todavía con los ojos cerrados bromeó:

—¡Aquí hacemos de todo!

Cerré la herida y el Hermano pidió un bolillo duro.

—Cómetelo, buen hombre, angelito de Dios, cómetelo.

El viejito negó con la cabeza.

—Te digo que te lo comas, no seas terco.

Mordió el bolillo, lo masticó y después se lo tragó.

—Ya ves, hermanito, las obras del Padre no tienen límite. El viejito reía y Leo y yo nos abrazamos.

En mi vida anterior muchas veces me extrañé de adquirir fuerzas con el trabajo. En ocasiones podía escribir durante horas y cada vez sentirme más fresco en lugar de cansado. Pero el esfuerzo muscular me estaba negando. Quiero decir, que no sucedía lo mismo que con el pensamiento. Inclusive de joven me sucedía lo mismo. Viví en un kibutz y en las noches, después de cosechar duraznos y acomodarlos en cajas, cargábamos camiones. Siempre acababa molido por el esfuerzo.

Aquí, con el Hermano, después de cargar a los enfermos, vendarlos y darles fuerzas, me sentía cada vez más energizado. Pero el siguiente enfermito no requería esfuerzo muscular. Cuando lo vi empecé a sudar. Una niñita con trenzas alumbradas de moños, de ojitos curiosos, fue traída y colocada encima de una sábana. Miré a Leo y luego al Hermano, encarnado en Pachita. Los tres empezamos a acariciar el cuerpecito blando y dulce de la criatura y a hablarle con palabras amorosas. El Hermano preguntó acerca de la enfermedad y el padre de la niñita habló de una parálisis y una rotura vertebral con sección medular. El Hermano nos pidió que rezáramos. Después, abrió la espalda de la criatura. Cuando recién la acostamos en la cama había llorado, pero ahora se calmó. El Hermano injertó un hueso, cerramos la herida y la dulce palomita empezó a reír y a mover sus piececitos.

La besamos, acariciamos sus trenzas y se la devolvimos a su padre.

Todos reíamos y nos hacíamos bromas y nuestro ser daba gracias por todo lo visto y hecho.

Alguien vino a decirle al Hermano que la mujer que necesitaba un injerto de vejiga había llegado. Pachita levantó los brazos y vi cómo algo se materializaba entre sus dedos.

—Es una vejiga —me dijo, sabiendo lo profundo de mi asombro.

Una mujer joven entró al cuarto y se acostó. El Hermano hizo un corte extenso e introdujo una mano al interior de la herida. Localizó algo y me invitó a sentirlo. En la tarde de ese día me había cortado un dedo y temí infectar a la enferma o a mí mismo. Iba a decirlo y de pronto me pareció ridículo; introduje mi mano y sentí un conducto delgado.

—Toca bien, hermano Jacobo, y sentirás una piedrita en el conducto renal.

La sentí y en ese momento desapareció.

—Esta niña está curada y no necesita vejiga —dijo el Hermano con su voz llena de certeza.

Volteé a ver la mesilla junto al cuerpo de Pachita y me di cuenta de que la vejiga había desaparecido.

—Hermano —pregunté—, ¿en dónde está la vejiga?

—Ay, dulce niño —me contestó—, si no se necesita, no se necesita y se va ella solita.

Cerré la herida y esperé al próximo enfermo. Una mujer entrada en años ocupó la cama.

—¿Cómo está, mi amor? —le preguntó el Hermano.

La mujer no contestó. Venía acompañada de su hijo y él dijo que su madre tenía cáncer.

—Bueno, mi niña, vamos a quitárselo con la ayuda del Señor.

El cáncer estaba localizado en las fosas nasales. El Hermano introdujo el cuchillo en una de ellas y empezó a raspar.

Se tardó varios minutos mientras reconocía el interior de las cavernas y después con una sonrisa dijo:

—Hecho está en el nombre de mi Padre.

Terminamos a las 12 de la noche. Todos rodeamos al Hermano y pedimos su bendición.

Supe que después de cada jornada el Hermano atendía a sus ayudantes, les daba consejo y aclaraba sus dudas.

Al terminar y en un movimiento marcial, el Hermano levantó su brazo derecho y dijo:

—Me despido de ustedes, ¡vayan con Dios!

Hubo un momento de tensión; entre la salida del Hermano y la recuperación de Pachita pasaron unos segundos. El cuerpo de Pachita se desmayó en ese lapso y después se recuperó. Me miró extrañada y me preguntó que de dónde había yo salido. Su conciencia era tan distinta que no recordaba haberme visto durante las operaciones.

—Me da mucho gusto verte, hermano Jacobo.

Cuando Pachita fue por primera vez a la casa donde yo la conocí le sucedieron muchos percances. Entre ellos, la pérdida de una de las bazas en las que operaba. La dueña la había corrido el mismo día en el que visitó la mansión donde me fue presentada. Había solicitado un nuevo lugar y, puesto que nos habíamos conocido en aquella importante residencia, pensaba que yo podía interceder para conseguirla. Esa noche, momentos después de despedirse, el Hermano me había preguntado si yo pensaba ayudar. Le dije que lo haría en lo que pudiera, pero no pareció satisfecho.

Ahora, ya siendo Pachita, me confesó que no entendía a la gente que vivía en esa gran casa, rodeada de vigilancia policiaca precisamente por la importancia de sus habitantes.

—Son muy diferentes, Jacobo, me dan miedo tantos guaruras.

Yo sabía que era una prueba para Pachita. No debía pedir nada material, aun cuando no fuera para su beneficio, sino el de otros.

—Cuídate, Pachita —le dije con énfasis—. Es una prueba y no debes dejarte.

La abracé y tomé su cabeza entrecana en mis brazos.

—Cuídate, hermanita linda, y gracias por dejarme ayudarte.

III

LOS DAÑOS

Los había oído en boca de don Lucio. La gente es envidiosa y hace "trabajos". Los celos enredan el espíritu; la envidia provoca "daños". Luego es necesario hallarlos y echarlos fuera.

—¿Cómo? —pregunté a don Lucio.

—Cuando el espíritu está enredado es necesario desenredarlo. Yo uso la palma y a veces algún seguro.

—¿Seguro?

Los gallos rojos se tragan los daños; se hace un agujero enfrente de la casa y después de trabajar con el animal se le encierra allí. Los "daños" duermen la conciencia y el que no esté precavido se muere. Don Lucio parecía ver el enredo de los espíritus. Paraba al enfermo frente a él y empezaba a azotar el aire alrededor del cuerpo "dañado". Una vez le pregunté si los veía. Me observó con ojos de incredulidad:

—¡Pues claro, Jacobo! Si no… ¿Cómo fregaos…?

En el altar de su casa don Lucio guarda el corazón de su mesa. Después de practicar muchos meses la "psicometría psíquica" se lo pedí para verlo. Recuerdo que dudó un instante y después se acercó a un pequeño recipiente colocado entre sus velas, retratos de santos y flores, y me dio una moneda.

—A ver, ¿qué ve, Jacobo?

La tomé entre mis manos, me puse en silencio y dejé fluir las imágenes. Sentí un calor que me subió por todo el brazo y al poco tiempo apareció un palacio majestuoso flotando entre las nubes. Se lo dije y le pareció familiar. Me preguntó de qué color eran las columnas y me impulsó a penetrar en su interior. Allí vi a un hombre barbado cubierto con una túnica. También se lo dije y no me contestó nada. Al poco rato se me dijo que devolviera ese corazón de mesa y así lo hice.

Don Lucio me miraba atentamente. Las arrugas en forma de rayas, alrededor de sus ojos, parecían brillar…

Le ofrecí el paso a O. y después penetré en la antesala. Atravesamos la cortina y observé que el Hermano rodeaba a una mujer sentada en una silla a la mitad del cuarto. Había tensión y silencio. Estaba operando unos ojos, y el Hermano, junto con Leo, parecían profundamente atento. Nos pidieron hacer una cadena tomándonos de las manos y de pronto alguien vio a O. y dijo que no era lugar apropiado para niñas.

—Es peligroso —siguió diciendo—, ¡debe salir!

Iba a protestar cuando el Hermano contestó que no era niña; era mi mujer y bienvenida.

Acabamos y al soltar las manos de los demás las cruce en actitud de reposo.

—No cruces las manos— me dijo Leo alarmado—. Es peligroso. Y además no te distraigas con nada. Aquí hay un "bajo astral" y si te distraes te penetra.

Nos colocamos alrededor de la cama, yo con Leo a mi derecha y el Hermano frente a nosotros, sentado en su silla.

—Muchachita linda, acércate a tu compañero —le dijo a O. con voz grave el Hermano.

O. se colocó a mi izquierda, pero por poco tiempo. El parapsicólogo argentino pidió permiso para acercarse a tomar fotos con flash.

—Las del otro día no salieron y quiero probar suerte de nuevo.

Se llamaba Francisco y era enviado de un arzobispo argentino, mismo que preparaba su viaje para ser curado por el Hermano en un futuro cercano.

O. tomó los algodones y al poco rato desapareció. Había preferido ayudar con consuelo a los hermanos, antes y después de las operaciones.

Yo me sentía débil. Miré a Leo y se lo dije. El Hermano me reconvino, diciéndome que había yo bajado la energía del lugar.

—Yo siento que hay baja energía. Lo siento —le dije a Leo en un susurro.

Leo me preguntó que cómo lo sabía.

—Lo siento en mi cuerpo.

El Hermano se me acercó y en voz baja me dijo que había un "daño" flotando. Parecía hablar con mucha precaución y cuidado. Después frotó las palmas de sus manos con el plástico de la cama. Todo alrededor de sus dedos se iluminó de un violeta eléctrico. Las pasaba muy lentamente, dejándolas resbalar por el plástico.

Eso no tiene nada de extraño, pensé para mí. Está creando una fuerza electrostática por frotamiento. Se desprenden electrones y fotones y los vemos. Leo hizo lo mismo, con similar resultado.

Me incitaron a probar y por más que froté no apareció nada. En verdad que sí es extraño. Además, no tengo energías, volví a pensar. Debo decirles que no puedo trabajar hoy.

Pero antes de poder abrir la boca habían traído a la primera enferma. Hablaba con una voz dulce y melodiosa. Parecía una niña y contó su historia.

—Fue un accidente —dijo con un tono suave—. Se me cortó la médula y luego me operaron. No puedo andar, ni controlar mis esfínteres y se me dobla la espalda. Por eso uso este corsé tan rígido.

Tanto el Hermano, como Leo y yo la consolamos.

Le quitamos el corsé y el Hermano la empezó a palpar.

—¿Le has puesto las pomadas, hijito? —preguntó al acompañante de la muchacha.

—Sí, Hermano —contestó un joven con voz segura—. Yo iba manejando cuando chocamos y yo la cuido. Le he puesto todo lo que nos ha dicho.

—Bueno, mi amor, veo que todavía está débil. Vamos a esperar un poco y, mientras tanto, sigue cuidando a esta muchachita preciosa.

Mientras la envolvíamos en su sábana, seguía yo sintiendo que algo andaba mal. Los ayudantes de Pachita se notaban nerviosos y de vez en cuando venían a pedirle consejo. El Hermano nos volteó a ver y nos dijo:

—¡No tuvimos huevos suficientes!

Por alguna razón, en ese instante sentí que la energía retomaba. Probé frotando las palmas de mis manos contra el plástico y la luminosidad fosforescente apareció sin esfuerzo. En ese momento entró una señora que hablaba con acento extranjero.

—Hermano —le dijo—, aquí están los señores franceses. Vienen de Marsella. Él tiene un problema de riñón.

—¡Claro, hermanita linda, me acuerdo! ¿Trajo su trasplante?

—Sí, Hermano, sí lo trajo.

Pasó un señor de aspecto y conformación atlética, alto, de espaldas anchas, que hablaba un inglés con acento francés.

—Acuéstate, niñito lindo, acuéstate, que nada va a pasarte. Yo le tomé la mano y Leo lo tranquilizó. Señaló el lugar enfermo y, después de palparlo, el Hermano nos dijo que iba a ser muy fuerte.

Pedí algodones, hice un campo operatorio y sentí cómo penetraba el cuchillo. Unos huesos tronaron y la apertura más grande que había visto fue abierta en el costado de ese hombre.

De vez en cuando este lanzaba exclamaciones de dolor. El Hermano le introdujo el riñón que el hombre había traído en una bolsa. Después abrió cerca de la médula y también curó. Yo cerré la herida y el hombre agradecido nos lanzaba miradas y trataba de tocaros con las manos.

Su compañera, Margaret, ya no quería vivir. Dolores intensos, mareos, náuseas la acompañaban día y noche.

Se acercó a la cama y se acostó en ella boca arriba. Parecía querer llorar. El Hermano le habló con palabras dulces. Yo le tomé la mano y mientras el cuchillo penetraba en su vientre, Leo la acariciaba y consolaba.

—¡Padrecito mío! —exclamó en un susurro el Hermano—. ¡Esto es cáncer!

Oí un corte de tejido interno y el Hermano me tomó de la mano y me hizo sostener un pedazo de intestino.

—Que no se te resbale, hermano Jacobo. Ahora, introduce tu dedo por él.

Tomé aquel tejido en forma de tubo y mientras lo sostenía, el Hermano sacaba algo de aspecto macabro y olor fétido.

—Quiero agua caliente y bálsamo, ordenó el Hermano a sus ayudantes.

El bálsamo fue vertido en la cavidad abierta y por fin el intestino que yo sostenía fue colocado en su lugar.

—Satura, hermano Jacobo, rápido, satura.

Coloqué mis manos sobre la herida y se cerró inmediatamente. Margaret parecía revivida.

—Los quiero a todos —decía en inglés—. Los amo. ¡Dios los bendiga! El amor es todo. Los quiero, los quiero. ¡Dios los bendiga…!

Pachita no entendía nada y de pronto empezó a hablar en náhuatl. Su discurso fue melodioso y lleno de entonaciones dulces.

—¡Si ella habla en algo que no se entiende, yo también puedo hacerlo! ¿No?

Todos nos reíamos y besamos las manos de Margaret y nos despedimos mientras ella seguía hablando de amor, de Dios y de bendiciones.

O. me contó que a la salida los ojos de Margaret habían cambiado. Bendecía a todos y, por fin, después de muchos años, tenía la vida y el deseo de vivirla.

En un ambiente de fiesta trajeron a una mujer de mediana edad.

—Hermano —dijo con voz suplicante—, mi cabeza me duele día y noche desde hace dos años. Cúrame, Hermano, y que Dios te bendiga.

—Tus mismas palabras son para ti —contestó el Hermano—. Acuéstate, mi niña preciosa, y ya verás que todos tus males desaparecerán.

La acostamos boca abajo y después de palpar su cabeza, el Hermano diagnosticó un tumor en el cerebelo.

—Necesito la sierra.

La mujer chillaba y se retorcía mientras la mano de Pachita cortaba su cuero cabelludo y su hueso. Pedía morir la pobre mujer, mientras se oía el sonido de la sierra abriendo su cráneo. Por fin el tumor fue extraído y con él cesaron los gritos de la mujer. Yo sentí que su dolor era, en parte, no completamente aliviado por nuestra culpa. Mientras la operábamos seguía parte de nuestro ser con Margaret. No dije nada y saturé. Todo había resultado bien y la mujer no podía creer la ausencia de dolor.

De pronto, Leo me advirtió en tono preocupado:

—Los que siguen son "daños materializados". No te distraigas ni por un segundo. No cruces tus brazos, no mires a otro lado.

Francisco había permanecido junto a mí, sacando fotos con su flash y enceguecíéndonos. Le pedimos que no lo hiciera, para contrarrestar lo que siguiera.

Una mujer, de alrededor de 45 años, baja de estatura y cara dulce, aunque surcada de arrugas de tensión, se acercó al Hermano.

—¿Qué te pasa, mi palomita linda?

—Ay, Hermano, siento algo en la nuca que me duele. Siento que se mueve y no puedo acostarme boca arriba. He ido a ver a médicos y ellos me han mandado con psiquiatras porque dicen que son los nervios. Me han dado medicinas y curaciones y no encuentran nada.

—¿Cómo van a encontrar algo? —dijo súbitamente Leo—. Si ha tenido usted suerte de que no la enviaran a un manicomio.

—¿Hace cuánto tiempo que sientes eso, mi niña?

—¡Hace 12 años!

—¡Dios santo! —exclamé involuntariamente—, ¡12 años! ¿Tienes alguna enemistad? —pregunté yo.

—Pues cuando nos casamos, había gente con envidia. Pero después, nada.

—Bueno, vamos a ver —dijo el Hermano—, acuéstese, mi hermosa.

—Pero no puedo, me duele mucho.

—Acuéstese, mi niña. Ya sé que duele, pero vinieron desde El Paso y no para nada. Ándale, acuéstese, mi amor.

Volteé a pedir un algodón y Leo me golpeó con su codo.

—¡Qué no te distraigas, carajo, esto es muy peligroso! Tú vas a ayudar a sacar el "daño".

—¿Y cómo se hace eso?

—Tú fíjate y no pierdas detalles de lo que pase.

Con un movimiento rápido, el Hermano cortó la piel y con las tijeras seccionó todo el pedazo. Con el cuchillo levantó el cuero cabelludo y empezó a raspar el cráneo.

—Tiene que salir con todo y raíces y está muy duro —dijo el Hermano.

Después de un esfuerzo tremendo, algo salió por debajo de la piel; una masa oscura, con salientes largas.

Yo estaba muy enojado y empecé a mandarle maldiciones a aquella "entidad" que durante 12 años había martirizado a un ser humano. Un ayudante se acercó con un papel negro y el Hermano introdujo eso allí y fue retirado después de ser encerrado.

—Ya salió, hermanita. Se acabaron tus males —le dijo el Hermano a la señora.

Yo empecé a hablar y de nuevo Leo me reconvino.

—No creas que acabó el peligro. Ahora recién empieza. El "daño" está herido y va a penetrar en quien se distraiga.

Creo que nunca he puesto más atención a cada movimiento, ruido, susurro... Saturé. Leo vendó la cabeza.

—¿Qué era eso? —pregunté.

—Dentro de 24 horas adquirirá forma y lo sabremos, me contestó Leo.

—¿Es un animal?

—Sí, y empezará a moverse dentro del papel negro.

En ese momento recordé que, al verlo recién extraído, noté un palpitar ligero en la masa oscura y con "patas".

—Es un "daño materializado" —dijo el Hermano—, y oremos por que ya no dé lata.

Todos rezamos y me di cuenta de que alrededor nuestro todos los ayudantes habíanse tomado de las manos, haciendo cadena de protección.

—Que pase el hermanito que sigue...

Era el esposo de la mujer del "daño". Un hombre recio, vestido de tejano, con sombrero de vaquero y botas altas.

—Aquí estoy, pues.

—¿Y qué le pasa, hermanito?

—Pues a mí nada. Nunca he sentido dolores; pero desde hace 12 años nada me sale bien.

—Acuéstese, mi hombre, que algo trae usted en el estómago.

El gigante de El Paso ocupaba toda la cama. Le abrimos la chaqueta y pedí algodones para limitar un campo.

—Hagan cadena, mis pequeños, que este también trae "daño" —nos dijo con dulzura el Hermano.

La gente que había visto operar siempre se quejaba en el momento en que el cuchillo atravesaba su cuerpo. Este hombre, sin embargo, no se quejó ni un instante. El Hermano abrió 20 centímetros de vientre y comenzó a indagar en el interior del mismo. Se volvió a verme y me dijo que yo sacaría el "daño".

—¿Yo?

—A ver, hermano Jacobo, présteme su mano y métala aquí.

Obedecí y de pronto sentí lo que parecía ser un cordel enredado. Lo tomé fuertemente y oí al Hermano decir que no lo soltara, que si se me escapaba allí terminaba todo. Me aferré a esa cosa y empecé a jalar mientras el Hermano seguía cortando con el cuchillo. Por fin algo parecido a una cuerda enrollada alrededor de una masa compacta salió del vientre. La coloqué en otro papel negro, lanzándole todas las maldiciones que podían y se lo llevaron. Habían hecho una cadena alrededor nuestro. Saturé, vendé y se llevaron al gigante a reposar.

No había lanzado una sola queja y después, cuando O. y yo llevamos a la pareja a su hotel, tampoco lo hizo.

Su constitución le había quitado dolores y ahora lo protegía en contra de cualquier debilidad.

El cuerpo de Pachita se levantó de su silla y se encaró con un hombre que recién habían traído. Tomó una palma idéntica a la de don Lucio y lo limpió con ella. Su fuerza era inconcebible. Después de la calma, cargó al hombre en vilo y dijo que ya estaba listo. Se sentó en una silla y nos dijo que estaba listo para contestar preguntas. Algunos preguntaron y otros callaron. Habló acerca de los exorcismos que algunos sacerdotes hacían y del peligro de usar cruces o imágenes que habían estado en contacto con exorcizados.

IV
EL APORTE

El cielo de la Ciudad de México tenía un tinte violeta cuando llegué a la casa de Pachita.

Me extrañó no ver a algún enfermo y la luz prendida en el recinto de operaciones. Penetré al mismo tiempo y me encontré con Pachita y Armando. Los saludé mientras oía su conversación. Recién habían regresado de la ceremonia de inauguración del jardín de niños que Pachita había donado para uso de los infantes pobres.

Me senté y escuché lo que Armando decía:

—A mí me encantan las mujeres —dijo en un tono intenso—, considero que son lo más bello de la creación. Sin embargo, me hicieron un daño terrible. Cuando conocí a Pachita desconfiaba intensamente de ella. Un día me dio su cuchillo y me dijo: "Tómalo y corta mi brazo". Yo no quise hacerlo, pero una fuerza me impulsó y le hice una tajada tremenda en su antebrazo. Muerto de miedo me preparé para la terrible hemorragia, pero no salió ni una gota de sangre. "Mira", me dijo Pachita, "parece una pechuga de pollo. Ahora fíjate". Recuerdo que con su mano hizo un movimiento de frotación y en ese instante la herida se cerró sin dejar rastro alguno de haber existido. Lloré días enteros, abandoné a mi esposa a los 31 días de haberme casado y vine a trabajar con esta mujer, a quien amo más que a mí mismo. Los ojos de Armando se llenaron de lágrimas mientras continuaba su relato. Sufrí pruebas terribles; durante ocho años no pude tocar a mujer alguna y el "daño" que me sacó el Hermano fue el más grande que yo he visto. Cuatro gentes me sostuvieron en el aire impidiendo mis forcejeos mientras ella me lo extraía.

—Este desgraciado tenía unas nalgas de vieja en su panza —dijo Pachita sonriendo—, fue algo tremendo.

—Un día —continuó Armando—, mientras estaba en mi baño oí que alguien me llamaba. Yo sabía quién era, pero no me atreví a voltear. Por fin sin aguantarme más, miré el techo del baño y vi una luz intensísima que me bañaba. Supe que era Dios y volví a oír mi nombre dos veces más. Salí despavorido del baño, me acosté en mi camastro y lloré durante horas.

"Aprendí que existen etapas de aprendizaje. Primero te prueban hasta que te quedas pelado de pensamientos y lleno de temor. Aprendes a andar como al filo de una navaja todos los minutos de las 24 horas del día. Todo lo que creías se viene abajo y junto con el temor te viene una confusión del carajo. Es la etapa del crisol. Después empiezas a "ver". Nunca el Hermano ha rechazado a nadie, nunca ha permitido que el que venga a buscar salga con las manos vacías. Yo veía todo eso y aprendía lo que es la bondad. Pero nadie lo respetaba. La gente entraba al recinto de operaciones como quien entra a un mercado. Se basaban en las apariencias y no en el espíritu. Veían suciedad y una cama hecha de tablas y una silla rota y un cuchillo de monte y no se daban cuenta del verdadero instrumental que allí existe. Yo me partía de coraje mientras el Hermano no decía nada, siempre amable, siempre dulce, siempre amoroso.

"Luego venía gente que se robaba el cuchillo y se sentaba en la silla del Hermano. Esa silla es el trono del último emperador azteca y ese cuchillo es su reino y nadie lo respetaba. Aprendí a "ver" detrás de lo aparente, a respetar cualquier movimiento y a ser paciente y a amar. Veía el cansancio de Pachita y la quería proteger y cuidar.

"Ella no come, Jacobo, tampoco duerme. Su corazón es un marcapaso cósmico, su carne es solo apariencia. También aprendí eso y, sin embargo, la "veo" y es mi madre y es mi abuela, mi niña y toda mi capacidad de amar está con ella.

Pachita escuchaba a su discípulo y de vez en cuando hacía un ademán como de querer acariciarlo.

En lugar de ello, tomó mi cuaderno de notas y en la primera hoja empezó a escribir la sílaba FLO y una serie de caracteres en columnas verticales.

De pronto, dejó de escribir y me extendió su mano abriendo la palma que había permanecido empuñada unos segundos antes.

Un objeto extraño apareció en ella. Yo lo miré sin saber qué hacer hasta que Armando me dijo que era un "aporte" y que Pachita lo había materializado para mí.

Me pareció un objeto tan común que dudé de la materialización. Lo tomé y lo observé. Era una medalla en forma de óvalo, recubierta de un cristal ligeramente curvo y enmarcado en un filo delgado de cobre sosteniendo al cristal. Alrededor, cobre trenzado de un color más dorado que el cobrizo marco le daba una apariencia de coronación resguardando el óvalo.

La parte posterior tenía una placa dorada y un alfiler para sostener la medalla en la ropa. Resguardada por el cristal, una pintura miniatura representaba un árbol saliendo inclinado de un declive. Su tronco parecía vencer la fuerza de gravedad, puesto que tras un esfuerzo supremo elevaba unas ramas gigantescas hacia el cielo. Todo su follaje era blanco con salpicaduras rosadas. Una rama había sido cortada exactamente en el punto en el que el tronco abandonaba su inclinación para salir triunfante hacia el cielo, vertical y sano. El declive era verde oscuro con salpicaduras de un verde claro. A la izquierda y proveniente de la parte inferior, un camino de tierra se alejaba hasta perderse en el infinito y confundirse con un cielo color verde terroso.

Sobre el follaje, tres pájaros volaban.

La pintura estaba firmada por FLO subrayado en la parte inferior derecha.

Yo había visto un árbol así en el Tepozteco. Desafiaba la gravedad y se alzaba majestuoso dirigiendo su follaje hacia el cielo. Inclusive le dediqué un poema; lo escribí después de verlo y lo publiqué en *El despertar de la conciencia*, como parte de la biografía de Alejandro Cisto.

A UN ÁRBOL
Como un árbol que conocí.
Crecía horizontal, surgiendo
de un corte de montaña.
Para él, la tierra era
planeta y, no sabiendo
(¿o acaso sabiendo?) en dónde
se encontraba, había decidido
desprenderse de una de las

leyes eternas para los
de su reino… la gravedad.
Se dirigía "vertical" y
su referencia era una pared.
Había destruido su historia
y creado un mundo propio.
Demostraba, ante el planeta,
su capacidad para
convertir en ilusión lo
que todos los demás
llamaban esencia.
Así también será por
todo lo que no ha sido…

Escrito tres años antes de recibir este "aporte" y ambos (el poema y el "aporte") hablando del deseo de volar, de dejar atrás la ilusión.

Lo vuelvo a leer y sé que Dios existe.

Al día siguiente, durante la sesión matutina con mi grupo de meditación apareció un pequeño cristal junto a la raíz del árbol y creció y creció hasta convertirse en un diamante purísimo. Mis ojos desorbitados ante el portento y mi alma confortada agradecieron a Dios por la señal.

—Este aporte —me dijo Armando—, te lo envía el Hermano. Consérvalo cerca de tu cuerpo para que se llene de ti. Antes había más tiempo que ahora —siguió diciendo Armando—. Nos reuníamos todas las tardes y nos visitaban seres maravillosos. Goya nos pintaba cerámica, artistas de otro tiempo nos envolvían en sus poemas y todos agradecíamos a Dios por sus bendiciones. Ahora solo operamos y hay tanta gente necesitada que no tenemos tiempo para nada más.

Armando interrumpió un instante su relato y concentrándose en algo que había dejado inconcluso continuó.

—Después de la etapa de crisol, comienza el verdadero trabajo.

—Es cierto —lo interrumpí—, yo he sentido todo eso. Lo único que no logro entender en mí es por qué antes era tan fácil y ahora debo luchar como desesperado. Antes estar con Dios era natural, venían pensamientos, había pureza. Ahora he aprendido que existe la maldad y debo meditar para inspirarme.

—Es que antes —me contestó Armando— todo te era dado y ahora tú eres el que lo estás haciendo tuyo, ahora tú lo construyes.

Era cierto, antes había una voz que me hablaba y ahora todo era mi propio aprendizaje.

Recordé la biografía de Jesucristo descrita en el *Libro de Urantia*. Se hablaba allí de un ajustador de pensamientos que poco a poco se fue haciendo más claro para Jesús hasta que este comprendió su Unión con Dios. Es la "luz" —pensé—, existe de pronto "luz" y algo que guía y claridad y certeza y contacto con el Ser. Recordé todas mis teorías. Había analizado la estructura del cerebro y la del espacio tratando de hallar algo en común en ambas.

Me sostenía mi anhelo por encontrar una explicación psicofisiológica para la "luz".

La expresión de dar "luz", recibir "luz", trabajar la "luz", la había oído mencionar a don Lucio.

Después, cuando experimenté la "oscuridad" supe lo que es sentir y vivir en la "luz". Por fin descubrí y postulé la teoría sintérgica de la conciencia.

Tanto el espacio como el cerebro —había llegado a la conclusión hacía meses— están organizados de la misma forma. Cada punto contiene el Todo y lo concentra a través de una organización convergente.

En un espacio de alta sintergia, la concentración de información en cada punto es más poderosa que en un espacio de baja sintergia. En un espacio de alta sintergia no existe gravedad ni tiempo y la redundancia informacional es máxima.

Un espacio de baja sintergia es la materia.

Un cerebro concentra información a través de un manejo convergente de la misma. Mientras más concentración de información exista en un circuito cerebral de alta convergencia polisensorial y mientras más poderosos sean los neuroalgoritmos que en forma de patrones neuronales aparecen en él (en el circuito de alta convergencia), mayor es la unificación y más colosales son las abstracciones resultantes.

Un cerebro de alta neurosintergia es un cerebro más lleno de "luz".

Mis ideas me habían conducido hacia una concepción sintérgica de la conciencia.

La conciencia de Unidad es la de mayor poder sintérgico.

Esta, identificada con lo material, es, al igual que la materia, la conciencia de menor sintergia.

Cuando veía operar al Hermano siempre me tentaba el pensamiento de estar frente a la más poderosa sintergia.

Había pensado que el cerebro crea un campo energético, unn campo neuronal y que la experiencia es el resultado de la interacción de ese campo con la estructura energética sintérgica del espacio. Sabía que no alcanzaba a explicarlo, pero a veces pensaba que Pachita funcionaba en una elevada neurosintergia y por ello su Campo tenía tal poder sobre la materia. Por ello también está en contacto con organizaciones energéticas sutiles que llama el Hermano.

Por ello tiene certeza y está con Dios y puede saber lo que está en el pensamiento y materializar y realizar tantos portentos.

Mis ideas me habían dirigido al encuentro de Pachita y mi deseo de apartarme de las leyes de la gravedad y desprenderme (al igual que el árbol del Tepozteco y el del aporte) de toda estructura me había llevado a ayudarla a operar.

¡Dios mío! Son tan grandes y bondadosos tus designios, tan hermosas tus pruebas y tan satisfactorias tus recompensas.

Después de pensar todo eso volteé a ver a Armando.

—¿Cómo te sientes Armando? —le pregunté.

—Me siento inconforme y frustrado. Quiero que el que penetre al recinto sepa y respete y aprenda. Quisiera poder transmitir lo que he aprendido y no encuentro oídos ni sé cómo hacerlo.

—Te aseguro —le dije— que lo estás haciendo.

V

EL SÉPTIMO DÍA DEL SÉPTIMO MES

Pasaron a la primera persona. Era una señora americana muy delgada. Sufría cáncer abdominal. Se acercó a la mesa rápidamente. Fue tal la frialdad con que lo hizo y la seguridad con que se quitó los pantalones y se acostó en la mesa que todos nos sentimos asombrados.

Yo traducía las observaciones del Hermano y hacía lo propio con los de la enferma.

—A ver, mi niña valerosa, vamos a ver qué tiene usted aquí.

El Hermano se refería a una bolsa de plástico que unida a los órganos internos servía de receptáculo para la orina. Con un movimiento rápido, la mano de Pachita introdujo el cuchillo de monte e hizo una incisión de 20 centímetros en el abdomen. Pedí un algodón empapado en alcohol en el que el Hermano colocó dos trozos de tejido. Deben ser intestinos, pensé para mí.

Cortó algo y después introdujo el primer pedazo. La enferma se quejaba y me apretaba fuertemente la mano.

Después de acomodar el primero, introdujo el segundo tejido.

—¡Satura, hermano Jacobo!

Pedí un algodón mojado, coloqué mis manos sobre ella y la herida se cerró inmediatamente.

—Listo —le dije a la operada en inglés—. ¡Se acabaron el cáncer y las molestias!

—Gracias a Dios —me contestó y me pidió que quitáramos la bolsa de plástico. Le traduje la petición al Hermano y él se negó a hacerlo.

—Dile —me dijo—, que vaya al lugar en el que se la pusieron y pida allí que se la quiten.

—Pero no van a querer —me contestó la señora—. Yo los conozco y se van a negar.

—Cuando vean que estás curada lo harán— le dije yo.

Le vendé, la envolví en una sábana y Armando, junto con otro ayudante del Hermano, se la llevó cargando.

—Reposa las siguientes 72 horas y cuídate —le alcancé a decir mientras se alejaba.

La segunda operación era un caso de suprarrenales enfermas. Una mujer de mediana edad, voz aguda y acompañada de su esposo se acercó al Hermano.

—Hermanito —le dijo con voz nerviosa—, tengo mucho miedo y estoy demasiado inquieta.

Pachita la reconoció y le dijo que estaba a punto de tener un paro cardiaco por los nervios.

—Así no te puedo operar, mi muchachita linda. Qué tal si algo pasa y nos llevan a todos a la cárcel y tú te nos vas.

—Entonces no es seguro, ¿verdad?

—Pues, si no te calmas, sí puede pasar algo grave, mi cariñosa niña.

En ese instante la voz del Hermano me traspasó. Por alguna razón la había sentido siempre muy natural, pero en ese momento la percibí como proveniente de ultratumba. Era grave y directa, penetrante y profunda.

—Bueno —dijo la mujer—, trataré de calmarme.

—Así está bien, mi niña. Ahora acuéstate.

A punto de hacerlo, la mujer se levantó como impulsada por un resorte.

—Me va a doler, ¿verdad? No, mejor me voy.

En ese momento su esposo pidió permiso de intervenir y le dio un regaño descomunal.

—Si no te calmas —le gritó con voz tronante—, no te vas a curar.

El Hermano movió su cabeza de un lado a otro y dijo:

—Vaya matrimonio; con razón, ¡con razón!

A mí me pareció extraño el suceso. En la primera operación, un acompañante de la señora americana había solicitado permiso para tomar fotos durante la operación.

El Hermano le había dicho que la única que podía autorizarlo era la enferma. Esta había accedido y el acompañante (creo que era su esposo) se dispuso a tomar fotos como si se tratara de un circo. El Hermano se acercó a mí y en un susurro me dijo:

—¡Al fin no salen!...

Ahora el esposo de esta mujer la trataba como un material de desecho. Así ha sido este día, pensé, a todos nos han tratado así.

Por fin, la mujer se acostó y por poco me fracturó los huesos de mi mano al apretármela. Mientras el cuchillo cortaba su carne seguía preguntando si saldría bien.

Armando le pidió que rezara y lo empezó a hacer con tal intensidad que inclusive el esposo la felicitó. Yo le acariciaba su cabeza tratando de disminuir el dolor. Por fin, el Hermano terminó. Había transformado algo en el interior de la mujer sin que eso afectara en lo más mínimo su carácter. Después de vendarla no me quería soltar la mano y me pedía que no la dejara sola.

—Tengo miedo —me decía entre sollozos agradecidos—, por favor no me dejes.

Por fin la convencimos de que todo estaba bien. Me acerqué a Armando y sin poder reprimirme le dije:

—¡Qué mujercita tan chiqueada!

—Esos no son chiqueos —me contestó muy serio—, eso es ¡pecado!

Después trajeron a un niño de unos ocho años. Lloraba sin poder contenerse. Quería decir algo pero era absolutamente ininteligible. Era una operación de cerebro. Yo le sostenía la cabeza mientras Armando y Z. forcejeaban, intentando mantener quieto su cuerpo. El Hermano introdujo el cuchillo y abrió el cuero cabelludo. Después perforó el hueso con la punta y con movimientos rítmicos localizó la zona enferma y la perforó. A mí me era casi imposible sostener la cabeza quieta. Por fin todo terminó, saturé y Armando vendó. Agotado, me senté en el filo de la mesa y observé el cuerpo de Pachita. No mostraba ninguna señal de cansancio.

El siguiente enfermo era un niño, púber, obeso y sumamente inquieto. Fue imposible convencerlo para que se acostara. Tras 10 minutos de intentos fallidos nos dimos por vencidos.

Después de un rato entró una enferma. Me acordé de ella y de la receta que se le había dado. En ella se le pedía que trajera un intestino fresco de cadáver humano, de 30 centímetros de longitud. Se acostó boca arriba y el Hermano abrió su abdomen y después de reconocer su interior me pidió le sostuviera un extremo del intestino mientras injertaba el otro lenta pero confiadamente. Después de introducirlo, lo acomodó y me pidió que saturase. La operada venía acompañada de su esposo, que también pidió permiso para tomar fotos. El Hermano le dijo que el permiso debía otorgarlo la persona operada.

—Esta gente —dijo el Hermano—, manejan su curiosidad antes que sus sentimientos.

Descansábamos después de esta operación cuando alguien llamó a Z. Un momento después Armando se acercó al Hermano y le dijo que el esposo de la americana no quería pagar el intestino, pues decía que era falso que se lo hubiesen injertado a su esposa. Dice que puesto que no se utilizó no tiene por qué pagarlo.

—Déjalo, hermano Armando —dijo el Hermano—, son gente sin sentimientos, pero él no tiene la culpa —añadió—, es su cultura.

Yo no lo podía creer.

—Es una barbaridad —dije en voz alta—, es increíble que tal frialdad exista. Ese señor actúa como si estuviese en un supermercado, es increíble…

Todos volteamos a ver una presencia colosal. Una señora gigantesca y gordísima se aproximó a la mesa de operaciones. También era americana y sus riñones habían dejado de funcionar. Sin una queja, sin lanzar exclamación alguna, se acostó y no pestañeó cuando el cuchillo penetró su costado.

—Es usted muy valiente —le dije después de vendarla.

Cuatro personas la cargaron y tambaleándose la llevaron a reposar. Habíamos terminado la sesión. Yo pedí alcohol para limpiarme mis manos y Pachita se sentó junto al altar del recinto.

—Muy bien, mis niños, muy bien estuvo hoy.

Enrique, el hijo de Pachita y la hija de esta última, se acercaron al Hermano.

—Estamos preocupados —dijeron casi al unísono—. Hemos oído que tu "carne" morirá en diciembre y queremos saber si eso es cierto.

—No, mis niños, no se preocupen. En el pecho de mi carne no hay corazón como el de los hombres. Mi carne no es carne y tampoco mis venas. Todavía queda mucho por hacer y el Padre no se la llevará pronto. Dos veces antes se la ha querido llevar, pero yo le he pedido que la deje un tiempo más y él ha accedido.

—Lo único que no funciona de mi carne son los ojos. Les doy permiso que la lleven a revisar, que la curen de todo mal, pero no encontrarán ninguno, sin embargo, así se calmarán mis niños.

"Yo sé quién morirá de aquí y cuándo. Sé cuántos días tiene todo aquel que me viene a visitar. Conozco los designios del magnífico y a mi carne no se la llevará pronto.

"Hermanos —dijo dirigiéndose a todos—, me despido de ustedes. Quien quiera preguntar que pregunte."

El cuerpo de Pachita levantó su brazo derecho y después lo bajó. Armando abrió sus palmas y las dirigió hacia el cuerpo de la "mujer" dándole "protección". Lo mismo hicimos los demás.

Esperamos unos segundos y nos dimos cuenta de que algo muy extraño acontecía.

De pronto, el cuerpo de la santa pareció revivir. Pero todavía no era Pachita. El Hermano o alguien parecido a él comenzó a hablar por boca de Pachita.

—A ti te digo —comenzó dirigiéndose a mí.

—¿A mí?

—Sí, a ti te digo que va bien, que tu pluma de oro siga escribiendo la verdad de lo que veas aquí.

"A nadie pidas opinión de tus papiros y continúa la obra que empezaste.

"Yo te digo —continuaba cada vez más emocionado— que tú fuiste apóstol en aquellos tiempos y que es gracia del Padre que nuestros caminos se hayan cruzado.

En ese momento sentí lo más extraordinario que he experimentado en toda mi vida. Un flujo energético luminoso me llenó y vi luz alrededor del cuerpo de Pachita.

Todo mi ser se sintió elevado a un plano de conciencia iluminada y en un movimiento incontenible me acerqué a la santa y le besé la mano.

—Tú —continuó diciéndome— fuiste Andrés, mi primer apóstol, mi escribano. Ve y di a todo el mundo que la nueva era está por llegar, anuncia a los cuatro vientos la venida del Mesías y sabe que eres testigo y vivirás en la Nueva Jerusalén. Anúncialo con tu pluma de oro y no dudes más.

Dios mío, pensé, yo tuve en Tepoztlán, un día, una imagen de mí mismo en el templo mismo de Jerusalén en el año 30. Supe que era yo el que vivía en esa época. Sentados en el altar, unos ancianos conversaban entre sí y hablaban de lo más alto y de lo más profundo.

En esa época de mi vida en Tepoztlán, un grupo de gente y yo estudiábamos la técnica que denominábamos *análisis reencarnacional*. En una sesión experimental me había lanzado en busca de mi propia identidad y me había visto a mí mismo en Jerusalén en el año 30. En otra ocasión y también en Tepoztlán, había tenido la imagen de una crucifixión. Ahora se me confirmaba una vida anterior.

—También te digo —continuó diciéndome aquel espíritu— que pronto encontrarás al hermano que tanto has buscado.

Dios mío, también era cierto. Durante años he buscado a alguien sin saber a quién. Todos mis trabajos y mis libros eran la transmisión de una enseñanza localizada en mi interior y plasmada allí por alguien a quien yo buscaba encontrar de nueva cuenta.

Mi espíritu había sufrido golpes que lo habían alejado de la fe. Luchando en contra de estructuras y solamente deseando estar con Dios, me había enfrentado con gente egoísta y había sentido la maldad y poco a poco había olvidado.

Yo, que luchaba en contra de todo lo que no fuera libre de espíritu, también había caído y ahora sentía que mi fuerza no era suficiente.

Iba a decirle al espíritu que yo no era nadie, que yo no tenía la misma luz que antes, que no me lo merecía, cuando el cuerpo de Pachita levantó su brazo derecho y casi a punto de despedirse de nuevo me hizo la última pregunta.

—¿Qué es lo que deseas?

—¡Quiero luz! —dije tronando las palabras—. ¡Quiero que haya LUZ!

—¡Así sea!

Con el brazo en alto, el espíritu se despidió de todos.

El cuerpo de Pachita entró en un espasmo y tanto Armando como yo la protegimos con nuestras palmas.

Por fin, Pachita se recuperó. Pidió líquido balsámico y se enjuagó la frente y cuello. Noté que sus manos no tenían trazas de sangre, mientras que las mías estaban completamente rojas a pesar de habérmelas enjuagado con alcohol. Todos pedimos bálsamo y nos frotamos con él.

Don Lucio también utilizaba un líquido parecido para sus "limpias". Él tomaba dos huevos y, después de pasarlos por el cuerpo de la persona que solicitaba la "limpia", los vertía en sendos vasos de agua. Esa práctica también la utilizaba Pachita, lo mismo que el líquido balsámico.

En verdad, pensé, el chamanismo en México es toda una institución. Me acerqué a abrazar a Pachita, la que al verme dijo:

—Hola, Jacobo, ¡qué bueno que estás aquí!

Yo no podía pronunciar palabra alguna. Sostuve su cabeza entre mis manos por uno o dos minutos. Pachita, parecía disfrutar de mi cariño, pero súbitamente se rio y bromeó:

—Bueno, pues ¿qué te pasa, hombre? Pareces de palo, que no te mueves ni me dejas moverme.

La solté y me di cuenta de que mi emoción solo era compartida por Armando. Z., Memo y los otros ayudantes estaban sentados en la cama de operaciones y bromeaban entre sí.

Estuve a punto de decirles que todos sus actos, su ausencia de fe, sus presencias de fe quedarían escritas hasta la eternidad, pero me contuve.

¿Qué me pasa?, me dije a mí mismo. Eso es demasiado melodramático. Al poco rato me despedí. Pachita platicaba con su hija y ambas se sonreían.

—Hoy es el séptimo día del séptimo mes —les dije a todos… y me fui.

VI

LA UNIDAD

Me despierto en la mañana y una mosca agujerea mi campo neuronal. Desorganizado, utilizo una táctica para llenar el hueco. Sufro una ligera tensión y el perro del vecino ladra y se queja y todo porque una mosca agujeró mi campo neuronal. En realidad, ese perro, la mosca y yo somos uno, me digo al recuperarme. El perro ladra cuando me pongo nervioso, mi mano se mueve cuando le mando una orden. Mi mano y mi cuerpo forman una unidad, lo mismo que el perro y el agujero en mi campo.

Cuando Pachita opera, ella, el Hermano y el enfermo forman una unidad. En realidad, Pachita se opera a sí misma cuando injerta un riñón, se atraviesa a sí misma cuando utiliza su cuchillo de monte...

El 12 de julio llegué a las siete y media de la tarde. Oí que el paciente número 33 esperaba su turno; 60 personas estaban en lista para consulta y 16 para operar. Había tanta gente dentro del recinto que tuve que esperar 30 minutos hasta poder entrar. Rogué que el doctor M. no estuviese y en ese momento lo vi salir a fumarse un cigarro y tirarlo al suelo mojado del patio.

¿Por qué le tengo tanta aversión?, me pregunté, seguramente es una prueba para medir mi capacidad de amar.

Z. apareció en la puerta y me invitó a pasar. El Hermano estaba platicando con alguien. Sentí la energía del recinto y me quedé parado junto a la cortina. Si había un caso de ojos, siempre se le daba preferencia y ese día no fue la excepción. Cuatro enfermos de ojos iban a ser tratados en esa ocasión. Colocaron una silla blanca junto a la cama de operaciones y el doctor M. se colocó al lado izquierdo del Hermano, mientras el licenciado V., a la derecha. Este último era el encargado del cuchillo. Él lo limpiaba, lo sostenía y se lo ofrecía al Hermano cada vez que este lo solicitaba.

—Siéntate, mi hermoso niño —le dio la bienvenida el Hermano a un hombre de 35 años completamente miope—. ¿Qué tiene mi muchachito?

El hombre no sabía de la existencia del Hermano.

—¡Pachita! —le dijo en voz de ruego—, casi no puedo ver, ¿podrías ayudarme?

El Hermano tomó el cuchillo y colocó su punta en el ojo izquierdo del hombre. Mientras raspaba y penetraba en el globo ocular, preguntaba acerca de la visión del enfermo.

—¿Ves mejor, mi cariñoso niño?

—Un poquito, un poquito, Pachita.

El cuchillo había penetrado los ojos sin una exclamación de dolor por parte del hombre.

Era impresionante ver la delicadeza de los ojos y la penetración de aquel cuchillo de monte en los mismos. "Realmente ese cuchillo no es lo que aparenta —pensé en ese momento—, inclusive ni siquiera sería necesario utilizarlo".

—Tome usted esos algodones —le dijo el doctor M. al hombre al finalizar la operación. Colóqueselos encima de los ojos y salga con la cabeza hacia atrás.

—Pasa, mi cariñoso hermano— le dijo el Hermano al siguiente paciente.

Otro hombre, guiado por dos acompañantes, fue conducido al lado del Hermano.

—En nombre de mi Padre, yo te saludo.

—En el mismo nombre yo te respondo —le contestó el Hermano—. ¿Qué tienes?

—No veo casi nada, Hermano. Mi ojo izquierdo ya no existe y el derecho está opaco, sin luz.

—Bueno, siéntate mi cariñoso, y vamos a ver qué podemos hacer.

La mano del Hermano pidió el cuchillo. Introdujo la punta a la órbita izquierda ante las protestas del paciente.

—¡Pero allí no hay ojo, hermanito!

—Mira mi niño, la ausencia del ojo hace que el sano no pueda ver. Vamos primero a cerrar completamente el izquierdo y eso arreglará la poca visión del derecho.

El Hermano introdujo cinco centímetros de cuchillo en el ojo izquierdo y, con movimientos laterales y firmes, cortó. Después pidió una lámpara de mano y la acercó al ojo derecho. Me asombré de ver una completa ausencia de sangre después de la terrible herida provocada por la introducción del cuchillo en el lado izquierdo.

—¿Qué ves, mi cariñoso?

—Veo luz —contestó el hombre.

—Sí, bueno, pero ¿qué más ves?

—Veo una sombra, pero sin detalle —volvió a contestar el paciente.

—Vamos a ver, mi cariñoso, vamos a ver.

La mano del Hermano arremetió con el ojo derecho. La punta del cuchillo fue introducida y girada varias veces.

—¿Ahora qué ves?

—Veo mejor, Hermano, en verdad, alcanzo a distinguir más detalles.

—Váyase, mi buen hombre, y cuídese ese ojo. Regrese dentro de 30 días para otra operación.

Como antes, los ojos fueron cubiertos con algodones y el hombre se alejó guiado por sus acompañantes.

El tercer paciente fue un anciano de pelo completamente cano.

—Siéntese, mi cariñoso niño —le dijo el Hermano ofreciéndole la silla—. ¿Qué le pasa a mi muchachito?

—Mis ojos están llenos de lágrimas y nunca veo nada claro.

—Eso lo vamos a componer en un momento, mi hermoso niño, ya no se preocupe más.

De nuevo, el cuchillo fue introducido, pero ahora el movimiento parecía raspar la superficie vidriosa del tejido ocular externo. Una lámpara de mano fue encendida y el hombre sonrió ampliamente.

—Ahora veo mucho mejor —dijo.

En el recinto de operaciones nunca se encendía luz eléctrica. Una ventana situada al lado de la cama de operaciones siempre permanecía cubierta con una sábana rayada, evitando que el patio fuera visible desde adentro y el recinto desde afuera.

El lado izquierdo del recinto estaba dedicado a los altares, flores, velas y veladoras, rodeadas de figuras de Cuauhtémoc y colocadas en escalones. Cristo se resguardaba con una cortina de telas que se cerraba al iniciar las operaciones y se abría durante las consultas.

La única luz del recinto era una veladora encendida en ese altar.

El último paciente de ojos, de esa noche, fue un señor vestido en forma muy elegante.

—Hermano —dijo con voz clara—, tengo un tumor hipofisario que me presiona el nervio óptico. Cada día pierdo más la vista. Últimamente toda la parte derecha está a oscuras. Mi ojo izquierdo ve bien, pero el derecho tiene una sombra del lado derecho. Los médicos dicen que pronto perderé completamente la vista.

—Vamos a ver, mi muchachito, vamos a ver qué podemos hacer.

Unos algodones fueron colocados sobre los ojos. El ojo derecho quedó parcialmente descubierto en su parte derecha y en ella el Hermano operó.

Era un caso de acromegalia y lo que estaba mal era la hipófisis y no el ojo, pensé en ese momento. Seguramente al introducir el cuchillo al ojo hará algo sobre la hipófisis o no habrá mejoría.

Después de maniobrar con el cuchillo, de nuevo fue encendida la lámpara de mano y alumbrada la punta derecha del ojo derecho.

El hombre no lo podía creer.

—Veo, Hermano, la sombra ha desaparecido completamente. Todos descansamos mientras el paciente salía, y yo me acomodé en mi lugar frente al Hermano, en la cama de operaciones. Z. permaneció a mi lado y el doctor M. al lado del Hermano. Z. parecía triste. Le pregunté y me contestó que habían corrido a los empleados de la fábrica en la que él trabajaba y tenía pena por ellos.

El Hermano se había sentado en su silla y platicaba con Armando.

Había un ligero cambio en el tono de su voz. El Hermano parecía enojado o molesto. Me acerqué y en un susurro me dijo:

—Veo que has dejado tu investidura afuera y que me has entregado tu corazón.

Me quedé atónito, era cierto que había empezado a amar a Pachita y a respetar al Hermano, que sentía que me había devuelto mi fe y aceptado y mostrado lo ilimitado sin pedirme que dejara mi cuerpo, pero ¿de qué investidura hablaba?

Al penetrar al recinto, yo siempre sufría un cambio. Me sentía relajado y atento, experimentaba un contacto con lo divino y respetaba y amaba la labor y la obra que allí se realizaba. El Hermano me conectaba con lo familiar y lo humano y todos mis conocimientos y habilidades se subordinan a su ayuda. ¿Eso quería decir dejar afuera mi investidura?

No lo supe, ni me imaginé, que esa noche iba a ver lo inimaginable y al mismo tiempo iba a recibir una humillación terrible. No sabía que un día después de esa noche, iba a sufrir el verdadero temor a Jehová y que mi pensamiento iba a desaparecer para dejar en su lugar una angustia y un vacío totales.

Tranquilicé a Z. y traté de no poner atención a la tensión que el doctor M. acostumbraba a crear y me preparé para el primer paciente.

Entró un joven vestido de traje y corbata acompañado de su esposa. Le pregunté su nombre y le pedí me tomara de la mano y la apretara en caso de sentir dolor, y de pronto me di cuenta de que era completamente sordo. Su esposa habló por él confirmando mi observación.

—Fausto nació —dijo con voz nerviosa—, con sordera congénita de un oído y hace un año perdió el otro. Ahora no oye nada.

—Acuéstese, mi cariñoso —le indicó el Hermano con sus manos.

Lo tomé de su cabeza mientras el Hermano introducía el cuchillo en el oído izquierdo. Parecía buscar algo moviendo y girando el cuchillo. Por fin con un tono de triunfo dijo:

—Aquí está, encontré el caracol.

Obviamente se refería a la cóclea en el oído interno. Observé la penetración del cuchillo y calculé la distancia de la cóclea al oído externo y verifiqué que coincidían.

No me pregunté si el tímpano había sido atravesado y la cadena de huesillos del oído medio traspasada. El Hermano es capaz de llegar a la cóclea directamente y sin hacer daño en el camino, confié. El cuchillo parecía maniobrar dentro del caracol. El enfermo vibraba por el dolor y casi sobrepasaba mi esfuerzo por sostener quieta su cabeza. Por fin, el cuchillo dejó de moverse y el Hermano acercó su boca al oído y le gritó;

—¿Fausto, me oyes?... Fausto...

El operado no contestó y de nuevo le preguntó.

—¿Fausto, me oyes?

El Hermano volteó en dirección de la esposa y le solicitó hablara con su marido. Con una lámpara de mano alumbrando su boca hizo que Fausto leyera sus labios:

—Si te duele —dijo—, si oyes algo, dinos...

El Hermano siguió maniobrando con su cuchillo y al poco rato dijo querer probar con el otro oído. Volteé la cabeza y la maniobra de introducción y búsqueda de la cóclea se repitió. Fausto seguía sin oír a pesar de todos los esfuerzos del Hermano.

—Voy a injertar un nuevo caracol —dijo este súbitamente.

Sin saber de dónde había salido vi un pequeño hueso en la mano del Hermano. Lo introdujo al oído y con la punta del cuchillo lo empujó hacia adentro. Acercó su boca a la oreja y preguntó:

—¿Cómo te llamas?

—¡Fausto! —contestó el hombre.

Todos nos volteamos a ver y sonreímos.

—Háblale, hermano Jacobo.

Me acerqué y le pregunté si nos oía.

—Está nervioso —dijo el Hermano—, pero ya oye.

Le tapamos los oídos con algodón y lo despedimos. La esposa nos agradeció y salió del recinto.

Después trajeron a un niño que también tenía problemas de oído, pero no pudimos mantenerlo quieto.

El Hermano decidió no operarlo y le pidió a su mamá que le siguiera dando las medicinas que le había recetado y que lo trajera otro día después de calmarlo.

La siguiente paciente fue una joven amiga de Memo, uno de los hijos de Pachita.

Sumamente nerviosa, se aferraba a la mano de Memo suplicándole no se apartara de ella.

Bromeando, Memo trataba de calmarla hasta que el Hermano intervino en una forma suave.

—Vamos, mi cariñosa niña, relájese que nada le va a suceder.

Era un caso de apéndice que debía ser extraído. El Hermano introdujo el cuchillo en forma firme e hizo una apertura de 15 centímetros en el costado de la enferma.

Yo observaba fascinado sus maniobras y trataba de no distraerme con la negatividad del doctor M. Por alguna razón, en su presencia todo se transformaba de mágico a mundano, de maravilloso a rutinario, de increíble a vernáculo.

También, por una razón extraña, durante su presencia no se saturaban las heridas y los enfermos sangraban y se quejaban más. Z. resoplaba a mi lado, seguramente teniendo los mismos pensamientos que yo intentaba alejar de mi mente.

—Mira, hermano Jacobo —me llamó el Hermano, indicándome un tejido alargado que recién había extraído del costado.

—¿Es el apéndice? —pregunté yo.

—Sí, mi cariñoso niño, el mismo.

Decidí saturar y le pedí al doctor M. que apartara sus manos que en ese momento se preparaban para vendar el vientre de la enferma. Mi petición fue negada y en un arranque de furia tomé las manos del médico y las aparté con un movimiento rápido e intenso y saturé y después vendé.

—¡Pero qué...! —me increpó el doctor M., con cinismo—. ¿Usted también cura?

—Debería darle vergüenza manifestar una duda en este recinto —le dije.

El doctor M. se apartó de la cama de operaciones y, en un grito furibundo y extremadamente emocional, vociferó:

—Nunca he visto tal falta de respeto, yo nunca he dudado del Hermano, pero de usted sí, ¡lo conozco y sé quién es y usted no puede curar!

Después de decir aquello, abandonó el recinto y seguimos oyendo sus gritos en el patio.

—Perdónelos —le decía el Hermano a la recién operada—, perdónelos.

Z. me miró con aire de complicidad y noté una sonrisa en la cara de Pachita.

—Pasa, mi hermosa niña —le dijo el Hermano a una señora joven extremadamente lenta de movimientos—. Vamos a arreglar esa cabecita cariñosa, mi dulce muchachita. Acuéstate, mi niñita.

Iba yo a presenciar algo que sobrepasaría todo lo que había visto: algo increíble y maravilloso.

La mujer se acostó y, sin mostrar señal de dolor, dejó que el cuchillo de monte penetrara en la parte posterior de su cabeza.

—Necesito la sierra —dijo el Hermano.

Con ella, fue trepanada la enferma y después el cuchillo fue penetrando a su cerebro. Con un movimiento lateral y después extractivo, toda una zona de corteza fue extraída. La miré atónito y me percaté de sus dimensiones. Aproximadamente de siete centímetros de largo y tres de espesor, aquella masa sanguinolenta y cubierta de circunvoluciones fue depositada en la mesa contigua al cuerpo de Cuauhtémoc.

De una bolsa de plástico, la mano de la santa extrajo un tejido similar al amputado. Fresco en apariencia y sonrosado en tono, una rebanada de corteza ocupó las manos del Hermano. Como si fuera un bebé recién destetado, el Hermano meció al tejido y le habló con palabras amorosas... vive... vive... vive... le decía y acto seguido lo introdujo al hueco dejado por la corteza faltante. En una segunda maniobra similar, otro pedazo de cerebro fue injertado. Acto seguido, la boca del Hermano se acercó a la trepanación y le habló, la consoló y sopló en ella su aliento.

Saturé y vendamos la cabeza totalmente. Observé a la mujer y le pregunté cómo se sentía.

—Estoy bien, hermanito, muy bien.

La cubrimos con la sábana y se la llevaron a descansar. Dios mío. Dios mío. Dios mío. No podía parar de decir Dios mío, mientras una nueva paciente entraba al recinto.

Era una señora de edad y muy obesa, quejándose de dolores intensos en la espalda. Yo ya había visto varias operaciones de columna, inclusive aquellas que denominaban "líquidos". En estas, el líquido cefalorraquídeo era inyectado desde la base de la columna.

En esta operación, el Hermano utilizó una técnica que me revivió una imagen de mi niñez. Utilizando un vaso de vidrio saturado en alcohol, el Hermano le prendió fuego y lo colocó *ipso facto* en la base de la columna. El vacío creado hizo aparecer una excrecencia de piel, que, en forma de burbuja, penetró al vaso. Con el cuchillo, la mano de Cuauhtémoc abrió la espalda unos centímetros arriba del vaso, descubrió las vértebras y antes de injertar un hueso en ellas, pidió que las piernas de la enferma fueran colocadas en el mismo nivel de longitud y plano horizontal. Saturé la herida y después de que se llevaron a la enferma le pregunté al Hermano acerca del procedimiento.

—Es para evitar hemorragias —me dijo rápidamente.

Yo había visto una maniobra similar en la casa de mi abuelo materno y el recuerdo de varios vasos colocados en la espalda, jalando la carne, se había quedado en mi mente como visión de algo muy extraño.

En seguida trajeron a una viejita. Su pelo completamente blanco y su cuerpo demasiado bofo, ocupó la cama colocándose boca abajo.

El Hermano la recibió con los cariños que acostumbraba y a pesar de haberlos oído tantas veces, sentí una gran ternura al escuchar cómo le decía "niñita" a esa viejecita.

Me pareció notar en su cara un retorno a la niñez y una confianza total en aquella mujer que de pronto revivía a una madre muerta.

—Mi pierna me duele mucho —le dijo la viejita al Hermano. —Mi fémur está muy mal.

—No se preocupe, mi cariñosa, ya verá cómo se va a componer.

Después de las palabras anteriores, el cuchillo de monte penetró el muslo y dejó al descubierto los huesos. Con una sierra, Cuauhtémoc comenzó a raspar el tejido óseo. Se oía como el roce de una lija en una madera rasposa. Por fin, algo fue orientado en el interior de la pierna y la operación se dio por terminada.

El siguiente paciente venía del pueblo de Parral. Una mujer regordeta y fornida, acompañada de su esposo, se acostó boca abajo en la cama. Le descubrimos la espalda mientras el esposo explicaba que en una operación previa, el Hermano había extraído un cáncer pulmonar, pero que la enferma continuaba tosiendo y con molestias respiratorias graves.

—A ver, mi cariñosa mujercita —le dijo el Hermano a la mujer. —Su cáncer está curado y usted no lo ha entendido. Cuando uno piensa que está mal, el cuerpo se enferma. Usted ya está bien. Las molestias que siente las vamos a corregir con otra operación, pero usted debe cooperar. No piense que está enferma y dejará de tener molestias.

—Sí, Hermano, se lo prometo.

Acto seguido, una gran incisión fue hecha en el costado izquierdo, y después, con la ayuda del cuchillo, una gran masa orgánica oscura fue extraída.

—Vamos a colocar un nuevo pulmón —dijo el Hermano, tomando un tejido blanquecino que extrajo de una bolsa de plástico.

El tejido lo colocó en la punta del cuchillo y lo introdujo en la cavidad. Con un susurro casi imperceptible, el pulmón injertado ocupó el lugar del extraído.

Puse mucha atención en la respiración de la enferma y no noté cambio alguno durante toda la maniobra quirúrgica.

Saturé y me di cuenta de que no sabía cuánto tiempo debía hacerlo antes de retirar mis manos. Todas las ocasiones en las que había saturado, una voz interna me había indicado el tiempo, pero ahora quise verlo. Coloqué mis manos sobre la herida y en el momento en que la voz me lo indicó las separé y alcé el algodón que siempre colocaba sobre la piel.

La tremenda incisión estaba completamente cerrada y no había muestras de sangre, ni cicatriz apreciable en ella.

Volteé a mi izquierda y vi entrar al doctor M. llevando de la mano a una enferma.

Durante la operación de cerebro, el tejido cortical que había sido extraído y colocado en la mesilla adjunta a la silla del Hermano había desaparecido. Un poder extraño lo había desintegrado sin dejar huella alguna de su anterior presencia. Exactamente lo mismo había ocurrido con el pulmón extraído. A mí ya no me extrañaban esas desapariciones y las complementarias materializaciones que había observado.

De hecho, los meses previos a mi encuentro con Cuauhtémoc, me había dedicado a afirmar mi teoría sintérgica del continuo espacio-materia. En esta teoría, la materia la consideraba como el extremo de baja sintergia del continuo, definiendo a este fundamentalmente como el conjunto de puntos conteniendo mayor o menor información concentrada y con mayor o menor redundancia. La materia era la menos convergente y la de menor redundancia, mientras que el espacio era capaz de contener en cada uno de sus puntos cantidades colosales de información con una elevada redundancia.

El cerebro era un instrumento de interacción con la estructura sintérgica del espacio a través de la activación y posterior expansión de campos energéticos.

La intersección entre estos campos (neuronales) y la organización del espacio, además de crear la experiencia afectaba en cualquier sentido sintérgico (decrementando o incrementando la sintergia) al espacio. Así, una morfología de campo neuronal podía disminuir la sintérgia del espacio y así materializar un objeto o, al contrario, incrementarla, dando por resultado la desmaterialización.

Otras entidades podían hacer lo mismo. De esta forma era comprensible que aceptara lo que veía y que además me organizara en lugar de desorganizar mis pensamientos. Sin embargo, ver la desaparición de un tejido cerebral o la materialización de un riñón, una vejiga o de una porción de corteza cerebral tenía el encanto y el misterio de la complejidad y de la especificidad.

Una preciosa muchacha americana, paciente del doctor M., de gran estatura, bellísimo porte y mirada cariñosa, ocupó su lugar en la cama de operaciones.

El constante contacto con los milagros realizados por el Hermano había hecho cambiar mi punto de referencia, y una fe total en Dios y una penetración a las diferentes escalas y niveles de conciencia se iban convirtiendo en un acompañante cotidiano de mis pensamientos.

Me acordé de don Lucio y de su discípulo preferido, Alejandro. El primero no necesitaba entrar en trance mediumnístico para hablar con espíritus y seres descarnados. Alejandro aprendía la técnica y, cuando teníamos oportunidad, comprobábamos nuestras percepciones vibracionales y nos asombrábamos de la concordancia de sensaciones sutiles que diferentes lugares nos provocaban a ambos.

—Hermano —dijo el doctor M.—, se trata de un caso que te envía el doctor V. Hace tiempo esta muchacha se lastimó el tobillo derecho y fue operada en forma convencional. El resultado no fue muy positivo; es incapaz de realizar ciertos movimientos del pie sin sentir dolores muy intensos.

La cara del Hermano cambió un instante y logré entrever una intención sutil en su frente.

—Pero yo no sé nada de tobillos y músculos y tendones —le dijo súbitamente al doctor M.

Este se sorprendió y con un ligero movimiento de hombros estuvo a punto de aceptar como válida la confesión.

Seguramente hubo una terrible lucha en el interior de este hombre y finalmente lo que había presenciado se sobrepuso a su estado de duda natural.

—Usted sabe más que yo —continuó diciendo el Hermano con una clara intencionalidad burlona.

—No, Hermano —le contestó el doctor M.—, ¿cómo no va a saber usted?

—Bueno, trataremos.

Yo había tomado la mano de la muchacha mientras la mano del Hermano recorría su tobillo y detectaba el daño.

—El tendón está mal —dijo de pronto— y la inserción muscular es demasiado rígida.

Con el cuchillo abrió el tobillo y empezó a maniobrar con su estructura muscular y tendinosa. La muchacha respiraba muy hondo tratando de calmar el dolor que sufría. Yo trataba de calmarla acariciando su frente y apretando su mano.

—Pregúntale si puede mover su pie —me indicó el Hermano—. Dile que flexione su pierna, que mueva los dedos, que gire su pie...

A medida que seguía la intervención, los movimientos eran realizados cada vez con mayor facilidad y sin dolor.

Por fin, el doctor M. vendó y la muchacha me preguntó si habían terminado y si además de arreglar el tendón habían liberado la rigidez muscular.

—No te preocupes —le contesté—, todo está bien.

—Eres maravilloso —me dijo al envolverla con las sábanas.

En seguida pasó un niño de alrededor de 10 años.

—Hola, mi cariñoso niñito, ¿qué es lo que te pasa? —le preguntó el Hermano.

—Tengo un dolor aquí —dijo el muchacho, señalándose el estómago.

La mamá explicó que se trataba de una hernia que no había podido curar. El niño se acostó boca arriba y la mano del Hermano comenzó a auscultar su vientre.

Me tomó de la mano y me hizo sentir una excrecencia rígida localizada sobre el ombligo.

—Qué hernia ni qué hernia —me susurró el Hermano.

Coloqué algodones para limitar la zona y en seguida el cuchillo abrió una zona de alrededor de 25 centímetros en el vientre. Puse mucha atención en el corte y me percaté de que Cuauhtémoc, en el cuerpo de Pachita, parecía no ejercer presión alguna o realizar esfuerzo considerable y que bastaba con el contacto sutil del metal de la hoja del cuchillo sobre la piel para que esta se abriese.

En menos de un minuto, un tumor del tamaño de una pelota de frontenis oscuro y fétido había sido extraído del cuerpo del niño.

Me apresuré a saturar y de nuevo noté la ausencia de vestigios de sangre y la perfecta unión de la piel sin dejar huella de cicatriz alguna.

—¿Cómo pudo vivir tanto tiempo con eso? ¡No lo entiendo! —dijo el Hermano al despedirse del enfermito.

Al salir del recinto, noté un súbito cambio en el nivel energético. Volteé a ver y en ese momento el Hermano comenzó a hablar.

—Ahora sí, mis hermanos —dijo muy serio—, quiero que se salgan. El próximo caso es un "daño" y no quiero comprometerlos.

Un enfermo recostado junto al altar y recién operado se levantó en ese instante y llevando a cuestas su sábana huyó del recinto. Todos sonreímos y nos miramos. Me empecé a alejar de la cama de operaciones en dirección a la salida e invité al doctor M. a hacer lo propio.

Este último se enfureció de nuevo y con gritos me contestó que la indicación del Hermano no se aplicaba a él, que él ayudaba en los "daños".

—¿Necesitas mi ayuda también? —le pregunté al Hermano.

Volteó a verme y me dijo:

—No, hermano, este "daño" te tumbaría la mente.

Esperé en el patio, curioso, para saber el resultado de esa última intervención. Después de 10 minutos fui invitado a entrar al recinto. El cuerpo de Pachita estaba sentado junto al altar y el Hermano daba sus acostumbradas indicaciones a los ayudantes.

—Hermanos —nos dijo—, debemos perdonarnos y no causar alteraciones desagradables.

Memo se acercó y le dijo que él debería poner el orden, pues su autoridad era la decididora.

—¿Yo? —contestó el Hermano—, ¿yo penetrar en asuntos mundanos?, o se está aquí o se está allá y no existen puntos intermedios.

La oración había sido tan clara y fuerte que todos permanecimos en silencio.

Este fue interrumpido por la despedida del Hermano. Levantando el brazo derecho nos dijo adiós.

Rodeamos a Pachita y con las palmas de las manos abiertas y en su dirección la protegimos de la posible intrusión de un "bajo astral".

El instante de la despedida del Hermano y la recuperación de la conciencia cotidiana de Pachita era de gran peligro y siempre provocaba un estado de tensión y atención sostenida.

Unos segundos y después de varias sacudidas musculares, Pachita volvió en sí. Como siempre acarició su cabello y se frotó los ojos. Pidió líquido balsámico y con él se frotó la cara, manos, cabello y nuca.

Salí de la casa de Pachita con una sensación muy desagradable. Era increíble cómo me dejaba llevar por enojo y cómo caía ante la presencia del doctor M. Armando me había dicho que tenía prohibido enojarme, cuando salí del recinto, y lo mismo me dije yo hasta llegar a mi casa.

El Hermano se había molestado por la falta de unidad. La gente que lo ayudábamos no estábamos a la altura de las circunstancias.

Los días siguientes medité acerca de la Unidad. Era tan clara la existencia de entidades que como el Hermano parecían tener una independencia y una vida propia, que aquello me hacía dudar.

Por fin regresé a lo que yo consideraba como fundamento. Somos uno y nuestro cuerpo no tiene límites. Toda manifestación es y proviene de lo mismo. En la física contemporánea una partícula aparentemente separada de otras es en realidad la intensificación de un rango de frecuencia del mismo y único campo cuántico.

Lo mismo acontece con la conciencia. Cada conciencia proviene de una conciencia global y unificadora del todo. Cada ser está en el camino hacia la Unidad con el todo y sufre diferentes experiencias para llegar.

Lo mismo ocurre en el cerebro. La frecuencia del campo neuronal se incrementa con la evolución. En cierta etapa, el campo se confunde y se vuelve indistinguible de la estructura del espacio. Se convierte uno con este último y así la conciencia individual se establece en un contacto íntimo con lo absoluto e indiferenciado.

Eso es Dios, la única divinidad de la que todos somos parte. Sus leyes son las leyes del universo y su estructura la sintergia común a cualquier organización.

VII

CUAUHTÉMOC

14 de julio, aniversario del nacimiento terrenal de Cuauhtémoc

Llegué a la casa de Pachita y por primera vez vi alumbrado el recinto de las operaciones. La cortina descorrida y el altar a la vista se mostraban en toda su magnificencia. Cientos de rosas perfumaban y coloreaban los siete peldaños del altar. Un cuadro magnífico de Cuauhtémoc a la izquierda resguardaba un Cristo tallado. Otro Cuauhtémoc a la derecha servía de figura a un cuadro de Cristo.

El rey azteca se veía pleno de poder, y su mirada dirigida al cielo y protegida por una gigantesca águila atestigua el misticismo y su fe.

Papeles de colores y una vasija repleta de pétalos esperaban la aparición de Pachita.

La niña primorosa en una silla de ruedas, aquella que había sufrido una sobredosis de anestesia, también esperaba mirando las flores y a sus padres.

Doña Candelaria, la persona que más sabía de la obra de Pachita, entraba y salía apresurada arreglando flores y colocando una sábana blanca encima de tres sillas colocadas a la derecha del altar.

Después de unos minutos llegó Pachita. Se veía alegre, pero ligeramente cansada.

Saludó a cada uno de los que esperábamos y se sentó en una silla colocada frente al altar. Pidió por tres personas, las que se sentaron en las sillas a la derecha. La señora U. se me acercó y me dijo que la señora que se había sentado en la silla del centro era muy extraña.

A sus lados, los antiguos discípulos de Pachita se sentaron también e inmediatamente después cerraron los ojos.

Algo extraordinario va a suceder aquí, me dije pensativo, seguramente estas tres personas intervendrán en algún trance o equilibrio energético.

Pachita se paró de su silla y se acercó al altar, tomó una tela brillante color violeta repleta de campanillas y bordados del antiguo México y se la colocó en sus hombros como túnica. Se volvió a sentar y apagaron las luces.

Seguramente está esperando al Hermano, pensé yo, es el momento en el que él se posesiona de su cuerpo.

En silencio total todos esperamos unos minutos y, de pronto, la señora sentada en la silla de en medio empezó a gritar, después de retorcerse fuertemente. De sus labios salía un discurso pronunciado a tal velocidad y en un lenguaje tan extraño que yo no entendí nada de lo que decía. Alguna vez oí a Petra hablar mexicano y aquello tenía cierta similitud de entonación con él.

Segundos antes de que Pachita también se retorciera, doña Candelaria le lanzó unos pétalos de rosas. Todos la imitamos, doña Candelaria había repartido los pétalos y a mí me había dicho que los lanzara en el momento en que el Hermano apareciera.

Mientras Candelaria entonaba unas mañanitas con el auxilio y participación de todos, Pachita entró en trance. Reproduzco aquí el inocente y bellísimo canto:

MAÑANITAS AL HERMANITO CUAUHTÉMOC

Estas son las mañanitas
que venimos a cantar
a un Espíritu Divino
que viene del más allá.

A este ser omnipotente
que nos lo mandó el Señor
para que nos dé consejos
y nos quite todo mal.

Ven pronto, Niño Bendito,
venidnos a consolar
ven a darnos tus consejos
y a quitarnos todo mal.

No somos merecedores
de tu divina bondad,
pero eres Luz Eterna
en esta vida terrenal.

Todos te queremos mucho
con todito el corazón
no nos dejes, Hermanito,
llévanos con el Creador.

> Fuiste rey en esta tierra
> fuiste grande majestad
> y ahora eres Luz Eterna
> en el trono celestial.
>
> Ven pronto, Niño Bendito,
> venidnos a consolar
> ven a darnos tus consejos
> y a quitarnos todo mal.

Todo rodeado de pétalos, el cuerpo de Pachita se retorció un instante para después, ya con la voz profunda y llena de certeza del Hermano, saludarnos.

—Queridos hermanos, nos dijo primero, estoy muy contento por su amor. A pesar de que mi padre me prohibió estar con ustedes heme aquí queriendo no decepcionarlos.

"Últimamente han ocurrido demasiadas cosas que no son completamente satisfactorias. Se avecina una gran y terrible catástrofe y hoy más que nunca deberíais aprender a amar y a dar todo lo posible.

Junto a mí y en su silla de ruedas la niña sobreanestesiada que habíamos operado hacía unos días parecía escuchar la voz del mensaje. Oscilaba en su silla, por momentos con la espalda erecta, para en seguida doblarse completamente hasta tocar sus rodillas con su frente.

Sus ojitos saltaban de la veladora encendida en el altar a la silla que ocupaba el cuerpo de Cuauhtémoc.

Permanecía completamente en silencio, pero, de pronto, emocionada, lanzó una exclamación de júbilo.

El Hermano volteó a verla y dijo que ya lo estaba entendiendo. Las exclamaciones de la niña se repitieron varias veces siempre que el Hermano hablaba de amor y de devoción a Dios. En cambio, permanecía en silencio durante las descripciones concretas o los consejos. Es increíble, me dije a mí mismo, la niña está detectando las más profundas abstracciones y los señalamientos de mayor fundamento y no responde ante todo lo que pertenece al mundo terrenal, a las descripciones concretas y a lo mundano.

¿Es que acaso —me pregunté— lo que posee mayor poder de abstracción es al mismo tiempo lo más fundamental? Quizás el estado de clara decorticación de esa niña la ha puesto en contacto con Dios y solo ante él reacciona.

El Hermano continuaba hablando acerca de la necesidad de dar y amar cuando fue interrumpido por la médium sentada en la silla del centro. Hablaba como un niño indio poco conocedor del castellano o como un ser muy primitivo e incapaz de expresión verbal clara:

—Yo quiero a tú mucho, yo ayudarte a curar patita cabecita, tú dejarme a tú hacer cariño, tú a mí dejarme estar y ayudar a tú…

El Hermano volteó a verlo y lo saludó.

—Puedes quedarte, mi cariñoso niño, puedes estar con nosotros, pero siguiendo las leyes de tu reino y en paz.

—Yo a tú querer mucho, yo a tú gracia darte…

Dos días después, en la meditación matinal con mi grupo, yo había intentado aplicar la enseñanza del Hermano con una entidad oscura que habita la casa en la cual meditamos.

Al sentirla la invité a permanecer y a recibir luz por parte nuestra. Para mi desilusión no fui capaz de comunicarme y me faltaron fuerzas para ayudarla y sobreponerme al vacío que me produjo.

El Hermano habló durante 10 minutos, pronunciando un discurso de tal belleza y profundidad que me siento incapaz de reproducirlo aquí. Mencionó que él mismo no era un ser muy elevado y que aprendía continuamente y deseaba ayudar a sus hermanos humanos con toda su capacidad y fuerza y con la ayuda de su padre.

Habló de su carne, diciendo que era muy traviesa y que ella (Pachita) no se cuidaba como era debido.

Nos bendijo y pidió "luz" para todos nosotros y prometió no abandonar el sufrimiento de la especie y cooperar para traer "luz" al mundo.

Al terminar pidió que resolviéramos nuestras pasiones y no nos dejáramos llevar por odios, malentendidos o enojos.

Después se dispuso a recibir preguntas.

La madre de la niña se le acercó, le besó la mano y felicitó al Hermano por su cumpleaños y le dio las gracias por ayudar a su hija.

—Mi cariñosa niña —le contestó el Hermano—, tu hija pronto comenzará a caminar y después a hablar. Todo esto es una prueba para ti y para tu esposo. Ambos tienen corazón puro y cuando logren resolver su problema alcanzarán el estado que les permitirá acercarse a lo divino. La enfermedad de tu hija fue para probarlos.

—Pero ¿por qué con ella? —protestó la madre—, ¿por qué la hicieron sufrir a ella?

—Así es, mi linda muchachita, los caminos del Señor son los más difíciles de transitar. Pero todo será felicidad y salud dentro de poco tiempo, tened paciencia y lo veréis.

Llorando, la mujer se acercó a su hija y a su esposo.

Uno por uno, la veintena de personas que habíamos acudido a la ceremonia nos acercamos a felicitar al Hermano.

Una señora de mediana edad le pidió que le relatara su vida cuando era rey azteca.

—¡Ay, mi niñita preciosa, esos recuerdos me son dolorosos, pero te voy a contar algunas cosas!

"Vivíamos en un paraíso. Los habitantes de Tenochtitlán vivían, como ustedes, sobre un suelo rico. Debajo de la tierra todavía se conservan los diamantes, las esmeraldas y los rubíes que en mi época rebosaban los terrenos y los plantíos. Fui educado para el reinado y desde muy pequeño, mi padre me enseñó con la ayuda de los sacerdotes a descifrar los códices y a impartir justicia.

"Cuando tenía 13 años ocupé el trono. Recuerdo que me trajeron un guerrero a quien debía juzgar. Ayuné durante tres días y después estudié los códices. En las noches soñaba y en las madrugadas recordaba mis sueños tratando de hallar señales para el veredicto.

"Si soñaba que llovía, eso quería decir que el hombre debía ser encarcelado durante tres días y sus noches.

"Si soñaba con el sol, el veredicto y la sentencia debían ser diferentes.

"Yo no quería maltratarlo ni dañarlo.

"Los historiadores han cometido muchos errores en mi biografía. Dicen cosas que no fueron.

"¡Se imagina! Yo tan pequeñito llegando al recinto de los sacerdotes a dar sentencia y a explicar las razones que me habían hecho llegar a ella.

"Pero todo fue bien, me aceptaron y a partir de ese momento recibí mucha ayuda.

"Mi tío Moctezuma me aconsejaba en las cuestiones del gobierno.

"Un día mi pueblo se enfermó. Ya había sucedido en otras ocasiones. La primera, muchos cientos de años antes, mucho antes de la llegada de los españoles, habían venido unos frailes que zureando el mar desde la Atlántida atravesaron nuestra tierra.

"Nos trajeron conocimientos, pero también enfermedades. Cuando cumplí 33 años tuve una gran dificultad, pero de eso no voy a hablarles.

"Nosotros conocíamos muchos secretos de la tierra y el cielo. Conocíamos un líquido que al ser utilizado podía destruir montañas enteras.

"¡Cuidado con el Pedregal de San Ángel! En su subsuelo todavía se encuentra ese líquido.

"Pero tampoco de eso quiero hablar.

"Éramos buenos y sabíamos leer las estrellas y nos comunicábamos con Dios.

"Después vinieron los españoles y mi pueblo sufrió mucho. Nunca me casé ni tuve hijos. Tenía una novia y mi reinado acabó demasiado pronto…

La descripción fue larga y llena de imágenes de una época gloriosa y pura. Se transparentaba en ella la añoranza simultáneamente con la pureza.

La mujer agradeció el relato y yo recordé uno de mis cuentos, en el cual un ser extraterrestre describe ante una audiencia extragaláctica una serie de eventos. Pero no los describe verbalmente, sino por transmisión directa de imágenes.

También aquí, durante el relato de Cuauhtémoc había yo visto, más que escuchado, sus descripciones.

Al terminar, el Hermano se preparó para nuevas preguntas. Yo me acerqué y le pregunté acerca de mi vida. No deseo compartir lo que me dijo, pero me asombró por su exactitud y certeza. Me volvió a hablar de san Andrés y me agradeció el haberlo felicitado por su cumpleaños.

—Gracias a ti —le dije—, por dejarme ver lo que he visto y por permitirme escribirlo.

Después de mí, un joven que había sido operado de su cerebro por el Hermano se acercó a felicitarlo.

Se veía sano y fuerte, sus ojos literalmente brillaban. En este momento, mientras escribo, tengo frente a mí el recuerdo de su mirada. En verdad nunca había visto nada semejante a esos ojos absolutamente fosforescentes. El hijo de Pachita se acercó después.

—Hermano —le dijo—, quiero solicitarle un gran favor. Quiero pedirte que te lleves al ser que ha tratado de envenenar a mi madre.

Se hizo un silencio expectante que fue roto por una amonestación grave del Hermano.

—¡Eso nunca! El ser "oscuro" viene para ser rescatado en "luz". El cuerpo de tu madre resistirá todos los embates, no te preocupes.

Después me enteré de que alguien había colocado arsénico en la sal de la casa de Pachita.

En realidad, no estoy seguro de que así haya sido, pero se mencionó un intento de envenenamiento. Me asombré y no quise preguntar nada más.

Por fin, el Hermano levantó su brazo derecho y se despidió. Creí que Pachita iba a recobrar su conciencia usual, pero en lugar de ella, y después de un instante de temblor, otra entidad se apoderó del cuerpo de la santa.

Recordé que en cierta ocasión se había mencionado que Pachita era un canal abierto y que aceptaba cualquier entidad.

La que tomó posesión de su cuerpo en ese momento fue una gitana.

—Soy gitana —dijo—, y puedo leer sus manos. ¿Quién quiere conocer su destino?

Alguien adelantó su mano y la gitana comenzó a hablar:

—El problema con tu mujer se resolverá pronto. Recibirás un encargo de viaje y eso te ayudará en tus negocios.

Otra mano fue leída inmediatamente después:

—Tu familia te da alegría y, sin embargo, tú estás triste. Debes aceptar tu vida y regocijarte con lo que tienes…

Yo no resistí la curiosidad y colocándome detrás de la "gitana" extendí mi brazo derecho.

La luz, excepto por una veladora de aceite colocada en el altar, estaba apagada. A 50 centímetros de los ojos ningún detalle era perceptible.

Tomó mi mano e inmediatamente dijo:

—Israel tiene las marcas del apostolado. Fuiste Andrés y tu maestro dejó una pregunta sin resolver. Tú regresaste para darle la contestación. Dentro de poco recibirás una sorpresa. Llegarás al pináculo de la fama. Te has encontrado y de aquí en adelante todo será "luz" para ti…

—Dios Santo —exclamé lleno de emoción.

La pregunta es la creación de la experiencia y sus fundamentos, ¡a eso vine!

Una muchacha alta y de ojos grandes y pelo azabache extendió su mano:

—Fuiste egipcia y el 13 de agosto tendrás que venir a platicar conmigo, no te olvides.

El 13 de agosto de 1521 se completó la conquista de Tenochtitlán.

—¡Memo! —le gritó la "gitana"—, recuérdale a esta mujer la cita conmigo para el 13 de agosto.

—Pero nos vamos a Parral —le contestó Memo.

—No importa, debo hablar con ella el 13 de agosto.

No recuerdo más, hubo tantas manos y otras tantas historias que mi memoria no es capaz de evocarlas.

Momentos antes de que la gitana tomará posesión del cuerpo de Pachita, la médium había comenzado, de nuevo, a hablar:

—Yo a tú querer componer patita, tú dejarme, yo querer a tú...

Antes que la gitana se fuera, la médium extendió su mano y la gitana le dijo que ya estaba convaleciente y que no veía signos de enfermedad.

—Me despido de ustedes —dijo después la gitana.

El cuerpo de Pachita se convulsionó y otra entidad la penetró:

—Somos como flores que nos marchitamos cuando no bebemos la suficiente agua. Al final encontramos a Dios...

Después del poema y en un tono de voz intenso aquel ser se identificó como Bocanegra. Otra vez vinieron las convulsiones y una voz triste y joven apareció en la boca de Pachita:

—Quiero que mi tía Cande venga...

Se refería a doña Candelaria y en ese instante adiviné que era el hijo muerto de Pachita. Lo había perdido en los disturbios de 1968 y nunca lo había olvidado... La tristeza de Pachita había sido tan grande que había enfermado y perdido la vista. El hijo muerto seguía hablando:

—Yo los quiero y extraño, cuiden a mi madre y no dejen que sufra. La ceremonia había terminado y Pachita volvió a su conciencia. Pidió bálsamo y nos saludó con su lenguaje sencillo y del pueblo.

Yo le pedí a doña Candelaria la letra de las mañanitas y después de mucho buscar, Pachita nos indicó el lugar en el que se hallaban unas copias. Mientras alguien las buscaba, Armando me trajo el cuchillo de monte y yo lo vi por primera vez con suficiente luz. La empuñadura estaba recubierta y forrada con cinta negra de aislar y la hoja sin filo y sin punta tenía un grabado de indio con penacho. Se parece a Cuauhtémoc, pensé, pero sobre todo a la estatua de plata del patriarca que Armando había traído para el altar. Devolví el cuchillo después de sentirlo y me acerqué a doña Candelaria. La mujer de ojos redondos, brillantes y cafés, dientes salientes, estatura media y paso acelerado, inteligente y certera, me convidó atole y unos tamales que había preparado con motivo de la ceremonia. Le pedí que me cantara de nuevo las mañanitas y lo hizo con voz fresca. Todos admiraban a Candelaria y la consideraban una especie de conocedora absoluta de los misterios del Hermano. Casi nunca hablaba y los secretos los mantenía para ella misma.

—También hay una canción de despedida —me dijo, poniéndose triste de improviso.

Me dan ganas de llorar cuando la recuerdo porque la cantamos cuando mi mamá moría.

Reproduzco aquí la letra:

PARA DESPEDIR AL HERMANITO

Adiós, Cuauhtémoc hermoso,
emperador del cielo.
Tú nos traes el consuelo
y nos quitas todo mal.

Cuál triste peregrino
errante sigo yo.
Tú nos tiendes la mano
para seguir al Señor.

Cuauhtémoc fue su nombre
y la historia lo grabó
y por su gran esfuerzo
la Gloria conquistó.

VIII

LOS SERES

Llegué a casa de Pachita muy "saturado". Me estacioné frente al mercado y medité para elaborar todo lo no resuelto. Utilicé todas las técnicas que conozco para llegar al silencio y conectarme con mi ser. Por fin lo logré y así penetré al recinto de las operaciones.

Era miércoles y me encantó no encontrarme con el doctor M. Después me enteré de que enojado había dicho que no regresaría a "ayudar" sino hasta que se alejara de Pachita la gente negativa (es decir yo). Su último berrinche había sido acusar a los colaboradores íntimos de la santa de ser unos ladrones.

Acostado boca abajo en la cama de operaciones estaba un amigo de Z. Tenía la pierna derecha dos centímetros más corta que la izquierda. Me pidieron que jalara el talón derecho mientras el Hermano hacía una incisión cerca de la columna.

Sentí cómo la pierna se estiraba y al ayudar a vendarlo me presentaron a un nuevo colaborador del Hermano. Tenía una fuerza descomunal y después, cuando le vi la cara, me recordó a alguien que conocí hace mucho tiempo. Parecía una mezcla de soldado romano y de Pedro…

—En nombre de mi Padre yo te saludo —le dije al Hermano al terminar la operación.

—En el mismo nombre yo te saludo —me contestó con su dulzura acostumbrada.

—¿Cómo están tus amigos? —me preguntó seguidamente.

—No los he visto —le dije.

—Bueno, bueno, bendito sea Dios.

Una señora de mediana edad ocupó la mesa en seguida. Me coloqué a la izquierda del nuevo ayudante y le pedí que le diera energía a la paciente.

—¿Qué tiene, mi dulce niña?

—Una hernia, Pachita, una hernia, pero no sé dónde está.

—¿En dónde te duele?

—Bueno, aquí junto al ombligo y también en el costado y aquí arriba.

—Pero, mi niña —le dijo bromeando el Hermano—, no voy a operarte de todos los lugares, ¿verdad?

Después de tocar el vientre, el cuchillo de monte penetró el costado de la paciente. Tras un breve esfuerzo algo fue cortado y un tejido oscuro extraído de la herida.

—Lo que tenías era un apéndice malo —le dijo el Hermano a la mujer—. Pero, mira, ya lo tenemos quitado.

Había sido una operación fácil y casi sin dolor. Saturé la herida, cerró inmediatamente y después de vendar el vientre, el nuevo ayudante cargó a la enferma como si no pasara nada.

—Hermanos —nos empezó a decir el Hermano después de que se llevaron a la mujer—, hermanos, quiero hacerles un ruego. Van a traer a una mujercita que tiene mucha fe en nosotros y que ha venido desde muy lejos. Por favor, oremos al Padre para que podamos ayudarla.

Debe ser un caso muy difícil, pensé en seguida y estuve tentado a preguntar por el diagnóstico, pero me contuve. Recé y a la mitad de mi oración un señor muy preocupado entró al recinto acompañado de su esposa.

—Acuéstate, mi dulce y cariñosa niña.

La mujer se acostó y le descubrimos su vientre. Lo tenía tremendamente hinchado. Le tomé de la mano y empecé a acariciarle la frente mientras Armando colocaba algodones secos para delimitar un campo operatorio.

—Recemos —nos volvió a pedir el Hermano.

Después de auscultar su vientre, el Hermano pidió unas tijeras con las que cortó el costado de la enferma. Después introdujo el cuchillo y lo giró, aumentando la incisión. Durante unos segundos lo dejó inmóvil y luego pidió luz. Una lámpara de mano fue encendida y vi una terrible hendidura de la que brotaba mucha sangre.

—Necesito cerrar esa vena —dijo el Hermano—, mantengan la luz encendida.

En un instante más, maniobró con el cuchillo y la sangre dejó de brotar. De la mesa a su derecha, tomó un tejido y le pidió a Armando que vertiera un líquido en la herida. De pronto, algo se desprendió del interior del cuerpo de la paciente y, con voz de triunfo, el Hermano anunció que había logrado extraer la parte podrida del hígado. En seguida me pidió que presionara ligeramente el vientre y colocó dos grandes masas de tejido sobre la herida. Reconocí que eran pedazos de hígado. Con la punta del cuchillo las introdujo a la cavidad abierta y luego me pidió que saturara. Lo hice con toda mi energía y a la luz de la lámpara de mano me permitió ver cómo la herida se cerraba sin dejar huella, engulléndose prácticamente los tejidos.

—Ahora les voy a pedir a todos que levanten con cuidado a esta cariñosa niña y que la coloquen de costado.

Con la ayuda de Armando eso hicimos. La mano del Hermano tomó el cuchillo de nueva cuenta y lo introdujo en la piel. Hizo una abertura de alrededor de 10 centímetros. Le pidió a doña Candelaria una muñeca.

—Dame una muñeca, rápido —le dijo.

En medio de la sorpresa vi que Cande tomaba un algodón seco y hacía un ovillo con él. Eso era la muñeca que la mano del Hermano introdujo a la herida. La mujer se quejaba amargamente y yo le pedí que rezara en voz alta.

"Padre nuestro que estás en los cielos, alabado sea tu nombre…".

La mujer recitó durante los cinco minutos siguientes la más exacta y precisa oración que yo jamás había oído. Yo la abrazaba tratando de calmar su dolor. La mano del Hermano colocó otro pedazo de tejido sobre la herida. Su color era rojo, intenso y su forma elíptica. La piel estaba abierta y el tejido sobre ella. Volteé a ver la cara de la mujer y en seguida la incisión y frente a mis ojos (la luz de la lámpara de mano alumbraba el campo operatorio), el tejido desapareció y segundos después la herida se cerró.

A pesar de haber visto tantas veces un fenómeno similar, este fue tan claro y dramático que sentí una emoción tremenda.

El Hermano me pidió que saturara, a pesar de que la herida se había cerrado por sí misma, y yo obedecí. Saturar, me dije, no solo es cerrar la herida sino mandar al interior del cuerpo energía.

Vendamos a la mujer y después de que se la llevaron le pregunté al Hermano si la hinchazón terrible de su vientre era un embarazo.

—No —me dijo—, es resultado de un cáncer muy avanzado. Lo que sigue es un "daño" —dijo el Hermano con voz grave.

Un señor de edad, procedente de Ciudad Nezahualcóyotl, penetró en el recinto, se le pidió que se acostara boca arriba y, al igual que cuando Leo me había pedido no distraerme, así lo hice yo con el nuevo ayudante.

—No te distraigas un solo segundo —le dije, sintiéndome su protector.

—¿Qué te pasa, hombre de Dios? —le preguntó el Hermano—. ¿En dónde está ese animal que sientes se mueve dentro de tu cuerpo?

—Aquí —dijo el hombre, señalándose la parte izquierda de su pierna, junto a su pene.

—Eso es por andar con demasiadas mujeres —dijo el Hermano al paciente.

Nos reímos y yo pedí algodones. Con el cuchillo, la mano del Hermano abrió la carne y empezó a cortar el interior. El hombre se quejaba terriblemente. Sus gritos me traspasaron y pensé que la mujer era mucho más resistente al dolor que el hombre. El Hermano me pidió que introdujera la mano en la cavidad y con su mano me hizo tocar un tejido muy duro, incrustado en el interior del cuerpo.

—¿Quieres que lo sostenga? —le pregunté en seguida.

—No, hermano Jacobo, eso te picaría terriblemente.

Los esfuerzos por extraer el "daño" proseguían mientras el hombre seguía quejándose horriblemente. Por fin el "daño" se extrajo y se colocó en un papel negro sostenido por Armando.

—Armando —le pregunté—, ¿tú también viste cómo desapareció el tejido en la mujer?

—Esa mujer —me contestó— tenía un cáncer muy avanzado. La operación fue múltiple. Se le arreglaron el hígado y el páncreas y se le injertó una nueva vesícula. Debes recordar —continuó— que todo un equipo de cirujanos ayuda al Hermano. Cuando el tejido se colocó sobre la piel, ellos lo introdujeron desde dentro, cerraron la herida y comenzaron a ligar los minúsculos conductos internos.

Armando dejó de hablar un instante y, como si de pronto hubiera recordado algo, continuó.

—El trabajo operatorio no termina con la operación. Los seres siguen trabajando los injertos, ligando conductos, dando energía y restableciendo y fortificando las células.

El Hermano se sentó en una silla junto a los altares y, mientras lo rodeábamos, se despidió rápidamente de todos nosotros con su acostumbrado gesto de levantar marcialmente el brazo derecho. La sesión había terminado y yo me aproximé a doña Candelaria.

—Cande —le dije—, usted ve más que nosotros, ¿verdad?

—Yo veo que alrededor de sus manos hay otras manos. La verdad es que solo veo el cuerpo del enfermo sin ropas y esas manos. Casi no veo las manos suyas, ni las de Pachita. Esas otras manos brillan más y siempre me asustan. Por eso ya ve usted que no me acerco.

—¿Y cómo son esas manos?

—Tienen dedos largos y brillan.

—¿Usan instrumentos?

—Sí, cortan y saturan y paran la sangre y son muy rápidas. La verdad es que las manos de usted las ocupan esas manos brillantes y yo sé que, cuando usted mueve un dedo, ellas son las que lo hacen, pero usted no se da cuenta.

—¿Y Pachita?

—Ella tampoco, es demasiado rápido.

Por alguna razón me acordé de la sábana empapada en sangre de la curación de la mujer con cáncer y de la súbita desaparición del tejido colocado sobre la incisión y de cómo esta se había cerrado ante mis ojos.

Esos seres, pensé, son los que operan y es todo un equipo que ha llegado a una perfección absoluta y total.

Doña Candelaria me seguía contando:

—Un día, hace muchos años, me entró la curiosidad de ver al Hermano. Le pedí que me mostrara su cuerpo y durante una operación lo empecé a ver. Fue como un relámpago y me asusté tanto que le pedí que dejara de mostrarse. Solo alcancé a ver sus piernas. Parecían dos troncos y eran brillantes y plateadas. Se burló de mí y me dijo que por qué primero pedía y luego ya no quería ver. Usted no me lo va a creer, pero un día nos dijo el Hermano que necesitaba una liana para una operación. Yo era muy joven entonces y me fui con mi hermana a Chapultepec a buscar la liana. Pero ninguna de las dos sabíamos lo que era una liana. De repente se me apareció el Hermano vestido como un señor cualquiera y me dijo: "Las lianas son como cuerdas que cuelgan de los árboles, mira, como aquella". Usted sabe cómo somos las mujeres, estaba tan guapo y tan fuerte que a mí se me olvidó lo de la liana y junto con mi hermana lo empecé a seguir por todo Chapultepec nada más por ser mujer, y él, hombre. De repente nos estábamos acercando cuando, ¡puf!, que desaparece. Sí, allí mismo en medio de Chapultepec. Nos dio tanto susto que corrimos a buscar la liana. Cuando llegamos aquí el Hermano nos regañó. Pero ya no en cuerpo, sino en espíritu a través de Pachita. Nos dijo: "¡Miren nomás estas mujeres que se olvidan de los mandatos!".

"Mi esposo venía a ayudarnos, pero era muy tomador. A veces se burlaba de mí y me decía que solo veía visiones. Yo traía un embarazo de seis meses. Un día, el Hermano dijo que, como señal y para dejar de dudar, me iba a hacer desaparecer a mi niño. Se lo dije a mi esposo y él se siguió burlando. Decía que solo eran ideas y que yo estaba mal de la cabeza. Pues no me lo va a creer, pero estando una noche en este mismo cuarto me sentía como mareada y al ratito me di cuenta de que ya no tenía nada en mi vientre. Me lo esfumó y desapareció. Desde ese día mi compañero ya no ha vuelto a ayudarnos.

Me acerqué a despedirme de Pachita y me dijo que había ido a pedirle dinero a G. y que se lo había negado.

—¿En serio? —pregunté yo, alarmado.

—No, hombre, aunque los que tienen deberían dar a los que no tienen.

—¿Y para qué quieres el dinero?

—Quiero comprar un león.

—¿Qué?

—Sí, me lo venden en 15 mil pesos y lo quiero tener aquí en la casa.

Pachita volteó a ver a Z. y le dijo:

—Tú préstame el dinero, ándale, no seas malo.

—Para el león no te lo presto —le contestó Z.—. Imagínate que le entre un "daño" y se salga de su jaula y nos coma a todos.

—Pues bien que se lo merecen —le contestó Pachita.

—Bueno —dijo después de recapacitar—, a lo mejor no sería muy bueno que me comprara un león. ¡Ya no quiero comprar un león!

Todos nos reíamos y yo me despedí de esa mujer increíble.

A la salida, la mujer del apéndice me pidió que la llevara a su casa. Ella, dos acompañantes y un ayudante de Pachita salimos a la calle. Había luna llena y la ciudad nos dio la bienvenida.

—¡Ese doctor M.! —me dijo súbitamente el ayudante—. Me acusó de ser un ladrón y además se cree el dueño de Pachita. Si no fuera porque mis padres me enseñaron a respetar a las personas de mayor edad, yo le hubiera pegado.

Yo no quería oír nada más acerca de ese doctor.

Los llevé a su casa y después me fui a la mía, despacio, disfrutando del fresco de la noche y saboreando las imágenes que había visto durante el día.

Al día siguiente todos se irían a Parral. Pachita iba a saludar a sus coras y a llevarles regalos. Recordé que el ayudante de la santa me había platicado acerca de la clínica de Parral.

—Cuando hemos ido —me dijo muy serio—, trabajamos duro. Lo malo es que allí son muy fuertes y cuando hay oscuridad nos toca macizo. En las noches oímos pasos y las cosas se caen. El único que lo resiste es Enrique y él ayuda mucho a su mamá.

IX

EL HOMBRE

El ser humano gusta de ejercer una influencia canalizadora sobre la indiferenciada organización energética que constituye el continuo espacio-materia.

Por ello construye ciudades, calles, líneas energéticas, transmisiones direccionales y su propio cuerpo.

Paga la transformación de lo absoluto a lo relativo con una lucha por mantener la estructura energética que él mismo ha creado.

Obtiene satisfacción en el control y ve su limitada capacidad de creación con los ojos de la fantasía más desbordada.

Solamente cuando se pone en contacto con lo que llama sobrenatural, divino o simplemente extraño, se percata de su limitación cotidiana.

Sin embargo, quien se haya conservado lo suficientemente inocente, incisivo y astuto para percatarse de que lo cotidiano implica la creación de la experiencia sentirá en el contacto con lo divino una confirmación de su propia naturaleza.

Pachita anunció que iría a Parral. Llegué a despedirme de ella una noche. En realidad no sabía si me la iba a encontrar o si ya había salido hacia Parral.

Me sentía muy triste por un problema personal y en el fondo de mi ser tenía la esperanza de que ella me ayudara a salir.

Me encontré la casa llena de luz y a sus habitantes empacando. S. M. de Parral les había enviado una camioneta para el viaje y se preparaban para abordarla.

Escogí una silla de la cocina y me senté a meditar. Al poco rato apareció Pachita y me saludó. Noté que su cara había envejecido y que también parecía triste.

—¿Cómo estás, Jacobo?

—Meditando, Pachita, tratando de conectarme conmigo mismo y de quitarme la tristeza.

—La meditación y la no meditación son lo mismo —me contestó—. ¿Y qué te pasa?

—Mi vida es muy llena, estudio el cerebro y su contacto con Dios, pero en el amor soy un fracaso.

—Ay, Jacobo, así es, uno debe pasar por muchas cosas y lo que uno cree que está bien resulta que tiene una falla.

Me acordé de un proverbio salomónico y estuve a punto de recitarlo, pero no pude:

"Del hombre son las disposiciones del corazón; mas de Jehová es la respuesta de la lengua. Todos los caminos del hombre son limpios en su propia opinión, pero Jehová pesa los espíritus".

—A veces uno se ve con la ilusión de la juventud y la belleza física. Por eso existen los celos —me dijo Pachita—. Mis ojos ya no tienen lágrimas de tanto haber llorado y hoy me agarró un catarro.

—¿Catarro? ¿Tú? —pregunté alarmado—. El catarro —dije— es un lloro no contenido.

—Pues yo no sé —me contestó—, me distraje y por eso lo traigo encima.

Ha llorado tanto, pensé para mí, ha debido destruir tantas estructuras para llegar a conectarse, la han purificado tanto y todo la dirige al centro.

—Yo creo —le dije en voz alta— que uno debe purificarse y es un trabajo que implica dolor. Parecería que para llegar al centro es necesario transitar por la periferia.

—¡Uf!, no sabes lo que mi vida ha sufrido por esa purificación. He sentido quedarme sin nada y siempre he encontrado otra cosa, más profunda, más cerca.

—Es que así es, y eso es doblemente difícil para nosotros los sagitarios.

—Tenemos un camino que nos conecta con Dios y otro con nuestros deseos y vivimos flotando y sostenidos en medio de ambos.

—¿Y por qué tú? —le pregunté acerca de su contacto con el Hermano.

—Esa pregunta me la he hecho miles de veces —me contestó sonriendo—, la eterna pregunta de "¿por qué yo?". Pues no sé —continuó—, viene desde muy chica. No había más que decir.

Yo me sentía un poco absurdo y noté que Pachita ya no deseaba hablar.

Me despedí y quedamos de vernos en Parral.

—Que Dios te dé mucha paciencia —me dijo Pachita al despedirse.

X
PATRONES

En dirección a Chihuahua, volando entre las nubes que cubren la joya de la Ciudad de México. Jamás, desde que el hombre es hombre, tantos seres de mi misma especie se han reunido en tan poco espacio. Lo que suceda en ella, la ciudad más grande del planeta, es absolutamente impredecible. Quizás por ello en ocasiones me siento tan extraño.

En mi grupo de meditación es clara la formación de una nueva y original conciencia resultante de nuestras interacciones.

¿Qué es lo que nace de la Ciudad de México?

Había decidido ir yo también a Parral y en el aeropuerto esperaba subirme al avión que me llevaría a Chihuahua como quien espera al Mesías. Mi pobre cerebro ultrasensibilizado por la meditación me exigía descanso, sobre todo porque además de detectar conciencias grupales responde a eventos de un remoto pasado.

Así es que ya en el avión recordé y me alegré de haber abandonado (por un tiempo al menos) la Ciudad de México. Creo que porque a una velocidad elevada y sobre las nubes se crea un espacio de alta sintergia en un avión siempre me siento muy inspirado. Y lo que veo en esos momentos es lo obvio. Así, me asombro de todo.

La gente usa ropa, ofrecen bebidas en el avión y las luces de la ciudad la hacen parecer una joya.

En el momento de sentarme en mi asiento sentí que el avión traía pésimas y molestas vibraciones.

Debo confesar que por alguna razón eso me hizo recordar el miedo que Pachita le tiene a estos aparatos. Me sorprendió oírle decir que jamás vuela por temor.

Existiendo el Hermano era extraña la falta de fe.

Creo que todo depende del punto de referencia desde el cual se mira la realidad.

Un avión es una envolvente frágil, más que la túnica de Cuauhtémoc que Pachita siempre viste en las ocasiones solemnes y al recetar y operar. Sobre todo, operar.

—Todos los sacerdotes de todas las épocas usaban algo similar —me dijo Armando al comentarle que había olvidado escribir acerca de la túnica durante las operaciones.

—¿Era de Cuauhtémoc?

No lo sé, lo único que pienso en este momento es que no puedo escribir todo lo que aprendo y que en ocasiones me gustaría tener frente a mí una pantalla en la que aparecieran, claros y brillantes, los trazos que como dibujos preciosos dejamos los seres en nuestro camino.

Ya había pensado que eso podría percibirse durante una expansión considerable en la duración del presente.

¡Se imaginan! Podríamos ver los patrones y nuestras interacciones con los mismos. Mi primer contacto con Pachita sería la confluencia (en un punto de la pantalla) de muchas líneas, mi viaje a Chihuahua otra línea y mi detección de las malas vibraciones en el avión una. ¿Quién sabe?

Pero quiero decir algo más cuando hablo de patrones. Por ejemplo, la destrucción del templo de Jerusalén con la subsecuente diáspora es un punto a partir del cual se expanden líneas en todas direcciones.

Una pequeña lucecita sería yo, brincando de vida en vida hasta este momento.

¡Si pudiera ver los patrones entendería la sincronicidad! Como esta:

Cinco minutos después en el *Quetzalcóatl* de López Portillo leía:

—¿Qué os asombra? —repitió Quetzalcóatl—. Ya dije que todo es ritmo y música.

El mundo es como esta tela que ahora fabrico.

Cada uno de nosotros va y viene; así se construye la tela de la creación con la que se adorna al Señor para su gloria.

—Sí —dijo Quetzalcóatl—. Es una hermosa tela hecha de buenas y malas acciones, que solo el Señor alcanza a ver completa y en la que los soles del día y la noche son como sus piedras preciosas…

Los patrones son como flores.

A estas últimas no les había puesto atención alguna hasta hace poco tiempo. Sucede que perdí una de ellas y de pronto me di cuenta de que existían. Las flores, los niños y los patrones se comunican entre sí para deleite de aquellos que, como yo, nos dedicamos a observar.

Así me ha sucedido siempre que he buscado y Parral no podía ser la excepción.

XI

PARRAL

Enclavado entre las montañas y en medio de desiertos gigantescos, saturados de colmenas, de montes. Cada vez que veo el planeta desde las alturas me parece estar ante la superficie neocortical.

Para explicar la experiencia había yo acudido al concepto de campo neuronal como envolvente energético tridimensional, resultante de las interacciones entre todos los elementos neuronales. Me lo había imaginado como una flama hipercompleja o como la superficie del planeta Tierra. Desde la avioneta que me llevaba de Chihuahua a Parral, de nuevo vi a mi casa planetaria como un campo neuronal gigantesco. Se puede ver desde todos los puntos del espacio, por lo que también es un campo energético. Interactúa con el espacio desde todos los puntos que lo contienen como semilla de visión, y, al igual que la interacción entre el campo neuronal y el espacio, el campo planetario debe crear y ser experiencia. Casi no se mueve y rara vez hay un terreno capaz de cambiar su estructura. Es como las tarántulas que han llegado a la inmovilidad del Ser. Tiene ríos como venas, mares como reservorios de sangre y ciudades, pueblos, villas como…

Creo que salí de la Ciudad de México porque su colosal tamaño empieza a alterar el Ser del planeta. Quizás tratando de ocultarla a la vista y así disminuir su efecto en el campo planetario se la cubre de niebla y esmog…

En el aeropuerto de Parral me encontré con la visión magnífica de un helicóptero Bell maniobrado. El piloto y su mecánico habían recogido a un niño y lo pasmaban con el vuelo. Hacían mapas de la República y me invitaron a pasear en su nave.

Súbitamente y en medio de una plática acerca de mapas me revelaron haber visto una nave extraña flotando encima del pueblo de San Pablo en Nuevo León.

—¿No era un avión, helicóptero, globo…?

—No, hombre —me contestó el capitán B—. Llevo 40 años de piloto y sé reconocer.

—Entonces ustedes tienen suerte, según el plomero que me vendió un refrigerador y era experto en esas naves, el que las ve por primera vez queda señalado y adquiere un nuevo poder de percepción.

Me hospedé en el Hotel Adriana recordando a mi flor perdida y me dispuse a buscar a Pachita. No sabía su dirección y eso me gustaba…

Ahora todo debía adquirir significado o no la encontraría. Cuando conocí a Pachita y al Hermano creía que mi misión era reunir a Quetzalcóatl con Cuauhtémoc.

En Tepoztlán había visto las señales del nuevo arribo de Quetzalcóatl inscritas en una cueva llena de memorias. Me había traído el libro de López Portillo.

No tenía prisa ni tampoco calma, más bien esperaba una señal.

Al ver la conciencia planetaria me había preguntado acerca de su relación con la Unidad y me había visto luchando por encontrar un puente de unión entre lo relativo y lo absoluto. Abrí el libro y leí que el primogénito de Quetzalcóatl había sido llevado a la tierra del Mayab.

Las coras de Pachita viven en el Mayab, me dije, y asombrado inicié la búsqueda. Había un significado en las ataduras de los cabos sueltos, el encuentro consciente de las relaciones, la transformación de los vacíos en llanuras de contacto.

En la calle tomé un taxi y el chofer, un sagitario nacido el 14 de diciembre de 1910, me llevó directamente a una casa blanca sobre una montaña toda rodeada de minas. En 10 minutos había llegado a la casa de Pachita. Cincuenta metros detrás de mí apareció un automóvil plateado con Pachita, su hija y una acompañante.

—Me lleva la chingada con el calor —llegó diciendo Pachita. Con un vestido rosa y piernas de quinceañera, Pachita se quejaba de la falta de lluvia.

Nos sentamos en el portal de la casa viendo nubes.

—Mira —me dijo Pachita—, nadie ha regado estos rosales y, míralos, floreados y con hojas frescas. Carajo con este calor de la chingada, ¡que llueva!, ¡que se junten las nubes! y que los ríos se llenen. Mira —me señaló un cerro cercano—, esa mina no tiene agua y roban las bombas que han conectado.

Volteé a ver la fábrica y me di cuenta de que una nube rapaz se aproximaba. A los dos minutos, un círculo de 200 metros alrededor de la casa se llenó de gotas.

—Mira, Pachita —le dije emocionado—, empezó a llover, te hicieron caso.

—Solo son lágrimas —me contestó—. Oye, Jacobo, ¿qué son matemáticas III?

—¿Qué?

—Sí, hombre, ¿qué son matemáticas III?

—Pues no sé, Pachita.

Pachita me enseñó un papel en el que alguien preguntaba si debía estudiar matemáticas III.

—Pachita —le pregunté—. ¿Me dejas escribir tu vida?

—¿Para qué? ¿Qué importancia tiene?

—Da conciencia, hace entender, permite encontrar los significados.

—Bueno, y ¿qué quiere saber?

—Lo que tú me digas, Pachita.

Iba a traer una grabadora, pero no pude, ahora me volveré loco tratando de recordar todos los detalles, pensé alarmado.

—Déjame acabar este capítulo, hacemos llover y después me cuentas tu vida.

—¡Bueno!

La casa de Parral está diseñada para realizar el trabajo de Pachita. Un cuarto para almacenar medicinas, otro para consultas y operaciones, una sala de espera…

Algo me había pasado después de hablar con Pachita. Sentía que una energía poderosísima me saturaba e impedía estar tranquilo. Decidí salir al terreno contiguo a la casa y meditar sentado en una silla. Tomé una silla del comedor y cuando iba a empezar vinieron por ella y me ofrecieron otra.

—¡Que dice Pachita que mejor en esta!

Me senté, cerré los ojos y a los pocos segundos empecé a sentir un terrible dolor de espalda y una neblina que me impedía pensar con claridad. Decidí meterme al dolor y este aumentó su intensidad hasta hacerse insoportable. En ese momento aparecieron unas imágenes de mi infancia. Me hallaba en mi cuarto de niño y mi madre cantaba una canción. El dolor disminuyó y supe que mi espalda guardaba recuerdos muy tristes. Abrí los ojos y frente a mí una piedra en forma de caracol gigantesco atrajo mi atención. Me cambié de lugar y me concentré en las nubes. Deseaba unirlas para hacer llover. Durante una hora lo intenté sin éxito. Por fin, vencido por el dolor de espalda regresé a la casa y al empezar a escribir comenzó a caer una tormenta.

Doña Candelaria vio la expresión de mi cara y me dijo que había sido necesario llegar a la calma y que solo así se producían los efectos.

Fui a anunciarles la nueva a Pachita y me despreció.

—No es cierto que fuiste tú —me dijo—, de todas formas tenía que llover…

Me sentí muy triste y añoré la presencia de I. Lástima que no haya podido venir, me dije.

Recordé que al decirle a Pachita lo de la nave de San Pablo ella me había dicho que junto a la casa en la que estábamos a veces aparecían esas naves.

Parral todavía no sabía que Pachita había llegado y no había enfermos para atender. Me senté a leer a Quetzalcóatl (recordé que al mencionárselo a Pachita, ella se había burlado de su nombre) y a esperar. Me sentía ignorado y triste, empecé a extrañar otra presencia y sudoroso me impedí caer. Pero era difícil no hacerlo, Pachita se había burlado de mí, de Quetzalcóatl, de la posibilidad de hacer llover y de su misma vida.

En la tarde comenzó a venir gente. Pachita me había dicho que había radiado un mensaje a la sierra y todos esperábamos el aluvión de enfermos.

Releí lo que escribí en este capítulo y me di cuenta de que el que había despreciado primero había sido yo.

En verdad tengo muchas cosas que resolver, me dije alarmado.

XII

EL INICIO

Las nubes de Parral hablan de presencias y de ausencias. Enmarcadas por colores rosados, blancos, gris oscuro, texturas aterciopeladas, algodonadas y de pronto líneas, cantos de nubes sobre un fondo azul y plateado y rosa y violeta, la casa de S. M. recibió al Hermano.

Quince personas fuimos invitadas a la ceremonia. Se cantaron alabanzas y oraciones y, mientras doña Candelaria recitaba dulcemente un canto de bienvenida, Pachita se convulsionó. Se había puesto la túnica de Cuauhtémoc, saludó con su brazo derecho en alto.

—¡Los saludo, hermanos míos, y doy gracias al Padre por permitirme estar de nuevo con ustedes! Agradezco que me hayan mantenido en su corazón y pido que mi rebaño se conserve unido en armonía.

Al llegar al recinto de operaciones de Parral, enmarcado con un gran cuadro de Cuauhtémoc, flores y un esquema tridimensional del interior del cuerpo humano, S. M. nos había hecho una introducción.

—Aquí, en esta casa —nos empezó a decir—, se han realizado aproximadamente 2 mil operaciones. Antes, el

Hermano trabajaba en mi casa, pero las condiciones no eran adecuadas. Sepan que en todo este tiempo nadie ha muerto jamás. Las operaciones resultan y los enfermos sanan, pero algunos recaen. No basta la operación, es necesario que ocurra un cambio de mentalidad. Los malos hábitos mentales deben eliminarse para que la cura sea permanente. A mí el Hermano me operó de una úlcera. Yo tomaba medicina 10 o 12 veces al día y sufría dolores terribles. Me operó y sané, pero seguí trabajando como siempre, preocupándome como siempre, y un día, seis meses después de la operación, tuve un ataque de gastritis. Mi hermano le habló a Pachita y ella dijo que el Hermano se encargaría de sanarme. Esa noche dormí bien y al otro día estaba completamente curado, y hasta la fecha, cuatro años después, sigo estando bien.

Un niño se aproximó al Hermano y este lo recibió con dulzura.

—Mi dulce niño, fíjate bien que yo te voy a enseñar muchas cosas.

Nos hicieron salir del recinto y yo esperé afuera. Sentí que no me dejarían ayudar y me entristecí.

Las nubes del atardecer cambian de colores como la vida. Y mi vida espera un nuevo milagro. Sentado en medio de unos leños, al lado de la casa blanca, me dolía mi espalda. Yo no soy puro y por eso ya no voy a poderle ayudar a Pachita, yo he cometido muchos pecados, he hecho sufrir y por ello no soy digno. Es terrible sentirse culpable, da dolor de espalda y de cabeza.

A lo lejos vi un rayo reptando entre las nubes y recordé a don Lucio y me paré de entre los maderos y me acerqué a la casa.

Quiero ver la operación del corazón, algo va a pasar allí y debo ayudar, quiero ver la operación del corazón, me dije con firmeza.

Había visto la lista de operaciones y una de ellas era del corazón.

Era miércoles y por primera vez en esa ocasión de Parral iban a operar.

Seguramente de las 2 mil operaciones, muchas habían sido de corazón, pero esta era la primera para mí.

Me acerqué a la puerta con todos los pensamientos que he descrito y me dejaron entrar. Permanecí unos minutos en el cuarto de recuperación y me asomé al recinto de operaciones aprovechando que abrieron la puerta. Me llegó un olor a sangre, calor, sudor humano y falta de oxígeno. Sentí náuseas, tome fuerzas y penetré. S. M. me pidió que me parara al lado de la cama de operaciones. Me acerqué al Hermano y lo saludé:

—En el nombre de mi Padre yo te saludo, Hermano.

—Hola, buen hombre. ¿Cómo estás?

Recién habían terminado una operación de trasplante de pulmón y ahora llamaron al siguiente paciente.

Un hombre delgado ocupó la cama. Se quitó la camisa y una terrible cicatriz quedó al descubierto a la altura de su corazón.

—¿Cómo te llamas, cariñoso niño? —preguntó el Hermano.

La pregunta se repitió varias veces antes de recibir una contestación.

—José —dijo por fin el hombre.

—Ya te han operado, ¿verdad?

Otra vez un largo silencio y por fin una respuesta afirmativa.

—Hermanos —nos dijo el Hermano—, por favor oremos por este hombre.

Todos mis pensamientos lúgubres desaparecieron y le tomé la mano a José mientras el Hermano abría su pecho con las tijeras y después introducía el cuchillo.

Abrió unos 15 centímetros y le pidió ayuda a Memo. Lo hizo sostener una vena que había cortado y empezó a penetrar en el corazón. Hizo otro corte y anunció que estaba a punto de abrir la aorta. Me protegí con un algodón húmedo con alcohol. Pensé que la sangre brotaría impetuosa y mi expectativa no se cumplió. Solo un pequeño chisguete fue el resultado de cortar la aorta. El olor que despedía la herida era fétido y repugnante.

El Hermano pidió el trasplante y lo colocó encima de la herida. Era un corazón rojo. Siguió maniobrando, ligó conductos mientras seguía sosteniendo una vena. El corazón sobre la herida comenzó a latir, lo introdujo y después volvió a cortar adentro con el cuchillo de monte.

—Miren las porquerías que hacen los médicos —nos dijo después de extraer algo que no pude ver con claridad.

Después volvió a cortar y vi cómo extrajo una masa de tejido todavía palpitante de unos seis o siete centímetros de largo por cuatro o cinco de ancho. Le pidió a Memo que fuera soltando la vena y al hacerlo vi cómo penetraba. La masa de tejido externa había sido introducida y con esas maniobras quedó concluida la más larga operación que había yo visto.

Saturé la herida, la que se cerró inmediatamente, y comencé a vendar.

—Con cuidado —dijo el Hermano—, no molesten al enfermo.

Todo parecía ir bien cuando de pronto el Hermano nos pidió que oráramos.

Yo palpé el pecho con mi mano y sentí un palpitar tremendo.

—Así hacíamos antes —me dijo el Hermano—, eran nuestros sacrificios. Tú lo sabes, ¿no es cierto, Jacobo?

Iba a decir que sí cuando S. M. comentó que toda la historia había sido escrita por los vencedores. El corazón seguía palpitando, aunque ligeramente más calmado que antes. De pronto el Hermano gritó algo que al principio no entendí, pero después capté con claridad.

—Necesito dos transfusiones, rápido que se nos va.

S. M. del lado izquierdo y Memo del derecho entrelazaron sus brazos con los del enfermo. Arrodillados juntaron sus antebrazos en esa "transfusión" instantánea. El corazón seguía latiendo aún con mayor fuerza.

La escena terrible de dos seres arrodillados entrelazando sus brazos con los del enfermo, yo palpando el corazón y la gente alrededor con las palmas de sus manos hacia nosotros era espeluznante. Como si fuera poco, en ese instante comenzaron a verse relámpagos y a oírse truenos. De pronto Pachita se desmayó y cayó sobre el cuerpo de S. M. aplastando la "transfusión". Fue un momento de máxima tensión. El corazón seguía latiendo pero Pachita parecía muerta. Pasaron unos minutos y una voz cadavérica empezó a salir de la boca del cuerpo yacente de Pachita.

—¡Buenas noches!

Era una voz lenta y casi burlona.

S. M. levantó la cabeza y le preguntó:

—¿Quién eres?

Memo le hizo callar inmediatamente.

Después el cuerpo de Pachita recobró su posición original y nos saludó.

—Ya está bien todo, cuiden mucho a este hombre. Lo acabé de vendar y se lo llevaron.

—¿Qué pasó, Hermano? —le pregunté ansioso.

—Pues, que se iba a ir, Jacobo.

—¿Y qué hiciste?

—Fui a pedirle a mi padre —me contestó—, y me dio el permiso de otorgarle más vida.

Al final de la sesión le pregunté a doña Candelaria. Me vio con sus enormes ojos y me contestó:

—Se iba a morir y el Hermano tuvo que dejar el cuerpo de Pachita para irle a pedir al Señor por la vida del enfermo. En ese momento la "muerte" vino y su saludo fue ese "Buenas noches". Después regresó el Hermano y todo fue bien. Cuando operamos a mi mamá también vino la "muerte" y más vale no contestarle el saludo.

Por eso Memo hizo callar a S. M.

Trajeron a una mujer joven, delgada y sumamente calmada. Se acostó en la cama y el Hermano pidió la sierra. Era un caso de un tumor cerebral. Mientras la sierra cortaba el cráneo, la mujer reía. Fue una operación extraña y sin dolor alguno. Al final le pregunté acerca de su valentía.

—Es por mi esposo y mis hijos, por ellos debo estar bien.

Recordé a mi madre: por causa de un cáncer cerebral, la habían operado extrayéndole medio cerebro. Durante tres años mis hermanos, mi padre y yo vivimos un tormento indescriptible.

Si hubiéramos sabido de Pachita, si ella la hubiera operado en lugar de un neurocirujano.

Amé a esa mujer valiente y entendí sus razones más que ella misma.

Después trajeron a una muchachita. Tenía alrededor de 15 años y se quejaba de dolores abdominales.

El Hermano la auscultó y detectó un tumor en el estómago.

—¿Eres señorita?

—¡Sí, Hermano!

—A ver, a ver… —las manos de Pachita tocaron el vientre—. No es cierto, no eres señorita.

—¡Sí soy!

—A ver, a ver, sí, sí eres, mi niña preciosa, solo quería asegurarme. A las señoritas hay que cuidarlas mucho en estas operaciones.

En seguida y sin más preámbulos, el Hermano introdujo el cuchillo en el vientre y cortó una gran herida. En 30 segundos le señaló el tumor a S. M. haciéndole meter los dedos a la herida. Vi la expresión de asombro de S. M. y su inmediato retiro de la mano.

Se limpiaba la sangre en la sábana mientras el Hermano seguía operando.

Por fin, extrajo un tumor, me pidió saturar y vendamos la herida.

Después trajeron a un viejo.

Tenía un terrible dolor trigeminal que iba a ser curado mediante el trasplante total de un nervio trigémino.

Este último era sostenido por el hijo del enfermo, mientras el Hermano horadaba la parte inferior de la región temporal derecha del hombre.

Mientras operaba, la boca de Pachita pronunciaba frases… ahora debo mover a un lado el nervio óptico, ahora debo ligar, ahora voy a cortar aquí…

El viejito se quejaba amargamente y en ese momento una tormenta tremenda se desató. Los truenos y rayos casi movían la casa y el recinto se alumbraba de un violeta eléctrico intensísimo. La lluvia comenzó y el Hermano dio gracias mientras seguía operando.

—¿Ya no te duele tu ojito, mi cariñoso muchachito?

—Ya no, señor, ya no.

Saturé en medio de la tormenta mientras los brazos de Pachita permanecían con las palmas hacia arriba en señal de recibir la lluvia.

—Ahora todos los animalitos vivirán —decía con sus manos extendidas—. Las víboras, los alacranes, todos los seres tienen derecho al agua, la que bendice su vida.

Amé a los alacranes y a las víboras y a los truenos y a la lluvia.

Alguien vendó la cabeza del anciano y su hijo dijo que también tenía malo su oído.

—¡No oye nada con él!

El Hermano tomó el cuchillo y lo penetró por el conducto auditivo. El anciano lloraba y decía que prefería la sordera a ese dolor.

—Ya, señor, déjame sordo, déjame sordo, pero ya.

—A ver, Jacobo, háblale.

Me acerqué a su oído y le hablé y me contestó.

Con eso terminó la sesión. El Hermano se regocijaba en el interior del cuerpo de Pachita y llamó a Candelaria.

Cande empezó a cantar alabanzas acompañada del Hermano.

—Dios nuestro —cantaban—, alabado sea tu nombre y la luz que nos regalas. Danos vida y corazón, haznos buenos, te agradecemos tu misericordia.

No recuerdo las palabras exactas. Solo sé que era algo bellísimo, y la tormenta, los relámpagos, los truenos parecían acompañar a esos seres llenos de fe y amor.

Antes de despedirse, el Hermano nos preguntó si queríamos algo.

Una muchacha se aproximó, era hermosa y joven. Había ayudado con los algodones y se quejaba de una indigestión. Memo la tomó del brazo y claramente emocionado la hizo acostarse en la cama y lenta y sensualmente le descubrió la espalda. Le empezó a dar un masaje, pero la joven protestó y pidió por el Hermano.

Yo me acerqué después. Sentía vergüenza de confesar mi dolor de espalda. Me hicieron acostarme y el Hermano me recomendó baños de agua caliente.

—Lo que tienes es mucho cansancio.

Me levanté y Memo me hizo doblar las manos y en un movimiento rapidísimo me jaló la espalda hasta hacer tronar mis vertebras. Inmediatamente se me alivió el dolor.

Después de eso, el Hermano se despidió anunciando que pediría mucha lluvia para la zona de Parral.

—Lloverá mucho —dijo con certeza.

Nos colocamos alrededor del cuerpo de Pachita y con nuestras manos la protegimos.

Se convulsionó y volvió en sí, pero con otra entidad.

Volteó a ver a S. M. y le dijo cosas incongruentes. Después se convulsionó de nuevo y por fin apareció Pachita.

El cambio en el tono de voz, intensidad y calidad de movimientos y dicción eran clarísimos y nunca antes me parecieron tan obvios como en esta ocasión.

Nos saludó a todos y a mí me preguntó por mi hospedaje:
—En el Hotel Adriana —le contesté.
—Vaya si es el mejor hotel de Parral, chiquito.

XIII

LAS VISITAS

Llovía copiosamente y no dejó de llover en toda la noche y la mitad del día siguiente.

La gente de Parral veía el cielo y no podía creerlo tan nublado. Una sequía terrible desapareció y en lugar de tierra seca, lechos de ríos, corrientes espumosas vivificaron la tierra. De los campos ascendía un vaporcillo fragante y perfumado y en todas partes sonaba el agua.

Yo sabía que Pachita había traído esa lluvia, por ello, con aire de conocimiento, escuchaba las conversaciones acerca del súbito cambio de tiempo y me alegraba del alejamiento del calor y la llegada de la frescura.

Todo Parral había sido talado y convertido en desierto y ahora esa lluvia buscaba raíces y semillas para engendrar en ellas nueva vida. Me imaginaba víboras reptando alborozadas por la humedad, pajarillos refrescando sus alas y alacranes henchidos de rocío.

Pachita trabajaba en las afueras de Parral, en una casa pintada de blanco. Esa noche, una mujer, su hija y su hijo me llevaron de la casa blanca a Parral.

La dulcísima joven sagitario del 10 de diciembre se sentó frente a mí.

La mamá volteó a verme y me habló de su hija.

—L. nació con sus riñones mal y con su vejiga enferma. Era delgada, bajita y siempre amarilla.

—No podías orinar, ¿verdad, mi hija? Ella sabía que debía ir al baño, pero no sentía lo que uno siente —añadió en tono maternal—. Cuando nos enteramos de Pachita fuimos a verla y nos dijo que necesitaba hacer un triple trasplante, dos riñones y una vejiga. Enrique los compró en México y nos los mandó en camión.

—¿Tenían varios días? —pregunté yo.

—Yo creo que sí —me contestó L., viéndome con unos ojos brillantes similares a los que ya había visto en otros operados—. Fui al camión y me los entregaron. Tenían todavía sangre fresca, aunque también coágulos —siguió diciendo la joven de 14 años.

—Enrique los consiguió en un anfiteatro y nosotros temíamos que no llegaran, pero llegaron —añadió la mamá—. Hace dos años Pachita la operó y, ¡mírala!, empezó a crecer y a engordar, el color amarillo se transformó en rosado y pudo orinar. Antes cada mes tenía infecciones renales y después nada. Ni siquiera le dio calentura después de la operación. Una hora después del injerto yo le vi la cara y la tenía roja. Pensé que era fiebre y no lo era. Solo los riñones que por primera vez en su vida funcionaban bien.

—¿Y qué sentiste? —le pregunté a la joven.

—Cuando me acostaron estaba un poco nerviosa y después sentí dolor, pero no mucho. Me acostaron boca abajo y cuando la mano de Pachita metió el cuchillo empecé a ver imágenes.

—¿Imágenes?

—Sí, frente a mis ojos pasaban rápido, como transparencias en un proyector. Veía mi sangre, mi vejiga, algodones, el cuchillo y muchísimas manos.

—¿Muchísimas manos?

—Esas las sentí muy claramente adentro de mi cuerpo. Eran 10 o 20 o 40 manos que rápidamente me tocaban los riñones y la vejiga. Algunas tenían uñas y me rasguñaban, pero todas operaban y no se estorbaban.

—¿Usaban instrumentos?

—Vi tijeras y no sé qué más, pero principalmente dedos y manos, muchas manos.

Me acordé de la descripción de doña Candelaria y entendí por qué los enfermos hablaban de haber visto a Dios durante las operaciones.

—¿Y después qué pasó?

—Me cerraron la herida y solo me quedó un rasguño, pero al dejar la cama y acostarme en recuperación, me sentía muy adormecida y no podía mover mi brazo derecho.

—Sí, es cierto —añadió la mamá—, su brazo derecho lo tenía muy dormido y después nos dimos cuenta de que tenía una señal de una "aguja" sobre la vena, le habían hecho una transfusión.

—Esa noche —continuó L.— me sentía muy desesperada y con muchas ganas de llorar. Creo que eso les pasa a todos los operados, lloran, lloran y lloran y se sienten como desesperados.

—Usted sabe —me dijo la mamá— que después de operados los pacientes del Hermano están como anestesiados y que los cuidan.

—¿Los cuidan?

—Claro —dijo L.—, todas las noches en mi cuarto y con los ojos abiertos, yo veía que una silueta luminosa como fantasma con los brazos abiertos me venía a visitar. Se quedaba conmigo como dos minutos y mientras él me revisaba salían chispas de la colcha de mi cama.

—Es cierto —confirmó la mamá—, yo veía esas chispas, pero no la silueta luminosa. El Hermano cuida a sus operados y los visita y revisa su estado y aún ahora después de dos años a veces viene a ver a L.

—¿Oyes lo que dice? —le pregunté a la joven.

—No, solo lo veo y veo las chispas de mi colcha y sé que me revisa y cuida.

—Mi hija se volvió clarividente —añadió la mamá—, ¿verdad, hijita?

—Pues yo "veo" el aura de Pachita cuando opera. Es tallante y amarilla y se hace muy grande como de 70 centímetros alrededor de su cuerpo. También "veo" las auras de la gente si pongo atención en ellas.

XIV

EL HIJO DE PACHITA

Una tarde le pregunté a Memo, uno de los hijos de Pachita, cómo preparaban las hierbas para las medicinas que se recetaban.

—Algunas —me dijo— se hierven en vasijas de barro, las hay para curar riñones, para páncreas, para cerebro y los que las saben trabajar se llaman brujos. Pero esa es una palabra muy peligrosa. En realidad, el brujo es el doctor y su función es curar.

—¿Y tú?

—Bueno, tú sabes que Cuauhtémoc, además de haber sido el último rey azteca, era brujo. Curaba y operaba, pero la Conquista no le dejó terminar su periodo.

—¡Por eso viene!

—Claro, si Cuitláhuac hubiera sido el último rey, él sería el Hermanito.

—¿Cuánto tiempo vendrá?

—Diez generaciones. Mi mamá es la tercera y yo soy el que sigue.

—¿Tú?

—Sí, originalmente le debería haber tocado a mi hermano, el que murió en 68, y como yo soy el hombre que le seguía en edad, a mí me toca.

—¿Es una cadena?

—Exactamente, es un hombre y sigue una mujer y después un hombre y así hasta cumplir 10 generaciones. A una de mis dos hijas le tocará después de mí.

—¿Tú curas?

—A veces receto, cuando mi mamá está operando y se necesita.

—"¿Ves?".

—Empiezo a "ver". Viene un enfermo y una voz me dice lo que tiene y lo que necesito recetarle. Es como alguien fuera de mí. También veo el aura y dependiendo del color sé lo que tiene el enfermo. Cuando aparece una línea negra sé que va a morir.

—¿Has operado?

—Solamente en una ocasión, a mi mamá. Tú sabes que le vino una embolia cerebral y yo la operé. Eso sucedió cuando mataron a mi hermano mayor en 1968 en la matanza de Tlatelolco.

—¿Se te "metió" el Hermano?

—¡Hijo!, eso se tiene muy feo. Es como cuando se va uno a dormir y de repente uno siente que cae en un vacío. A mí no me gusta y cada vez que siento eso debo cruzar mis piernas y así cierro mi energía y evito que el Hermano se "meta" en mí.

—¿Y tú mamá?

—Bueno, ya ves cómo se retuerce ella cuando el Hermano "viene". Es ese vacío que se siente.

—¿Y su conciencia?

—Tú sabes que existe el cuerpo, el espíritu y el alma. El alma viaja y se comunica con Dios y le dice y le pregunta. Mientras tanto, el espíritu cotorrea, platica, viaja y se divierte. Cuando mi mamá entra en trance su espíritu sale y el del Hermano penetra en su cuerpo. La conciencia de Pachita desaparece y en su lugar aparece la del Hermano. Eso se lo enseñó Charles, el negro que la crio.

—¿Qué es lo que "ves" durante las operaciones?

—Pues es como un quirófano supermoderno. La única diferencia es que la luz no viene de una lámpara, sino de las gentes que ayudamos y cada quien tiene su función.

—¿Función?

—Sí, mira, mi mamá es el cirujano principal; Armando es el jefe del instrumental; doña Candelaria, la afanadora, y tú eres el anestesiólogo.

—¿Yo?

—Sí, hombre, tú quitas el dolor y anestesias y al saturar aplicas anestesia local a las heridas y cuidas que el operado no sufra.

—¡Ah!

—Hay muchos doctores y mucho instrumental.

—¿"Ves" cada vez mejor?

—Sí, fíjate que un día vino un señor y lo volteé a ver y de repente lo "vi" sin ropa. Me restregué los ojos y le dije a mi tía Cande que ese señor estaba encuerado. Ella me miró muy extrañada y con sus grandes ojos. Después lo volteé a ver de nuevo y le "vi" por dentro sus órganos y sus sistemas. Otra vez me restregué los ojos y al verlo de nuevo le alcancé a "ver" el esqueleto. No aguanté la impresión y me desmayé. Esa noche le conté al Hermano y me contestó que el tiempo había llegado. Lo que más me gusta es penetrar y amplificar, por ejemplo, "ves" un estómago y te fijas en una de sus partes y se comienza a hacer grande y si te sigues fijando se agranda más hasta que puedes "ver" todos sus detalles.

Me acordé de Tepoztlán y de Ted Saladin. El pintor por vocación podía "ver" una hoja de un árbol a 50 metros y amplificar la imagen como si tuviera un telescopio en sus ojos.

—Yo admiro mucho la fuerza de mi mamá —continuó Memo—. A ella no le importa la comodidad. Solo ayudar y curar. Yo tengo su mismo carácter y por eso chocamos. Pero a mí me gusta la comodidad y me encanta meterme a mí mismo. En México me subo a un cuarto y me siento en un rincón a meditar por horas. A veces me voy dos o tres días de excursión y hago lo mismo. A veces puedo ver el futuro. Un día estaba con mis amigos en una esquina y de repente "supe" que un camión iba a chocar y a estrellarse allí. Les dije a mis amigos y me miraron como si estuviera loco. Los convencí de irnos a otra esquina y a los pocos minutos un camión fue a chocar exactamente en la esquina en la que estábamos.

"A mí me gusta indagar en lo desconocido —continuó Memo—. Como los aztecas. Te acuerdas de cuando el Hermano te dijo que ellos no hacían sacrificios. Pues eso era para aprender. No es cierto que lo hicieron por crueldad, ellos investigaban…

XV

EL EXORCISMO

El verdadero desarrollo solo se da cuando en el silencio se reconoce la voz y todo lo que dice y hace ver se acepta como real.

Así me sucedió cuando me planteé la validación como sinónimo de percepción directa y algo en mí se abrió y me hizo ver y comprendí...

Aquella tarde del viernes, la gente de Parral comenzó a llegar a la explanada frente a la casa de blanco. Frente a ella, la impregnadora matizaba de un negro brillante durmientes de ferrocarril. De vez en cuando una gran caldera llegaba a su nivel límite de presión y un vapor blanquecino con un ligero olor a petróleo lanzaba nubes que se elevaban dándole a aquella escena un cariz fantasmagórico.

Por alguna razón yo había decidido meditar horas enteras en dos lugares, un montículo de piedras marmóreas que me recordó los alrededores de Jerusalén y encima de los durmientes apilados en hileras.

Me había llevado mi flauta y calmaba mi dolor de espalda con su sonido.

Las operaciones empezarían a las 18:30 y media hora antes penetré a la sala de la casa para encontrarme en ella con

S. M. Un bellísimo Cristo colgaba de la pared. Pachita había colocado alrededor de su cabeza ramas delgadas llenas de hojitas que hacían ver a la figura como rodeada de una aureola.

Nos sentamos a la mesa y S. M. me preguntó acerca del libro que escribía. Tenía desconfianza de los escritores y temía que el libro no estuviera a la altura de la obra del Hermano.

Discutimos acerca de ello y a los pocos minutos ambos nos percatamos de la similitud de nuestros puntos de vista y la desconfianza se transformó en camaradería franca y masculina.

S. M. sostenía que la fuente del desarrollo era la limpieza interna, el equilibrio y la falta de juicios. Habló de su transformación hace cuatro y medio años, cuando recién conoció a Pachita y al Hermano.

—Yo vivía para sobrevivir —me confesó con sinceridad—, cada obra que emprendía me imaginaba quitaría un vacío que dentro de mí experimentaba. Pero no era cierto. Cada logro económico me dejaba más vacío. Un día conocí al Hermano y desde ese instante mi vida adquirió significado y el vacío desapareció. Ahora estoy con Dios en paz.

Enrique nos avisó que había una emergencia en el Hotel Camino Real y que él y su mamá irían a atenderla. Yo me había mudado a ese mismo hotel y comprendí parte de mis sueños del día anterior.

Una hora más tarde, Pachita regresó con las manos llenas de sangre y nos contó que el Hermano había operado un caso de parálisis cerebral.

—Cualquier cobija se vuelve jorongo abriéndole una bocamanga en medio —nos dijo orgullosa de la habilidad del Hermano para operar en cualquier lugar.

Ya en el recinto de las operaciones y frente al cuadro de Cuauhtémoc, Pachita se colocó la túnica del emperador azteca y después de las oraciones y bendiciones de bienvenida entró en trance. En esta ocasión no hubo movimientos convulsivos de otras veces.

Levantando el brazo derecho, el Hermano nos saludó y preguntó por los enfermos. Me di cuenta de que yo ya no confundía a Pachita con el Hermano y que ya los veía como dos personalidades separadas una de otra.

—Hay unas consultas y luego 10 operaciones, Hermano —le dijo Memo.

—Bueno, otra vez me encuentro entre ustedes sabiendo que la obra continuará con su ayuda. Sepan que nunca me olvido de ninguno de mis pequeños y que siempre los tengo en mi corazón.

—Hermano —le dijo S. M.—, mis hijos quieren despedirse de ti. Se van a estudiar y desean tu bendición.

—A ver, mis pequeños, acérquense aquí. Sepan que de ahora en adelante deberán empezar a corresponder todos los sacrificios que su padre ha hecho por ustedes. Cuando él tenía vuestra edad, apenas pensaba en otra cosa más que crear su propio futuro, pero a partir de vuestro nacimiento todos sus esfuerzos los dirigió a su familia. Quiso crear una casa y darles educación, alimento y comodidades para que ustedes crecieran fuertes y ahora que los ve partir, su corazón solo pide fuerzas para que sus hijos no se aparten del camino que él les ha mostrado y abierto. Yo sé que a vuestra edad todo es posible y no existen obstáculos. Todo tiene un color rosado y uno no comprende muchas cosas. Tened cuidado y sabed que yo siempre estaré con ustedes.

"Hermana —dijo el Hermano dirigiéndose a la señora F., dama de Parral—. Ten cuidado con esa nueva amistad que visita tu hogar. Eres demasiado ingenua y no vaya a causar daño a tus hijos.

F. pareció comprender la admonición y yo me asombré de la transparencia que todos teníamos para la "mente" del Hermano.

—¿A alguien se le ofrece otra cosa? —nos preguntó el Hermano a todos.

De los 15 del recinto, algunos se acercaron al Hermano, lo saludaron y él los aconsejó.

Después todos salieron, excepto Memo, Enrique, Cande y yo. Algunos se preparaban para recibir a los enfermos y otros se dirigieron al cuarto de recuperación para atender a los operados.

Una señora de origen americano y con un bebé en brazos fue la primera en consultar.

—¿Qué le pasa a mi mujercita?

Yo traduje que la bebé había nacido con una malformación cerebral y que los médicos la habían desahuciado, diagnosticando parálisis cerebral, ausencia de crecimiento neuronal y muerte segura.

El Hermano tomó entre sus brazos a la criatura y con una ternura sublime le preguntó lo que tenía y la observó con sus ojos cerrados.

Esa "percepción" de Pachita con los ojos cerrados siempre me asombraba. Parecía ver cada una de las células y todos los pensamientos de sus enfermos sin utilizar más que un contacto directo en el que los órganos sensoriales convencionales no participaban.

—Hermano Jacobo, dile a la mamá de esta criatura que su hija se puede salvar. Que las células que producen líquido cefalorraquídeo están desorganizadas, pero que puedo inyectarle líquido y con la ayuda de mi padre volver a organizar su cerebro. Pregúntale si lo acepta y si así lo hace pídele que nos espere afuera para operar a su hija más tarde.

A la mamá se le salieron las lágrimas cuando le transmití el mensaje y aceptó la operación.

Un señor con muletas y acompañado de un amigo fue el siguiente caso.

Venían de Texas, en donde al enfermo le habían injertado una rodilla de plástico y acero, que su cuerpo rechazaba constantemente. Había pus y dolor y la pierna había quedado inservible.

Memo apuntaba los casos y llenaba unas hojas con las recetas que de vez en cuando el Hermano dictaba. Me fijé que Memo escribía por su cuenta momentos antes del dictado. Parecía saber, igual que el Hermano, las medicinas que necesitaban. Me llamó a su lado y con su índice me señaló la rodilla vendada.

—Mira, Jacobo, debajo de esa venda veo el injerto rechazado. Está muy flojo y se secreta pus a todo su alrededor.

El Hermano lo hizo guardar silencio. Todo lo que acontecía en ese recinto era enseñanza y el sucesor del Hermano, Memo, aprendía lecciones como las del silencio.

—Mañana me lo traen —le dijo el Hermano al acompañante del enfermo—. Vamos a darle anticocos y polilla y te voy a enseñar a lavarle la herida. Con eso se curará.

Después entró una señora de edad, muy gorda y con expresión de dolor en su cara.

—¿Qué le pasa a mi pequeña?

—Me duele mi vientre y dicen que deben operarme de no sé qué cosa.

—¿Quiénes dicen?

—Los del seguro, pero a mí me da miedo.

—A ver, mi muchachita, vamos a ver.

El Hermano colocó su mano sobre el vientre y lanzó una exclamación de asombro, se acercó a mí y en un susurro me dijo que era cáncer muy avanzado.

Volteó en dirección de la mujer y preguntó:

—¿Cómo has aguantado tanto tiempo, mi dulce pequeña? Vas a esperar afuera y te voy a operar hoy mismo.

—¡Ay!, Hermano, me da miedo.

—No temas, mi pequeña, tú espera afuera.

¡Cáncer! ¡cáncer!, es un desastre esa enfermedad, pensé yo mientras pasaba la siguiente enferma.

Una señora muy delgada, morena y toda vestida de negro.

—¿Qué le pasa a mi mujercita linda?

—Los doctores del seguro me operaron y me quitaron mi matriz y desde entonces me he sentido mareada y sin apetito y con muchas náuseas. Ahora dicen que me deben dar radiaciones y a mí me da mucho temor.

—¡Pero cómo se atrevieron, mi pequeña! A ti no debían haberte quitado tu matriz y tampoco necesitas las radiaciones. Tú no tienes cáncer, mi pequeña. Te vamos a dar unas medicinas y con eso te curarás por completo. A ver, Memo, necesitamos…

Antes de entrar a consulta yo había platicado con A., una joven de mucho carácter que ayudaba en la obra.

Dos años antes, A. tuvo un problema renal muy intenso. Empezó a engordar, a ponerse amarilla y a tener dolores y dificultades muy grandes.

Los médicos habían considerado que su caso no tenía remedio alguno. El Hermano le había injertado dos riñones y con esa operación el problema se había resuelto por completo. A. era delgada pero fuerte, de pelo negro azabache, piel suave y rosada, y a partir de la operación no había tenido problema alguno.

En realidad, el Hermano había tenido que operarla dos veces. Después del primer injerto, A. no había descansado los 40 días que le habían indicado y un riñón se había separado de su lugar. Después de la segunda operación había sido más cuidadosa y sus riñones nuevos funcionaban a la perfección. También tenía los ojos brillantes y luminosos de los operados por el Hermano.

La penúltima consulta fue de una niña de 14 años acompañada de su hermano.

—¿Cómo está, mi linda pequeñita?

—Pues vengo porque mis menstruaciones son muy frecuentes y tengo dolores.

—A ver, mi linda, acérquese.

El Hermano la palpó y le dictó unos remedios a Memo.

—Con eso se va a curar usted. Ándele, mi palomita. ¡Qué chiquita!

La última consulta fue una parálisis facial. Una joven acompañada de su madre la tenía.

—Eso es muy fácil, mi pequeña, vas a tomar...

La consulta había concluido y nos preparamos para las operaciones.

Memo me pidió mi lámpara de mano, Enrique se colocó en la cabecera, S. M. a un lado del Hermano y F. y yo frente a él. Primero pasaron a la criatura con problemas cerebrales. Su cuerpecito delicado apenas si sobresalía de entre las manos de Enrique y las mías que lo sostenían, boca abajo mientras el Hermano introducía sus dedos en la base de la columna.

Yo había observado ya muchas operaciones como esa. Les denominaban "líquidos" y nunca había entendido cómo el Hermano inyectaba líquido cefalorraquídeo solamente usando sus dedos.

La bebé lloraba y se privó dos veces. Yo la consolaba y apretaba su manita pequeñita tratando de disminuir su dolor. Por fin se calmó. El Hermano la acercó a su pecho y después de acariciarla se la entregó a su mamá, quien la recibió feliz y emocionada.

—Tu hija ya está sana —le dijo dándole confianza.

—Jacobo —me dijo S. M.—, cierra la puerta del cuarto de recuperación en cuanto salgan los enfermos, eso ayuda a la armonía.

Yo obedecí y me preparé para el siguiente caso.

Una señora sumamente nerviosa ocupó la cama de operaciones.

—No se ponga tensa, mi cariñosa niña, cálmese que no la vamos a poder operar con esos nervios.

Le descubrimos su vientre y le tomé la mano mientras Enrique le protegía la cabeza.

El Hermano cortó, con unas tijeras, una pequeña incisión que agrandó con el cuchillo. Introdujo su mano en la hendidura y arregló la vesícula. Saturé y Enrique vendó. La señora casi no se había quejado y se la llevaron cargando al cuarto de recuperación.

—Jacobo —me volvió a decir S. M.—, cierra esa puerta con llave, ayuda a la armonía.

Noté que S. M. parecía extasiado y en medio de una especie de trance. La misma indicación me la hizo después de cada operación.

El siguiente caso también fue de vesícula, enteramente similar al anterior. Noté que todos le preguntaban cosas al operado sobre todo en el momento en que introducía el cuchillo. A. era una experta en eso y entendí que ayudaba a distraer al enfermo del dolor.

—El que sigue es muy fuerte —nos dijo el Hermano antes de que pasara un hombre recio y de espaldas anchas, transportado en una silla de ruedas por su esposa—. A ver, mi muchachito, cómo van esas piernitas.

El hombre, operado varias veces por el Hermano, confesó que mejor, pero todavía no muy bien.

Enrique le ayudó con un brazo y yo con el otro a pararse. Parecía de acero y su tremendo peso apoyado en mi hombro izquierdo me dobló mi espalda haciendo que regresara con toda su intensidad el dolor que había disminuido con la ayuda de las meditaciones.

Por un milagro no lancé un alarido y me quedé parado sosteniendo a aquel hombre y pidiéndole a Dios no caerme de bruces por el dolor.

Lo acostamos boca abajo y Enrique se dirigió a sus piernas, las jaló y vi que una de ellas era cinco o seis centímetros menor que la otra. El Hermano le pidió a Enrique que las emparejara y este trató de hacerlo mientras el cuchillo penetraba en la espalda a un lado de la columna.

El hombre había sido operado en los Estados Unidos. Le habían cortado el ciático y modificado unos huesos para permitirle estar sentado.

—¡Estos doctores! —se quejó el Hermano—, hicieron una desorganización tremenda de los nervios y los dejaron todos enredados. Ahora debo dar vuelta aquí y jalar acá. A ver, pequeño. Enrique, jala más la pierna mientras yo desenredo este nervio.

La punta del cuchillo giraba mientras Enrique jalaba y la separación de cinco o seis centímetros disminuyó hasta ser de tres o cuatro centímetros.

—Ya no se puede jalar más —dijo Enrique.

—Bueno, aquí lo dejamos. Hermano Jacobo, satura esa espalda y mantén tu mano sobre el algodón mientras yo giro al cariñoso.

Con un movimiento fuerte, el Hermano colocó de lado al hombre y se aprestó a intervenir en medio de sus asentaderas. Había una terrible llaga infectada que empezó a raspar con el cuchillo mientras el hombre gemía de dolor y a mí se me partía mi espalda. Por fin, el Hermano terminó y Enrique vendó al hombre.

Me pidieron que ayudara a cargarlo hacia el cuarto de recuperación y no pude hacerlo.

—El que sigue también es muy recio —anunció en seguida el Hermano.

Entró un hombre muy fornido acompañado de su hermano. Sufría un dolor muy intenso del vientre. Memo susurró que el hermano del hombre no soportaría ver la operación, pero nadie le hizo caso. Acostamos al hombre y el Hermano comenzó a operarlo. Al terminar oímos un golpe en seco y nos dimos cuenta de que su hermano se había desmayado.

Memo recordó su precognición y el Hermano le dijo que su tercer ojo se estaba abriendo.

Teníamos a dos enfermos que atender. Al hermano lo atendió Memo y al operado Enrique lo vendó y se lo llevó a recuperación.

¡Después pasaron dos jóvenes! Una de ellas, Gina, tenía diabetes y su muslo izquierdo tenía una alteración muy fuerte en su circulación sanguínea.

Los ojos de Gina tenían forma de felina y parecía muy enojada con los hombres.

—A ver, mi niña preciosa —le empezó a decir el Hermano—, ya sé que no me creen, pero esa diabetes se le va a corregir si toma agua de clavos oxidados. ¿Qué le pasa en su pierna, mi cariñosa?

—Tengo muy mala circulación y mis venas se están reventando.

Le descubrimos las piernas y el Hermano empezó a operarla con el cuchillo.

Hizo viarias incisiones y las dejó al descubierto para que todos viéramos lo que había hecho. Por fin Enrique saturó y F. vendó la pierna.

—Yo nunca me voy a casar —dijo súbitamente Gina—, todos los hombres son malos.

—A ver, a ver —le respondió S. M.—, el Hermano también es hombre.

—¡Sí, yo también soy un hombre!

—Yo he oído hablar de usted don S. M.

—¿Bien o mal? —preguntó el Hermano.

—Muy buenas cosas he oído.

—Ya ves, y también yo soy hombre —le contestó S. M.

—Pero ustedes son excepciones —dijo Gina—, todos los demás son malos…

Una señora de mediana edad, corpulenta y ligeramente obesa fue bienvenida por el Hermano.

Se acostó boca arriba y al auscultarle el vientre el Hermano lanzó una exclamación de sorpresa.

—Una, dos, tres, cuatro operaciones, mi cariñosa. ¿Cómo le voy a hacer si ya no tengo ni lugar? Mira, mi pequeña, tú debes dejarlo todo, ¿me entiendes? Debes vivir sola porque si no lo haces por más que yo te opere te van a volver a hacer daño. ¿Me entiendes?

Volteé a ver la cara de la señora y noté que no había entendido. Confieso que yo tampoco y después supe por qué. Le tomé la mano mientras el Hermano abría el vientre. Le pidió a Armando una aguja y por primera vez lo vi suturar.

Con toda rapidez y certeza, las manos de su materia introducían la aguja al interior del vientre y la volvía a sacar una y otra vez y, al final, de un tirón rompió el hilo. Alguien debía de haber sostenido el hilo desde el interior del cuerpo; esta era la única forma de entender cómo se rompió sin sacar detrás de sí (por el tremendo estirón) los órganos que habían sido ligados con él. Enrique saturó y vendó mientras yo me acerqué al oído de la mujer y le pregunté si había entendido las indicaciones del Hermano.

—¿Es que debo dejar a mi marido? —me preguntó ansiosa.

—Pues yo creo que sí, pero mejor pregúntale al Hermano.

"Hermano —le dije, interrumpiendo su conversación con S. M.—, esta mujer quiere preguntarte algo.

—¿Debo dejar a mi marido?, pero tengo dos hijas y van a sufrir mucho.

—No, mi hija, ¿cómo crees? Debes dejar las malas amistades y las costumbres que te hacen apartarte de Dios. Debes cambiar tu modo de pensar.

—Pero es que él toma mucho —protestó la mujer.

—Aguántalo y la próxima vez que beba ponle (* *)[1] en su copa y después ya verás. Tú misma invítalo a beber y no lo hará.

Mientras se llevaban a la mujer, el Hermano comentaba con S. M. aquella mala interpretación.

—¡Te imaginas! ¡Yo aconsejando destruir una familia!

Me di cuenta de que yo había interpretado a mi propio juicio aquello de ¡debes dejarlo todo! Supe que esa había sido mi conducta en varias ocasiones y "solución" a la vida. ¡Dejarlo todo!, cuando había un problema muy fuerte. Mi dolor de espalda aumentó considerablemente y pedí por su alivio.

En seguida hicieron pasar a una señora muy gorda. El Hermano la había consultado al inicio de la sesión y al detectar cáncer le había pedido esperarlo.

—Te vamos a operar para quitarte lo que tienes en tu estómago —le dijo el Hermano con firmeza.

—Pero es que yo solo vine a consulta y me da mucho miedo.

—No, mi cariñosa, que no te dé miedo, ¿prefieres seguir sufriendo?

Un olor terrible saturó el recinto mientras el Hermano abría el vientre y extraía el cáncer. La mujer temblaba y pedía por misericordia. Por fin, saturé, y Enrique vendó y descansamos un instante.

Pasaron varios segundos y yo empecé a sentir algo muy extraño. Me parecía que todo estaba demasiado calmado y, sin embargo, flotaba una tensión rara en el ambiente. El

---

[1] No recuerdo qué dijo.

Hermano nos volteó a ver y nos dijo que el siguiente era un "daño", que tuviéramos mucho cuidado. Entendí mi sensación extraña y pasaron a una mujer de elevada estatura y obesa.

—¡Acuéstate, mi hermosa niña, acuéstate!

Noté un vacío en la mirada de esa mujer y recordé las palabras de Leo de estar muy atentos.

El Hermano pidió una cadena de protección y todos excepto Enrique nos tomamos de las manos. Yo sentí que una energía poderosísima me traspasaba. El Hermano abrió el vientre y empezó a forcejear con el "daño". La mujer había dicho que un brujo le había extraído una tarántula de su pecho, pero que algo extraño se había quedado adentro. El Hermano seguía operando y de pronto se oyeron unos ruidos afuera. Niños llorando, gente gritando, gemidos.

Por fin, el Hermano sacó el "daño" y se lo entregó a Cande, quien lo cubrió con un papel negro. En ese momento los ruidos, gemidos y llantos de afuera aumentaron y algo se posesionó del Hermano. Cayó desmayado y unos segundos después empezó a decir:

—¡Vete, déjame en paz, vete, te lo ordeno!

En seguida se recuperó y al levantarse alguien entró corriendo al recinto.

—¡Una camioneta se vino para la casa y atropelló a un niño!

—Les dije —dijo el Hermano—, los niños deben ser encerrados en un cuarto cuando alguien trae un "daño". No les importa matar a un niño a esos espíritus. Buscan venganza y en los indefensos encuentran una presa fácil.

Después nos confirmaron que algo muy extraño había pasado. Una camioneta estacionada frente a la casa se había venido, súbita e inexplicablemente, en reversa y había dejado debajo de ella a un niño que jugaba en la misma dirección. Un adulto había corrido a salvar al pequeño y lo había logrado un segundo antes de que una rueda aplastara su cuerpo. El Hermano respiró aliviado y me pidió que ordenara encerrar a todos los niños en un cuarto vigilado y protegido. Salí y eso hice.

Al volver a entrar vi que el Hermano se había parado de su lugar y, después de arrancar un listón amarillo de un arreglo floral, lo tendía horizontal alrededor del recinto.

Después, penetró con el listón en el cuarto contiguo y lo amarró al picaporte de una puerta. Le pidió a Enrique que hiciera lo mismo con el otro extremo, que lo amarrara al picaporte de la puerta de entrada al recinto. El listón no alcanzaba y tuvimos que buscar otro. Encontramos un pedazo anaranjado. Después de recibir la aprobación del Hermano lo amarramos con el otro y con el picaporte. El Hermano se volvió a sentar y más tranquilo nos dijo que ya podíamos continuar.

Solo entonces me percaté de que estaba completamente bañado en sangre. Al abrir el vientre de la mujer con el "daño", un chorro caliente me había caído en la cara y en la ropa. También me acordé de haber sido mojado desde el techo. Le pregunté a A. si ella había sentido gotas y me dijo que mientras hacíamos la cadena doña Candelaria había estado arrojando bálsamo como protección.

Durante tres días consecutivos antes de esa sesión yo había visto a un señor ya grande vestido en forma muy elegante y con un sombrero tipo londinense pasearse en la explanada frente a la casa. Me había llamado mucho la atención porque durante horas chiflaba una misma tonada. Parecía un pájaro y, a pesar de las repeticiones monótonas, el tono y los cambios de ritmo que ejecutaba eran primorosos. El enfermo que siguió fue ese señor. Le acostamos boca arriba y me enteré de que tenía algo muy malo en su garganta y en su cerebro.

El Hermano tomó el cuchillo y abrió la garganta. No alcancé a ver qué hacía y terminó muy rápido. Después pidió la sierra. Al inicio de la sesión yo había visto esa sierra y me había atemorizado. Era la hoja de fierro de uno de esos instrumentos que se usan para cortar metales, larga y delgada. Con el cuchillo, el Hermano abrió el cuero cabelludo y con la sierra perforó el hueso. Yo le sostenía la mano a aquel hombre y al terminar Enrique lo vendó. Esa fue la segunda ocasión en la que el Hermano suturó con aguja. En este caso fue la garganta de aquel gigantesco ruiseñor. Después de retirar al operado, volví a sentir el ambiente cargado de tensión.

El Hermano nos volteó a ver y preguntó si los niños estaban bien y encerrados en su cuarto.

—Oremos, hermanos, porque lo que sigue es otro "daño".

Se refería a Daniel, un niño de cuatro años que estaba poseído por un tal Fernando Breñas.

Cuando Enrique oyó que se iba a operar otro "daño" protestó.

—Hermano —le dijo con voz firme—, mejor lo dejamos para el miércoles.

—No, mi pequeño Enrique, ¡de una vez!

Íbamos a presenciar un exorcismo y todos sentimos la necesidad de acumular energías. El Hermano pidió una cadena de protección y silencio. Enrique y yo nos introdujimos dentro de la cadena y los demás se tomaron de las manos alrededor nuestro. Entraron la mamá y su hijo Daniel. Se veía muy asustado y se negó a acostarse en la cama. Lloraba mientras Enrique y yo lo forzamos a acostarse.

Para su edad tenía la fuerza de un hombre adulto. Yo le sostuve las piernas y Enrique la cabeza mientras el Hermano nos pedía que rezáramos. Perdiendo todo temor le tomé la mano y lo empecé a acariciar mientras sostenía sus piernas. Todos sabíamos que teníamos delante a un niño y al mismo tiempo a un siniestro espíritu. Me alegré de haber podido vencer mi repugnancia por el segundo y solo ver en ese cuerpecito a una criatura inocente. El Hermano empezó a hablar como nunca lo había oído.

—¡Vas a salir del cuerpo de este inocente! —le decía—, ¡te ordeno que salgas!

El niño o el espíritu lloraban desesperadamente y trataban de liberarse de mí y de Enrique.

El Hermano repitió una vez más la orden y después introdujo el cuchillo en el pecho hendido de Daniel.

—¡Muere, maldito, muere! —le decía con tal intensidad que a mí se me erizaron los cabellos.

—¡Con cuchillo no, con cuchillo no! —decía aquel "bajo astral".

Supe que no era el niño el que hablaba porque era imposible que hubiese visto el cuchillo. Era el otro, Fernando Breñas.

El Hermano sacó el cuchillo y lo volvió a introducir con fuerza.

—¡Muere, maldito, muere!

Una voz cadavérica, hombruna, acabada, salió del cuerpo de la criatura.

—¡No puedo más!

En ese momento, el Hermano sacó algo inconcebible del cuerpo del niño. Se lo pasó a Enrique y él nos lo mostró.

—¡Miren, miren bien esto!

Era una especie de hoja de puñal de consistencia similar a la del carbón negro, plano de 10 centímetros de longitud y de cuatro de ancho terminado en punta.

Era increíble y asombroso ver aquella horripilante forma extraída del pecho de la criatura. Cande se adelantó y esa forma negra fue retirada y guardada en el mismo papel negro del otro daño.

Mientras tanto, un cambio total ocurrió en aquel niño de cuatro años. En lugar de gritar y lanzar bufidos se había quedado quieto y se quejaba dulcemente. Su vocecita era de un niño y su cuerpecito sin energías fue abrazado por el Hermano.

Lo tomó en sus brazos, lo acercó a su pecho y en medio de caricias y besos lo arrulló con tal ternura y amor que todos nos quedamos viendo la escena en absoluto silencio.

Creí ver lágrimas en la cara de Pachita mientras consolaba a la criatura.

—¡Mi niño, mi chiquito, mi amoroso, ya salió, ya eres tú, ya no sufrirás!

"¡Yo te bautizo, mi pequeño, yo te protegeré, yo te amo!

Al salir cargado en los brazos de Memo el cuerpo de Pachita cayó sin vida en los hombros de S. M. Dos o tres segundos después se levantó y empezó a gritar.

—¡Daniel, Daniel!

Era aquel espíritu perdido en el cuerpo de Pachita y buscando su usual refugio. Hubo una movilización total.

El cuchillo de monte fue escondido y alejado de las manos de Pachita, lo mismo que las tijeras.

Memo corriendo se acercó a la cabeza de la santa y la abrazó mientras Enrique los protegía extendiendo las palmas de sus manos en su dirección.

S. M. se quitó el aporte que en forma de cruz traía en el pecho y lo colocó en la nuca de Pachita. Todos esperamos y el Hermano volvió.

—¡Dios mío, Dios mío! —me oí a mí mismo decir.

S. M. pidió una explicación al Hermano.

—Mira, pequeño —empezó a decir este—. Una familia tiene tres hijos y el padre sale a la calle y pasa por una esquina en la que momentos antes han asesinado a alguien. El espíritu del muerto se mete en su cuerpo. Llega a la casa enojado y se pelea con su esposa frente a sus niños. En medio de la desesperación de los pequeños, el espíritu se posesiona de uno de ellos. Así sucede y lo que deberían comprender los padres es que nunca deben pelear frente a sus hijos, jamás. El niño se acobarda, se desorganiza y poco a poco se chupa toda la agresión de sus mayores. En un caso extremo llega a suceder lo que pasó con Daniel.

"Hermanos míos —nos dijo en seguida el Hermano—, me despido de ustedes. ¿Alguien desea algo?

Yo me adelanté. El dolor de mi espalda era insoportable y le pedí ayuda al Hermano.

—Si sigues así te tendremos que operar —me dijo este en broma—. Acuéstate, y veremos qué podemos hacer.

Me acosté boca abajo y las manos de Pachita me tocaron la espalda. Sentí un alivio instantáneo. Después Enrique me levantó en vilo y rápidamente me dobló sobre mi estómago. Yo lancé un gemido y después me reí con gusto. Todavía me dolía, pero casi nada.

El Hermano se volvió a despedir de nosotros. Rodeamos a Pachita y Memo se colocó frente a ella con los músculos tensos. En un minuto Pachita ocupó su cuerpo y se restregó los ojos.

Todavía con la luz apagada, Enrique le mostró a F. una tarántula de hule que sostenía en su mano. F. empezó a gritar lo mismo que las otras mujeres, mientras los hombres reíamos encantados por la broma. En ese ambiente prendieron la luz. Pachita me volteó a ver y la sangre sobre mi cara y ropa la impresionaron.

—Jesús, ¿qué te pasó, Jacobo?

A la salida nos invitaron a una fiesta. Todos aceptamos y a mí S. M. me llevó a mi hotel. En el camino seguimos hablando de Dios y de la obra y de la conciencia. Quise a S. M. por su sinceridad y devoción.

Me contó que el doctor M. había tenido dificultades con él. Un día vino a decirle a Pachita que los americanos querían pagarle unas sustanciosas mensualidades a cambio de unas entrevistas y estudios sobre el Hermano.

—Yo me enojé con ese hombre —dijo con fuerza S. M.— ¡Cómo se atrevía a decir aquello!

—Pachita —recuerdo haberle dicho— es un pájaro que necesita libertad y nadie puede encarcelarla jamás.

—El equilibrio —me continuó diciendo S. M.—, el equilibrio que yo he hallado quisiera que todos lo disfrutasen.

XVI

EL MONTE BLANCO

En verdad, todo llega cuando debe.

Durante muchos años quise salirme de mi cuerpo y realizar viajes fuera de mi cuerpo y solamente aquí en Parral empiezo a entender la técnica. Algo tiene Parral que hace que la gente se interese en el espíritu. Aun en las fiestas se habla de ello y R. viene por mí en su cuerpo etéreo, todas las noches a las 12 y ayuda a mi espíritu.

Viaja y viene en astral y la siento. ¿Serán las minas?, ¿el aire? Aquí nació Pachita, hija ilegítima, y fue abandonada al nacer. Deseoso de averiguar más de la vida de Pachita fui a verla el domingo en la mañana.

Sentada en una silla, en la cocina de la casa de blanco, con su suéter raído y su vestido de siempre le daba consejos a su hija.

Al poco rato se paró y fue a arrullar a su nietecita acostada en una carriola.

Me senté a su lado y le comencé a preguntar.

—¿Naciste aquí, Pachita?

—Sí, en Parral, pero era pecado porque mis padres no se habían casado y me abandonaron. Ay, Jacobo, a veces, aquí, vivo muy intensamente. Me acuerdo de mi infancia y de mis primeros años.

—¿Con Charles?

—Mira, ni me preguntes porque lloro. Mis ojos ya no ven. El derecho ya está opaco y el izquierdo apenas si distingue las cosas. Pero veo con otros ojos. Cuando miro un cuerpo veo las partes podridas, desde chica lo hago.

—¿Y cómo?

—Pues no sé, es como un mapa en el que las partes del cuerpo sobresalen y sé. Pero mi problema ahorita es reunir dinero para mi kínder.

—¿Kínder?

—Sí, hombre, allá en las colonias pobres de México la gente ve pura porquería. Imagínate, ¿cómo vas a enderezar a un cabrón de grande? Es necesario empezar cuando están chiquitos y por eso quiero hacer un kínder y enseñarles buenas cosas a los chamacos desde chiquitos, yo creía que iba a reunir dinero suficiente para pagarle al albañil, pero ni viene gente. Por eso ya me voy a ir el viernes.

"Tengo muchas cosas que hacer, quiero regalarles juguetes a los niños pobres, en Navidad siempre les hago una fiesta y el 6 de enero pozole y tostadas y toda la colonia se viene a mi casa de México y les pongo música y también, ¡por qué no!, bebidas para que los grandes se alegren.

—¿Tú crees… —le pregunté— que se pueda aprender a curar?

—Pues no sé.

—¿Qué ves en mi cuerpo?

—Mucho cansancio y éxito con tu libro, porque lo estás viviendo en carne propia, nadie te cuenta lo que ves y ese es el secreto de un buen escritor.

—La juventud aquí es muy espiritual —le dije—, los muchachos viajan fuera de sus cuerpos.

—¡Puro cuento!

—No, Pachita, es cierto. Y tú, Pachita ¿sales de tu cuerpo?

—Pues nada más hago un empujón y ya estoy afuera.

—¿Y a dónde vas?

—Pues depende. Cuando alguien me necesita, voy a verlo. A veces lo hago para visitar lugares. Si vieras qué bonita es Siberia. Cuando voy por allá me gusta regresar por el monte Blanco. Se ve muy bonito, pero hace mucho frío.

—¿Lo ves como aquí?

—Claro, veo todo, siento y huelo.

—¿Te metes en otros cuerpos?

—Es muy necesario ser muy cuidadoso en eso, sobre todo no cruzarse.

—¿Cruzarse?

—Sí, hombre, ¡cruzarse!

—¿Y ves otras entidades?

—Sí, pero están mejor que nosotros, son más puros.

—¿Vas a otros planetas?

—Sí, a Marte y a la Luna y a Júpiter.

—¿Hay vida en Júpiter?

—¡No!

—¿Vas al Sol?

—Eso sí no, allí es demasiado poderoso, me gusta mucho visitar los cráteres de la Luna, son muy bonitos, pero tengo que regresar a tiempo.

—¿A tiempo?

—Sí, no hay tiempo para todo y se debe respetar.

—¿Alguien te dice cuándo regresar?

—Sí, Orión.

Pachita no podía quedarse quieta por más de unos minutos. La seguí a la cocina y junto con Enrique hablamos de las operaciones. Yo platicaba lo que había visto y la más asombrada era Pachita.

—Oigan —nos preguntó de pronto—. ¿Cómo está esa viejita de 85 años que tenía un tumor en el estómago? Todos la habían desahuciado.

—Pues bien, mamá —le contestó Enrique.

—¿Cómo va el libro? —me preguntó Pachita.

—Va bien, excepto por las recetas y los nombres de los medicamentos. Por más que hago no me puedo acordar de esos nombres. En cambio, las operaciones las recuerdo muy bien. A propósito, ¿qué es lo que se debe añadir a las bebidas alcohólicas para que alguien deje de tomar? No me puedo acordar y tuve que dejar en blanco una frase del libro.

Ni Pachita ni Enrique me lo dijeron.

—¿Vas a visitar al enfermo del hotel? —me preguntó enseguida Pachita.

—No, pero tengo pensado hacerlo.

—Y ¿no te da pena que te corran?

—Depende —contesté—, si llego como espejo, no me corren.

—¿Cómo espejo?

—Sí, si mi mente es un espejo todo va bien. Como en la cárcel. Voy allí a enseñarle a meditar a un amigo y cuando llego como un espejo no tengo problemas.

Enrique le iba a dar una mordida al taco y se acordó del suceso de la camioneta.

—Esa camioneta —dijo de pronto— casi mata a Daniel.

—¡Entonces era Daniel! —dije con asombro—. Ese espíritu lo quería matar antes de que lo sacaran de su cuerpo.

Pachita se volvió a levantar en dirección a la sala. Se sentó a arrullar a su nieto y yo fui, de nuevo, tras ella.

—¿Mañana habrá consulta? —le pregunté.

—Sí, pero yo no estoy extasiada.

—¿Qué?

—Sí, no trabajo con el gran jefe, trabajo con otros médicos.

—¿Por qué?

—Bueno, Jacobo, ¿no crees que hay muchos seres que deben terminar su misión?

"Aquí no hay la seguridad de que me abra toda. Aquí hay más claridad y aquí entran otras entidades. En México estoy muy protegida y aquí no hay tanto ruido. En México, un ruido puede hacer morir una "facultad".

"Sí, puedo quedarme muerta, la verdad es que no entiendo por qué no ha sucedido ya.

—¿Cómo escogen quién entra?

—Un conjunto de vibraciones espirituales se reúnen alrededor mío para diagnosticar.

—¿Y las manos?

—Es un quirófano y hacen falta videntes, pero no fantasías. Han hecho un carnaval, viene un psicólogo y reúne gente y les cobra 5 mil pesos y todos están en silencio y lo respetan. En cambio, porque soy humilde vienen como en carnaval y se traen gente degenerada y que no es vidente y descomponen todos los tubos e instrumentos del quirófano. Hubo un escritor, L. C., que me atacó mucho sin conocerme. Así atacan al quirófano y no tienen respeto. Yo quisiera dejar mis memorias, hacer entender de qué es capaz Dios…

—continuó diciendo Pachita con una voz cada vez más grave—. Me acuerdo desde que tenía siete años. Empieza uno la vida sin comprenderla, pero sintiendo el aguijón del sufrimiento. Por eso quiero mucho a los huérfanos.

En ese momento pasaron dos nietos de Pachita y esta les pidió una cobija. Iban jugando y no le hicieron caso.

—Hijos cabrones, carajo, les pide uno un favor y ni la oyen. Caramba, se me han quitado muchas cosas, pero no lo mal hablada. Tengo un rifle de Villa, es mi única herencia. A los 15 años Charles se fue. Estaba enfermo y se fue como los elefantes a morir a su tierra. A esa edad anduve con Villa allá por el 1914.

—¿Eras su amante?

—Era yo un cuero, pero él no me gustaba.

—Lo que me encantaba era su hombría, ese si tenía huevos.

Pachita se volvió a parar y me trajo un juguete de uno de sus nietos.

Era un platillo volador que hacía un ruido muy peculiar.

—Mira, Jacobo, así hacen esas naves, se paran encima de tu cabeza y así hacen…

Me regresé caminando a Parral y recordé que Cande me había hablado, al salir de la casa de blanco, del tiempo y de la sensación de paz que se sentía en Parral al ver el cielo y las nubes. Me impresionaban unas palabras que Pachita me había dicho:

"Me tienes incondicionalmente, Jacobo, pero si yo veo alguna cosa sucia en tu conciencia, caerás de mi cariño y a mi más absoluto desprecio".

XVII

LAS CONSULTAS

Fui a visitar al operado del hotel. En una cama llena de cojines reposaba un señor casi calvo, de nariz aguileña, tipo español. Su hijo y su esposa lo cuidaban. Me presenté y lo vi. Antes de la operación no podía hablar y sobrevivía gracias a un aporte de oxígeno. Ahora volteó a verme y empezó a platicarme de su operación. Todavía estaba paralizado del lado derecho de su cuerpo, pero el color de su piel era rosado, ya no necesitaba oxígeno y hablaba, no con mucha claridad, pero lo hacía.

El Hermano le había extraído un tumor cerebral y su hijo, de haber visto la operación, había recuperado la fe.

Al día siguiente fui a visitar a Pachita y me la encontré dando consultas. No estaba en trance y solamente cuando le dictaba las medicinas y los remedios a Enrique, su voz cambiaba.

Auscultaba a los enfermos con sus manos y mientras cerraba los ojos parecía observar el interior de los cuerpos y los detalles de las enfermedades.

S. M. estaba en el recinto y el cuadro de Cuauhtémoc enmarcaba la cabeza pelirroja de la santa. Ella me había prohibido llamarla así y se molestaba cuando alguno de los enfermos llegaba con la idea de que bastaba tocarla para curarse instantáneamente.

—Yo no soy una santa —me había dicho—, mírame más jodida que tú y yo juntos.

"Yo ya me voy de Parral —me decía—. No logro reunir el dinero para mi kínder. Además ya ni la amuelan. Ayer vino el padre I. y me obligó a ir a misa. Eso no me gusta, S. M., me hicieron comulgar y yo no soy de esa onda. Yo me compro una alegría en la calle y con eso comulgo en donde se me da la gana y qué misa ni qué ocho cuartos.

El hijo de S. M. pidió consulta. En lugar de pegarle a una pelota de futbol le había dado una patada a una banqueta y su pie le dolía mucho. Pachita le acomodo un hueso como quien atornilla una tuerca dejándolo listo para caminar sin dolor.

—Tú también comúlgate, S. M. —le dijo súbitamente Pachita. —¿Por qué nada más yo? Nada más me ven la cara de pendeja y yo no soy de esas ondas, Dios está en todos lados y nadie comulga más que yo.

Lo decía en serio, al final de la sesión llorando amargamente me contó las injusticias que veía. Me habló de las diferencias tan grandes entre ricos y pobres, de los sufrimientos de estos últimos y de la ceguera de los primeros. ¿Por qué no reparten todo su dinero? S.M. tiene un empleado con 10 hijos y está enfermo y no le alcanza su sueldo.

Enrique leía un libro de bolsillo y apuntaba las recetas. También se quería ir de Parral.

—Extraño a mi equipo de futbol —me dijo mientras dejaba a un lado su libro—, aquí me desespero mucho.

Mientras tanto, una familia con dos hijos había entrado al recinto. La mamá, una señora grande y obesa se adelantó, saludó a Pachita y se descubrió el pecho.

—Tengo unas bolas aquí y estoy muy asustada.

Pachita la auscultó y le preguntó si se había caído.

—No —contestó la mujer—, las tenía en los dos lados. Me salieron después de que me froté con una crema reductora. Todavía le doy de mamar a mi hijo y me duele mucho.

—Zarzaparrilla, raíz blanca tres veces al día y papas —le dicto Pachita a Enrique—. Pomada roja después de la papa y que el muchacho mame al revés. Lo que tiene es agua, no cáncer —diagnosticó Pachita.

Ahora le tocó el turno al marido. Tenía la piel muy maltratada y llena de llagas.

—¡Vaselina sólida, té de olivo como agua de uso!

Después de recetarlo, Pachita le preguntó si acostumbraba bañarse en presas o lagos.

—No, solo en baños públicos.

—¡Zarzaparrilla, gotas verdes, papaya en las heridas y polilla! ¿Conoces la polilla? Mira, consigues una madera muy apolillada, sacas la madera comida de las polillas, las mezclas con pedacitos de papaya y agua de malva y te lo untas en la piel.

Después entró una mujer. Pachita le tomó la mano y con los ojos cerrados presionó diferentes zonas de la misma.

—¿Se sofoca? ¡Usted suda por insuficiencia del páncreas! ¡Camomila, perejil y mujiga [sic] de res, se lo pones en su costado y al día siguiente se lo quitas!

Pasaron una mujer y su hija. Después de palpar a la primera le recetó linaza y verdolaga para el estreñimiento.

La niña tenía zafado un hueso de la cadera y Pachita la citó para operación el miércoles.

—Te va a doler un poquito —le dijo con dulzura—, pero hay que acomodar la cadera para que ya te pase la sangre a tu pierna y puedas andar bien.

—Mi hija sufre —dijo la mamá—, se burlan de ella y le dicen chueca.

—Así es la humanidad, mi preciosa niña —le dijo Pachita a la muchacha—; aun de tu misma edad te quieren "tirar", pero tú debes perdonarlos.

Entraron dos muchachos, uno de ellos en silla de ruedas.

—Me dispararon y la bala me corto la médula, los médicos quisieron sacarla, pero me dijeron que un pedazo se había quedado adentro.

—¡Tres botellas de jerez, extracto de nuez de cola, aceite de nuez, manzanilla, ajenjo, savia y ruda! ¡Vamos a ver si todavía tienes la bala!

Pachita tocó la espalda con los ojos cerrados. Volteaba la cara y parecía esforzarse por permanecer concentrada.

—No hay bala, pero los nervios están pegados a la columna. La sangre no baja y no sientes ni cuando orinas ni cuando defecas. El miércoles, si mi Padre nos da licencia, te conectaremos tu nervio para que sientas tu orina. Para tus llagas sacas la madera apolillada, la juntas con pedazos de cáscara de papaya y malva y que tu hermano te aplique la mezcla en tus heridas.

Después pasó una señora, nos miró muy apenada y se sentó frente a Pachita.

—¡Me duelen las piernas y la espalda y el cerebro!

—¿Borracheras?

—¡Sí!

—¡Té de olivo para el resto de su vida como agua de uso! Eso te ayudará a tu circulación porque está muy deteriorada.

La mujer salió y en su lugar una muchacha joven y ciega fue ayudada a sentarse por una amiga que la acompañaba.

Con una lámpara de mano Pachita alumbró sus ojos después de quitarle unos lentes oscuros que traía puestos.

—¡Está caliente!

—¿Qué viste?

—¡Un clarito!

—Ha mejorado —dijo Pachita—, nada más que no quiere abrir sus ojos.

La acompañante dijo que desde la operación su amiga le había dicho que veía como rayos de luz y estrellitas como puntos luminosos.

La mujer que siguió se quejó de que no podía dormir.

—¡Ponte una palangana de agua debajo de la cama para que te chupe tus malos pensamientos y te deje dormir y así tu espíritu se sienta libre para mejorar! ¡Déjalo que viaje a donde deba para arreglar tus asuntos!

El siguiente enfermo me impresionó. Se trataba del operado del corazón. Su hermano dijo que comía bien, su corazón andaba parejo.

—¡Primeramente Dios y para arriba, buen hombre! ¡Cuando vea agua en un arroyo, corte una flor roja y vea como el agua se la lleva! Esa es buena medicina —le dijo muy seria Pachita.

El padre del operado, un viejito que no oía de un lado y que también fue operado, se adelantó:

—Me duele mi ojo y todavía no oigo.

—Si quiere se lo componemos —le dijo Pachita—, pero usted dijo que prefería seguir sordo y ya no sufrir dolor con el cuchillo.

Yo había estado tomando notas y cansado dejé de hacerlo por un momento. Pachita volteó a verme y me acusó.

—¡A ver si trabajas, huevón!

Me reí y tomé la pluma para anotar que una viejita con el cuello hinchado regañaba a Pachita.

—Me operaste y, mira, estoy igual.

—Pero ya no duele, ¿verdad, madrecita?

—Pero está igual de hinchado, ¿ahora qué hacemos?

—Pues vamos a mocharle su pescuezo.

—¿Qué me va a hacer?

—¡Pues mocharle su pescuezo!

—Bueno, oiga, Pachita —le dijo la mujer—, véngase a Canutillo, a Durango, a la hacienda de Villa.

Allí vivía la mujer y la dirección fue una respuesta a una pregunta de Pachita.

—¿Ya reconstruyeron la casa de mi viejo?

—¡Sí!

—Qué bueno, para que quede como museo.

A un señor que pasó después Pachita le detectó una úlcera.

—Está usted anémico y tiene úlcera —le dijo—. Venga el miércoles y se la quitamos.

—¿Y cuánto me va a costar?

—¡Ochenta mil pesos!

—¡Ay! —se quejó el hombre—, no tengo dinero.

—No, hombre, no me pague nada. Me paga cuando se cure. La próxima vez que venga yo a Parral, entonces sí lo persigo para cobrarle.

Después entró el americano de la rodilla postiza.

—Es necesario quitarle la osteomielitis —le dijo Pachita a su acompañante y traductor—. Dile que venga el miércoles y lo operamos.

Después un señor con sus ojos malos.

—Necesita usted lavarse los ojos con manzanilla. Venga el miércoles para quitarle la catarata que trae en el ojo.

Un señor muy cansado y con una curación en su cuello entró más tarde. Traía una carta.

—Léela, Enrique —le dijo Pachita a su hijo—, léela porque yo no sé leer.

—Tiene un pulmón enfermo.

—Cáncer —le dijo Pachita—, cáncer en el pulmón. Pachita le palpó la espalda y le pidió que hablara.

"¡Hierba para la tos en leche, alumbre en agua!

"Vamos a operar ese pulmón, venga usted el miércoles.

"¡Berenjena y gotas verdes!

Le había comprado una grabadora a Pachita para que oyera música y grabara sus memorias. Le había ahorrado un dinero para su kínder y le entregué ambos presentes cuando nos quedamos solos después de las consultas.

Me miró y empezó a llorar.

Yo también lloré y en ese estado me despedí de Pachita.

XVIII

LA INDIVIDUALIDAD

Cuando empujas una parte de la membrana de tu ser, ves colores.

Cuando empujas otra parte aparece un paisaje y cuando otra un mueble y una ciudad y caras...

El arcoíris resulta de un proceso de interacción; una imagen holográfica también resulta de un proceso de interacción, lo mismo que la experiencia, la conciencia, la luz...

La oscuridad asociada con la activación de un fenómeno electromagnético de baja frecuencia no es la misma oscuridad que la que se asocia con un fenómeno electromagnético de altísima frecuencia. Todo tiene vida propia y el aquí, el allá y el más allá son lo mismo...

Existe un lugar en este planeta que guarda tal energía que quien vive allí reconoce una fuente inagotable de creatividad fluyendo a través de sí mismo. Quien haya vivido en Tepoztlán sabe de qué hablo. Su situación geográfica y su gente actúan como amplificadores de la conciencia. Quien tenga dentro de sí algo no resuelto y visite Tepoztlán sentirá una tensión suprema. Quien sea puro vivirá el éxtasis.

Recuerdo que después de vivir un año en Nueva York haciendo investigaciones cerebrales y completamente decepcionado por la imposibilidad de penetrar en la conciencia utilizando la tecnología psicofisiológica contemporánea, decidí buscar un lugar adecuado para recorrerme a mí mismo y fui a dar a Tepoztlán.

Encontré allí a Rita, mujer extraordinaria que me enseñó la inexistencia de la dicotomía externo-interno, y a John, quien me introdujo en la conciencia de la Unidad. Después de dos años, resolví regresar a la Ciudad de México.

He vivido otros años en la ciudad y el constante lidiar con estructuras rígidas me han alejado del verdadero Ser.

Había dejado de visitar Tepoztlán por temor y cuando conocí a Pachita sufrí una verdadera crisis y un nuevo despertar.

Me enfrentaba a la realidad de la existencia de entidades espirituales y a la ilimitada capacidad de la conciencia, y la mía propia (confieso) no estaba totalmente preparada para la revelación. Después de dos meses de trabajo con Pachita sentía que despertaba (de nuevo) en la vivencia de un verdadero desarrollo y en la visión del ser humano como poseedor de una esencia extraordinaria.

Al regresar de Parral ansiaba volver a la casa de Pachita y seguir con la obra del Hermano.

El viernes sentí que algo extraordinario pasaría en mi reencuentro con Pachita y todo el día lo viví en un estado de excitación y conciencia clara.

En la mañana me di cuenta de que la mujer que había amado durante tres años no era para mí, y esto, junto a la sensación de que algo extraordinario me ocurría, me hizo comprender la razón de las terribles tormentas que ese día azotaron a la Ciudad de México.

A las siete llegué a la casa de Pachita experimentando un estado de absoluto éxtasis.

Varias gentes esperaban su turno para ser operadas y al acercarme a la puerta del recinto escuché mi nombre dos veces pronunciado. Volteé en dirección del sonido y me encontré con Rita.

¡Esto es!, me dije inmensamente emocionado, vuelvo a estar en contacto con los seres a quien verdaderamente siento como hermanos y este encuentro con Rita es solo el principio.

Nos abrazamos sin poder creer que estábamos allí y después penetré al recinto.

La cama de las operaciones estaba colocada contra la pared del recinto de tal forma que no pude colocarme en mi lugar habitual.

Me paré junto al cuerpo de Pachita y me di cuenta de que el Hermano estaba creando un ambiente de extrema serenidad y calma.

Nos saludamos y con una voz muy profunda me explicó que la zona cercana a la pared se había purificado y por ello la cama de operaciones había sido cambiada de posición.

—Mi carne —continuó el Hermano—, estaba muy triste porque creía que ya no vendría más.

—¿Cómo crees?, ¿cómo crees? —acerté a decir pensando para mí que nunca abandonaría a Pachita. Iba a decir que adoraba a esa mujer, pero no me atreví.

—Eres un llorón —me dijo a continuación el Hermano—, un verdadero chillón.

Se refería a la despedida de Parral y sintiéndome cohibido intenté explicarle que ver llorar a Pachita me producía tal dolor que tenía que acompañarla en su llanto. Pero tampoco se lo dije, aunque estoy seguro de que captó mis pensamientos.

—Qué tristeza tan grande, ¿verdad, Jacobo?

—Vivimos mucho dolor en Parral —le contesté—, y mucha hipocresía.

El Hermano bromeó diciendo que yo estaba deseando regresar a Parral y que solo esperaba la más mínima oportunidad para retornar allá.

Todos reímos y nos preparamos para las operaciones. Candelaria ocupaba la posición de afanadora y se ocupaba de cortar algodones y empaparlos de alcohol cuando llegó el primer enfermo.

Si recuerdo mis primeros días al lado del Hermano y los comparo con mi visión presente me asombro de mis cambios.

Al principio me costaba un trabajo terrible pensar que el Hermano existía como una entidad independiente y conservando su individualidad. Mi concepción del nivel espiritual era el de un indiferenciado y omnipresente estado en el que lo individual desaparecía para dar lugar a la Unidad. A pesar de haber visto a don Lucio hablar con espíritus y de haber desarrollado toda una técnica para recuperar la memoria de vidas pasadas (la bauticé como técnica de análisis reencarnacional) no había logrado aceptar la existencia de lo individual más allá del plano orgánico. Después de casi dos meses esa idea ya no existía. Había visto tantos casos de "daños" y oído tanto al Hermano que por fin acepté que después de la muerte conservamos una individualidad y que nuestro desarrollo continúa.

Cuauhtémoc (por ejemplo) había sido brutalmente impedido de seguir su aprendizaje en la Tierra y para pasar al siguiente nivel debía culminarlo a través del cuerpo de

Pachita y de todos los que constituirían la cadena chamánica de la obra.

No podía imaginarme la vida en el plano de las entidades espirituales, sin embargo, empezaba a tener acceso a ciertos elementos que poco a poco me ayudarían a entender. Uno de ellos sucedió al final de la sesión de operaciones que describiré más adelante.

El cuerpo de Pachita ocupó un banco junto al altar y se despidió rápidamente de los que nos encontrábamos en el recinto. Levantó su brazo derecho y nos anunció que debía irse pues tenía una misión muy urgente por cumplir.

¿Misión urgente?

Yo había sentido durante dos semanas una tensión insoportable que se acrecentaba por instantes y por instantes disminuía de intensidad. Tengo suficiente edad y experiencia para diferenciar lo que proviene de mi historia personal y lo que resulta de un cambio global de conciencia, y la tensión que experimentaba tenía un origen en lo segundo y no en lo primero. Sentía que una lucha formidable se desenvolvía ante mis sentidos psíquicos y que en ella se jugaba la alternativa de la luz contra la oscuridad.

Se lo dije al Hermano al iniciar la sesión y al final la "misión urgente" me conectó con esa lucha. "¡Así es que (pensé con entusiasmo) el Hermano y otras entidades realizan coaliciones, tienen planes y luchan y se comunican y viven en una obra permanente y siempre defendida!".

Definitivamente existía un nivel de conciencia que, aunque ocurriendo simultáneamente con la mía propia, me pasaba completamente inadvertido en sus detalles y en cambio era claro en emociones generalizadas y sensaciones indiferenciadas.

Nunca tuve tanta claridad de tal existencia como en esos días después de regresar de Parral. Deseaba establecer contacto con ese nivel de realidad y ser capaz de ver más profundo y claro lo que el Hermano hacía.

Creo que esa fue una de las razones que me impulsaron a ir a Tepoztlán. Una de las enfermas que el Hermano operaría de la espalda reposaba en casa de Rita y le ayudé a aplicarse la medicina que Pachita le había recetado a fin de fortalecer su columna.

Era puré de papas hirvientes que debía colocarse en la espalda durante toda la noche.

Obviamente, además de una capacidad curativa desconocida para mí, ese remedio tenía la bondad de dirigir la atención de la enferma hacia la zona delicada y cobrar conciencia de su funcionamiento y anatomía.

El dolor de la espalda (como cualquier experiencia) es la resultante final de un proceso neuronal hipercomplejo. El dolor es la transformación a experiencia consciente de lo que previamente es un manejo de la lógica neuronal a través de circuitos hipercomplejos. Las papas servían para dirigir la atención al proceso previo a la resultante, lo que seguramente canalizaría energías en la dirección adecuada y fortalecerían la zona por operarse.

El acceso de la conciencia a su procesamiento, además de permitir un grado de conocimiento supremo de la propia individualidad, es una nueva aventura grandiosa del pensamiento. De alguna manera este acceso abre las puertas que permiten percibir la realidad como una creación personal y facilita la conciencia de Unidad. Quiero decir que quien sea capaz de entender sus procesos internos encontrará que entre ellos y lo que llamamos el mundo existe una continuidad y que una simetría adamantina configura a lo "interno" como un micromodelo de lo "externo". La simetría se traslada después a un plano de sinonimia y en ese instante se reconoce que lo interno y externo forman un continuo inseparable. Por supuesto que una de las fronteras de la conciencia de Unidad es el manejo directo del mundo a través del pensamiento y la apertura al contacto con las entidades espirituales.

En Tepoztlán recordé que, al igual que el espacio bicórneo de Minkowski, la conciencia corporalizada es un cono convergente que unifica elementos localizados en su base hasta llegar al centro o punto de inclusión total que en una integración espléndida conecta la conciencia con su propia individualidad.

El centro es el final y el punto de partida, es la sensación de ser más allá de cualquier definición, y la lógica cerebral adecuada para llegar a ese centro es la lógica convergente. Así pues, en lo cerebral el proceso es un cono terminado en un punto. El siguiente nivel vuelve a ser cónico, pero en lugar de converger... diverge.

A partir del punto se expande la conciencia y se abre el espacio. Allí es donde se establece un contacto con la otra realidad.

Pachita había tenido que vivir innumerables experiencias para dejar atrás otras tantas ilusiones y establecer un contacto total y permanente con su centro de conciencia. Después apareció el Hermano.

También recordé en Tepoztlán que a partir de cierto nivel de vida las ilusiones se reconocen y se descartan como falsas. Así sucede con el sexo, el ego, las dependencias emocionales y el mundo material.

Se comienza a aceptar únicamente aquello que es permanentemente dentro de todos los cambios, aquello que unifica lo aparentemente disperso, y el único motivo de supervivencia es mantener esa esencia redescubierta y conservarla libre de estructuras, tentaciones e ilusiones de placer y gozo efímeros.

La primera paciente era una bebé de pocos meses. Su cuerpecito delicado fue abrazado por el Hermano y después colocado en la cama de operaciones. Su carne era delicada y frágil y sufría de una debilidad general y retraso motor intenso.

El Hermano comentó acerca de la fragilidad de las criaturas y haciéndome sostener esa cabecita diminuta entre mis manos introdujo el cuchillo de monte en la nuca de la criatura.

Giró varias veces el cuchillo y, convencido de que había organizado algo dentro de la masa cerebral, lo sacó y cerró la herida. Vendamos a la criatura y se la entregué a su madre, quien agradeció la intervención.

En seguida pasaron los padres de la niña sobreanestesiada y ella misma en su silla de ruedas. El Hermano tomó el brazo de la niña y le pidió a esta que se levantara de su silla de ruedas. Vi el asombro y la ilusión en la cara de sus padres y me apresté a ayudar a la bellísima inválida. Parecía haber entendido la orden del Hermano y con un esfuerzo titánico y emocionado se levantó de la silla y permaneció parada durante un instante. Su cara reflejaba el esfuerzo y sus ojos mudos reflejaban un conocimiento recién adquirido.

La niña había empezado a mostrar signos alentadores de coordinación motora y mientras Pachita permaneció en Parral se había caído de su silla en uno de sus intentos por caminar por sí misma. El Hermano comentó que la caída había sido una bendición porque había ayudado a conectar dos partes del cerebro que eran necesarias para el siguiente nivel de recuperación.

La acostamos boca abajo y yo le sostuve sus piernas mientras su padre hacía lo mismo con su cabeza.

Yo había visto por lo menos tres operaciones de cerebro realizadas en ella y ninguna infección que en otras condiciones un cuchillo de monte sin esterilizar y en contacto con vientres, pechos, penes y vaginas infectadas debería necesariamente provocar.

Noté una rigidez extrema en las piernas de la niña y el Hermano comentó con gusto que ella también se enojaba y a eso se debía la tensión de su cuerpo.

El cuchillo penetró el cuero cabelludo y parte del cráneo y yo presté mucha atención a la sangre que brotaba de la herida. Era muy extraña y ya la había percibido varias veces y en muchos enfermos. Su coloración era roja como la sangre normal, lo mismo que su olor, pero su consistencia era extraña en extremo.

La única forma que se me ocurre para describirla es una pasta constituida de esferas gelatinosas de aproximadamente cinco milímetros de diámetro recubiertas de una membrana elástica.

Eso brotó de la cabeza de la niña y mientras el Hermano trabajaba con el cuchillo hablaba acerca de la necesidad de conectar y reconectar nervios y estructuras cerebrales.

Por fin terminó, cerró la herida y comentó que pronto habría una recuperación colosal.

Cuando le platiqué a Rita este caso, de pronto recordé que había visto cómo el Hermano injertaba pedazos de cerebro en la masa encefálica de pacientes en sustitución de otros dañados y un escalofrío tremendo recorrió todo mi cuerpo. Colocar pedazos de cerebro como injerto era trasladar parte de la conciencia de varias personas a otra, por lo que la recuperación de esta última necesariamente debía ser distinta a la esperada sin las partes ajenas.

¿Qué sucede con la conciencia así injertada?

¿Quién es el que despierta?

Me imaginé a la niña completamente recuperada, hablando y pensando y riendo y pensé que su conciencia sería algo absolutamente distinto de la conciencia que sus padres habían conocido.

Le pregunté a Rita si en su opinión el centro no cambiaría y me contestó, optimista, que así sería.

La recuperación debía ser gradual y no abrupta, entre otras cosas, para permitir la unificación de la niña. Recordé a Patanyali y sus aforismos sobre yoga. Sobre todo, cuando menciona que la finalidad es lograr que el lago de la mente no tenga olas para que así la mente pueda verse cristalina a sí misma. Recé por la recuperación de la niña en un nivel de cristalinidad y paz y me asusté al ver a la siguiente paciente.

Era una señora espantosamente hinchada. El Hermano la había operado del hígado y de sus riñones semanas antes y yo la había asistido en aquella ocasión. Recordé los rezos de la mujer y me pregunté el porqué de su retorno.

El Hermano explicó que el injerto que había hecho no había pegado y que eso significaba que había una razón poderosa y no azarosa para la contingencia.

Mientras yo sostenía la mano de la enferma perforó el abdomen y su hinchazón pareció salir de la incisión en forma de un chorro caliente de sangre que me empapó la cara y la ropa.

Enceguecido por la sangre y chorreando de la barba le pedí un algodón con alcohol a Cande. Me restregué y supuse que también debía haber una razón para ese bautizo en sangre, pero no supe dar la respuesta al porqué.

Saturé la herida y, después de ver cerrarse la tremenda incisión y de no reconocer ninguna cicatriz de la primera ocasión, vendé.

Una señora americana de edad adulta ocupó la mesa. Le dolía su pierna izquierda. El Hermano había detectado que el fémur se hallaba fuera de su sitio y se preparó para abrir la pierna y colocarlo en su lugar.

Me explicó que debía jalar la pierna para ayudar en la colocación y yo me apresté para hacerlo. Le tomé la mano a la señora y le pedí que me la apretara para calmar su dolor.

Una de las condiciones para la operación era que las piernas de la enferma debían estar relajadas y completamente rectas, pero el dolor y el miedo impedían lograr lo anterior.

La enferma apretaba mi brazo derecho mientras mi izquierdo se preparaba para ayudar a dar el tirón necesario para colocar el fémur. El Hermano abrió la pierna y maniobró directamente sobre el fémur mientras la señora gritaba de dolor.

Sentí que debía utilizar mis dos manos para jalar y traté de soltarme la derecha, pero la mujer no quería dejarme ir.

—¡Jala, Jacobo, jala!

—¡No puedo, no quiere soltarme la mano!

El Hermano rio ante mi situación y en una maniobra acrobática me tuve que subir a la cama para que Enrique tirara de la pierna.

—No te quiere soltar, ¿verdad, Jacobo? —me preguntó bromeando el Hermano mientras todos oíamos los tronidos de un hueso encajando en otro.

Por fin el fémur había ocupado su lugar y la enferma sintió que el dolor menguaba y que había recuperado completamente el movimiento de su pierna.

Le pedimos que la moviera en todas direcciones y lo hizo alegremente y sin dolor.

Después me contaron que los gritos de la operada y los míos propios ordenándole que se relajara habían sido escuchados en toda la cuadra.

El último enfermo era un músico de Nueva York completamente sordo de su oído derecho. Rita lo había traído y, curiosa, asistía a la intervención.

Nos saludamos dentro del recinto y el Hermano, tras hacer un campo alrededor del oído, introdujo casi todo el cuchillo a través del mismo. Iba (en sus términos) a abrir el caracol para devolverle la función al oído.

La operación duró largos minutos y no fue concluida hasta que Stan indicó que escuchaba levemente.

Vendé la cabeza y recordé que Enrique me había regañado varias veces y con toda razón por dejar sueltas las vendas.

En Tepoztlán vi a Stan en casa de Rita. El vendaje le daba una apariencia de un Van Gogh venido a menos y preocupado por su recuperación. Al verlo me vino la imagen de la bebé operada de su cabeza. Recordé que el Hermano le había inyectado líquido cefalorraquídeo y que había pedido una sonda de plástico. Había introducido esta última al cerebro mientras que el otro extremo se lo había colocado en la boca para chupar o quizás inyectar un líquido rojizo que parecía sangre.

Nunca había visto esa maniobra y en mi asombro nunca supe si la sangre provenía del cerebro de la criatura o de la boca de Pachita.

No sé por qué la vista de Stan me recordó la sonda, pero así fue.

Conversé con Stan y le hablé de mi libro y él se emocionó enormemente.

—Quiero hacer una película de Pachita —me dijo con intensidad—, y quiero saber si podemos usar tu libro como guion.

—Debo preguntarle eso a Pachita y al Hermano. Sin su autorización no puedo aceptar tu propuesta, pero, si ellos están de acuerdo, yo también lo estaré.

Confieso que la idea de hacer una película me espantó y esperé al miércoles para preguntarle al Hermano su opinión. En Tepoztlán me encontré con vibraciones maravillosas y con gente interesada en el desarrollo de la conciencia.

Pachita le había prohibido rotundamente a Memo viajar a Tepoztlán y eso me hizo estar doblemente atento para detectar alguna vibración negativa, pero lo único que percibí fue un límite en mis meditaciones y tempestades cuyos truenos eran contestados por miles de salientes de montaña.

XIX

LO QUE USTEDES LOS MORTALES LLAMAN EGO

La verdadera realidad trasciende toda lógica, pensamiento y verbalización.

Más allá del pensamiento y el lenguaje está lo que conecta con el Ser y con la vida plena de sentido.

Cada uno de nosotros es un sentimiento y existe un estado de conciencia desde el cual se dialoga con el mundo y todo adquiere significado.

El lunes en la sesión de meditación con mi grupo, todos vimos una luz blanca y dos de nosotros nos conectamos con el diálogo con el mundo.

Un ruido contestaba un deseo y una pregunta. El trinar de un pájaro respondía una ilusión, y el ladrido de un perro, una sensación corporal. Ningún lenguaje puede describirlo y cualquier lenguaje puede llegar al sinsentido total... el sentimiento de unión con el mundo jamás...

Así me preparé para la sesión del miércoles.

Iba a ayudar a operar a tres amigos (Stan, su novia Mimi y su exesposa Simi) a los que había invitado a recuperarse en mi casa de Coyoacán, e iba a preguntarle al Hermano acerca de la película que Stan quería hacer.

El miércoles en la mañana me introduje de nuevo en el estado de sincronicidad y de nuevo supe que existe un estado de conciencia en el que se establece un diálogo con el mundo, en el que cada sonido, gesto, movimiento, cambio de coloración y textura de las nubes tiene un significado total.

Como siempre, tuve que percatarme de las pruebas que el mundo me impone y llegué a la casa de Pachita con la sensación de haberlas pasado satisfactoriamente.

Me encontré con Rita y sus amigos y penetré al recinto. Alrededor de 100 gentes esperaban en el patio y me enteré de que esa tarde habría 50 consultas y más de 20 operaciones.

Un nuevo ayudante estaba en la puerta y la forma en la que controlaba la entrada de la gente me pareció muy eficaz. D. cuidaba la cortina del recinto y me pidió esperar antes de entrar.

El Hermano recibía a la gente con su acostumbrada ternura y de nuevo me percaté de su ilimitada capacidad para estar completa y absolutamente con cada enfermo.

Faltaban más de 40 consultas antes de iniciar las operaciones y la cortina de los altares estaba descorrida y el cuerpo de Pachita sentado en una silla adyacente a las flores, las estatuas y las pinturas de Cuauhtémoc.

Por alguna razón no me atrevía a acercarme al Hermano y cuando lo hice tampoco me atreví a saludarlo. Dentro de mí existía la sensación de timidez más grande que he experimentado y al preguntarme el porqué de ella no encontré contestación. Por fin, le pedí al licenciado V. bálsamo y, después de untarme la nuca, los brazos y el cabello con él, saludé.

—¡En el nombre del Padre yo te saludo!

—¡En el mismo nombre yo te respondo! —me contestó el Hermano.
—¿Cómo ha estado mi muchachito?
—Pues ya bien —respondí.
—¿Qué cosas nuevas ha encontrado?
—La "luz" ya está de nuevo con nosotros —contesté sintiéndome un poco superficial. En realidad, lo que había visto era el diálogo del mundo con la conciencia y mi preocupación de los días pasados era entender el nivel de conciencia en el cual se estimulaba la sincronicidad. Pero eso no lo dije y solo hablé de la "luz". Esta última la había visto venir para todos y no únicamente para mí.

El Hermano me miró fijamente y me respondió algo que me dejó triste e inseguro.

—¿Qué acaso la "luz" va y viene?, ¿qué acaso estamos jugando?

Pensé que el Hermano no había entendido que me refería a la victoria de la "luz" para todos y no solamente para mí, pero también supe que su admonición era justa y necesaria.

Los enfermos venían y se iban y cada uno recibía su receta y diagnóstico.

Me impresionó observar que todos ellos llegaban con un huevo y que este le era entregado al Hermano para realizar una limpia. Esta última era similar en ejecución a la que yo había visto realizar a don Lucio.

Consistía en una serie de movimientos de huevo alrededor del cuero cabelludo que semejaban la configuración de algunas estructuras cerebrales como el hipocampo. Después de cada limpia el huevo era tirado en un basurero y el enfermo recibía un frotamiento con bálsamo.

No puedo describir todos los casos y solo hablaré de los que más me impresionaron.

Un niño de ocho años entró solo al recinto y se acercó al cuerpo de Pachita.

—Tengo ganas de morir —le dijo con voz apagada.

El Hermano lo miró un instante a través de los ojos cerrados de Pachita y con su movimiento peculiar de cabeza.

Por fin, lo acercó a sí y le dijo que debía querer a su mamá y que su papá regresaría pronto. Le dijo que su padre había ido a conseguir unos denarios para mantenerlo a él y al resto de su familia.

—No te preocupes —continuó—, él te quiere mucho y pronto regresará. ¿Qué otra cosa te sucede?

El niño habló de una dificultad para controlar sus esfínteres y el Hermano, al reconocerle el bajo vientre, consideró que era necesario operarlo.

Debe existir algún componente o proceso común y compartido no solamente de los fenómenos de conciencia, sino también de la enfermedad corporal. Ese día, por lo menos el 40% de las consultas fueron de alteraciones emocionales.

Gente venía y se iba quejándose de infidelidades, celos y abandonos.

Pensé que desperdiciaban al Hermano y que este debía utilizar su tiempo en cosas más importantes, pero obviamente él no compartía mi opinión. Trataba a una mujer quejándose de la infidelidad de su hombre con la misma intensidad y atención que le ofrecía a un cáncer considerado incurable.

Cuando se le pedía ayuda para hacer retornar al marido irresponsable, pedía el nombre del fulano escrito en un papel y prometía visitar a los interesados para resolver el abandono. Una mujer ciega y anciana penetró al recinto y el Hermano la reconoció inmediatamente. La abrazó colocando los brazos de Pachita alrededor de los hombros de la viejita y oyó sus quejas.

—Ya no veo —le decía entre sollozos—, mi cuerpo está débil y no me puedo acostumbrar a la falta de visiones y encuentros.

—Mi cariñosa niña —le respondió el Hermano—, lo que sucede es que en tu vida viste mucho y ahora has penetrado en una nueva etapa. Ten paciencia que yo le pediré a mi Padre bendiciones para tu vejez.

Acompañé a la anciana a la salida y al regresar el Hermano me contó que esa mujer había sido una gran médium y había tenido mucho dinero, pero ahora se había quedado sin lo primero y sin lo segundo.

Pensé que los talentos psíquicos requerirían de un cuidado extremo y no me pude imaginar a Pachita perdiendo su capacidad curativa. Era como una "luz" enviada desde arriba y ninguna alteración corporal podía apagarla. Si se iba, era por error, abandono o irresponsabilidad.

Las operaciones se iniciaron con los casos de ojos.

Un muchacho joven, completamente ciego, entró acompañado de su mujer. Se le sentó en la misma silla que antes había ocupado el cuerpo de Pachita y se le intervino con el cuchillo. Era muy impresionante ver cómo la hoja metálica raída por el tiempo penetraba en la delicada joya de sus ojos. Nunca vi manifestaciones de dolor durante las operaciones de ojos y el caso del muchacho no fue la excepción. Mientras el cuchillo penetraba y giraba en el interior de los globos oculares, el joven se mantuvo tranquilo y quieto. Como siempre, después del cuchillo se probó el alcance y finura visual utilizando una lámpara de mano y el Hermano introdujo su pulgar entre la pared interna de la órbita y la externa lateral del ojo.

A pesar de todo lo que había visto, me quedé atónito tratando de entender cómo aquel dedo gigantesco podía caber en un espacio tan reducido.

Después de varias operaciones de ojos, un muchacho joven y sordomudo ocupó la cama de operaciones. El Hermano no me había permitido ocupar mi lugar acostumbrado junto a la ventana y frente al cuerpo de Pachita, y trabajaba a su lado en una posición incómoda.

El caso era complicado porque no había forma de saber si la intervención era o no exitosa. El cuchillo fue introducido en el oído derecho y penetró cinco centímetros en él. El Hermano susurró que tenía que alcanzar el caracol del oído interno para abrirlo. Yo decidí tocar las cejas del muchacho para detectar algún movimiento que me indicara una respuesta al sonido. No lo pude hacer desde la posición que ocupaba y le pedí al Hermano permiso para ocupar el lugar de la ventana. Accedió y empezamos a hablarle al sordomudo.

—Su mundo es muy diferente al nuestro —dijo el Hermano—. Inclusive si logro abrir el caracol el sonido no será reconocido como tal, sino como otra sensación.

Después de varios minutos noté que la ceja se movía en el instante en el que llamábamos al muchacho y allí concluyó la operación.

Mientras traían al siguiente paciente aproveché para preguntarle al Hermano:

—¿Tienes amigos?

—Claro —me contestó—, todos son mis amigos.

—Pero —insistí— ¿tienes amigos?

—Bueno, mi séquito me acompaña. Cuitláhuac está a mi lado y el resto de mis compañeros de reinado me ayudan.

En ese momento entró Memo. Tenía un dolor terrible de cabeza y se sentía mareado por tantas gentes y problemas.

—Hermano —le dijo con voz fuerte—, ya no aguanto tanta gente.

—Mira, mi pequeño, no te desesperes.

"Memo no está hecho para multitudes", nos dijo el Hermano a Armando y a mí más tarde. "Se desorganiza y le da dolor de cabeza".

Yo tampoco me sentía muy tranquilo. Le había prometido a Stan preguntar acerca de la posibilidad de filmar una película acerca de Pachita utilizando como base este libro y no encontraba la forma de plantear la petición. Por fin me atreví y le dije al Hermano que haría lo que él aconsejara. Si consideraba adecuada la película, colaboraría en ella y, si no, no lo haría.

—Mira, Jacobo —me contestó con seriedad—, la finalidad es comercial y no hay inocencia.

Le agradecí la claridad y acepté su decisión y a partir de ese momento me sentí tranquilo.

La siguiente paciente fue una mujer que se quejaba de dolores abdominales. Armando me dijo que la paciente venía acompañada de una vidente y que sería interesante preguntarle. No sé cómo Armando supo que era vidente y noté que su actitud cambiaba. Seguramente se sentía observado y eso le hizo comportarse con mayor seriedad que la acostumbrada.

La mujer se recostó en la cama y el Hermano auscultó el vientre.

—Ya te han operado, ¿verdad, mujercita?

A la mujer le habían extraído la matriz y una cicatriz enorme era la constancia del atentado.

—La medicina moderna es una carnicería —comentó muy serio el Hermano—. Los doctores no tienen empacho alguno en violar lo más sagrado del feminismo y extraen la matriz de la mujer como si fuera una muela careada. Jamás se debería hacer tal barbaridad, es un atentado en contra de la vida y de la posibilidad de procrearla.

—Es que tenía cáncer —contestó la mujer.

—Qué cáncer ni qué ocho cuartos. El cáncer está de moda y cuando los médicos no saben algo dicen que es cáncer y se atreven a hacer estas barbaridades.

"Se han especializado —continuó—, y ya no recuerdan que el cuerpo trabaja como una unidad, por eso muchas veces no saben lo que hacen.

La mujer se quejaba mientras el cuchillo abría su vientre. Yo le sostenía la mano mientras tanto y acariciaba su frente intentando disminuir el dolor. Armando, muy serio, le pasaba algodones al Hermano.

De la herida, la mano de Pachita extrajo un tumor después de lo cual me pidió que saturara. Como siempre, coloqué un algodón empapado en alcohol sobre la herida y mis manos encima. La apertura se cerró casi instantáneamente y Armando se apresuró a vendar a la mujer.

Curioso, le pregunté a la vidente lo que había percibido y me contestó que una luz dorada había flotado sobre el cuerpo de la enferma y nos había rodeado a Pachita, a Armando y a mí. Después de salir, el Hermano nos confesó que la descripción lo había decepcionado.

—Una verdadera vidente —nos dijo con intensidad— dice: "En nombre y por gracia de Dios veo…" y describe lo que ve y no solo dice "una luz dorada".

En ese momento, Memo volvió a entrar más molesto que antes.

—Una señora —dijo— quiere que la atiendas y no está apuntada e insiste demasiado y a mí ya me colmó la paciencia.

—¡Ay, mi querido pequeño! —le contestó el Hermano—, ¿cuándo aprenderás a perdonar y a tener paciencia? Recuerda a Jesús. Cuando caminaba cargando la cruz en dirección a su muerte, un hombre se le acercó y sin importarle su sufrimiento le pidió ayuda para calmar el suyo propio. Jesús lo miró entre su propia sangre y lágrimas y le dijo: "Curado seas". ¿Me habéis entendido? A pesar de su propio sufrimiento y en el último instante de su vida, Jesús era capaz de dar y eso era lo que hizo.

La descripción del Hermano me impresionó y creí ver imágenes de un remoto pasado. Jesús era capaz de salir de su propio cuerpo y curar otro aun en las peores condiciones personales. ¿De dónde sacaba la capacidad de concentración o qué poder inmenso tenía sobre la energía y sobre entidades dedicadas a curar?

El nivel del Hermano y el del propio Jesús era ilimitado, y la interface que había entre ellos y la materia eran como una membrana capaz de ejecutar las más inconcebibles maniobras.

El siguiente enfermo tenía un tumor cerebral que le producía un temblor constante de brazos y manos. Cirujano de profesión, un hombre de unos 60 años ocupó la cama.

—Mira, Jacobo —me dijo el Hermano—, este hombre es un magnífico médico y hoy vamos a rogar para devolverle el control a sus manos.

—Mi dulce pequeño —le dijo el Hermano al médico—, vamos a ayudarte para que puedas operar de nueva cuenta. ¿En dónde está tu mal?

—En el lóbulo parietal derecho —contestó el médico.

—Nos vas a decir lo que hacemos —le pidió el Hermano.

Tomé la mano del hombre y oí la descripción más extraordinaria.

—¡Acabas de trepanar mi cráneo!

"¡Ahora estás apartando mis meninges!

"¡Ahora penetras mi cerebro!

"¡Ahora cierras la trepanación y la herida de mi cuero cabelludo!

Armando vendó la cabeza del médico y este preguntó si ya podía operar.

—Claro, mi pequeño, ya lo puedes hacer y siempre habrá un Hermano que te acompañe.

"Ojalá se le quite el miedo", nos dijo el Hermano más tarde. "Orgánicamente su problema está resuelto. Solo falta lo emocional".

Súbitamente volteó a verme y me dijo algo muy extraño.

—Jacobo, cuando tengas un estetoscopio de oro macizo, sabrás lo que es Dios.

El siguiente paciente era un anciano que tenía un problema prostático. Le ayudé a acostarse boca arriba y mi cuerpo fue recorrido por un escalofrío cuando me di cuenta de lo que el cuchillo hacía. La mano izquierda de Pachita sostenía el pene del hombre y con la derecha introducía el cuchillo a través del orificio urinario del mismo.

La hoja del cuchillo tiene una longitud de aproximadamente 15 centímetros y yo solo veía tres o cuatro fuera del pene. El resto había penetrado en el mismo en forma imposible. El hombre no se quejaba y parecía no sufrir dolor.

Con la máxima atención observé los giros, movimientos y traslaciones del objeto metálico dentro del pene y, sudoroso, rogué porque jamás tuviera un problema en la próstata.

El Hermano pareció escuchar mis pensamientos y me dio el remedio para mantener una próstata en perfecto estado de salud.

El siguiente paciente fue Ch., un muchacho judío proveniente de Canadá. Tenía poliomielitis y parálisis total de la cintura para abajo. La había sufrido en edad temprana y sus hombros, pecho y brazos se habían hipertrofiado por el uso de muletas.

Lo acostamos boca abajo y le descubrí la espalda alzándole la camisa. El Hermano me hizo palpar la columna vertebral y noté que estaba desviada junto a una cicatriz.

—Jacobo, ¡pregúntale cuándo lo operaron!

Traduje que cuando era niño y que la finalidad había sido permitirle estar cómodamente sentado en una silla de ruedas. El Hermano abrió la espalda y, mientras injertaba huesos en la columna, Ch. me apretaba la mano derecha.

Casi grité más que él sintiendo una inminente fractura de mis dedos. El poder de la mano de Ch., junto con su desesperación, lo hacía apretar con tanta fuerza que aún ahora cuando escribo siento dolor.

Después, una viejita delgada y muy corta de estatura ocupó la cama. Su cabello completamente plateado y su complexión diminuta hicieron lanzar al Hermano exclamaciones de ternura.

Mientras yo le sostenía la mano a la anciana y él abría el abdomen de la misma, lo oí pedir por ausencia de dolor.

—Padre mío —susurró el Hermano—, concédeme que no le duela, te suplico que no le duela.

Me tomó la mano y me la introdujo al abdomen.

—Siente, Jacobo, siente…

Había una pequeña bola palpitante. Parecía un diminuto corazón localizado en una parte imposible del cuerpo.

—¡Está palpitando! —dije sin poder contenerme.

—Así son los tumores malignos —me contestó el Hermano—. Están vivos y palpitan.

—Hermano —le dije al final de la operación—. Yo quisiera ver todo lo que haces y no soy capaz más que de percibir un cuchillo y la mano de tu materia. ¿Cómo podría ver más?

—Si yo lo pidiera a mi Padre —me contestó—, verías. Pero no podrías dormir en la noche. Vas muy bien, Jacobo, ten paciencia. Tu libro es corregido y tu visión también lo será, pero debes ir poco a poco.

La siguiente paciente fue Simi. La acostamos boca arriba y el Hermano le abrió el bajo abdomen. La mujer chillaba de dolor y casi aulló cuando el Hermano saco una esfera oscura que había crecido junto a su sexo.

—Esto es el precio que hay que pagar por el placer desmedido —contestó el Hermano.

Le traduje la observación a Simi y ella pareció comprender su significado. Al día siguiente, recuperándose en mi casa, me contó su vida y yo también comprendí.

Había vivido en Tepoztlán y después de algunos meses extrañas visiones y más extraños mensajes había empezado a recibir. Veía duendes y máquinas flotantes y ovnis y extraterrestres. Absolutamente confusa, había buscado alguien que la pudiera ayudar y en California conoció a A. P. La invitó a vivir en su instituto de Nueva York y durante dos años Simi participó en una serie de experimentos psíquicos tendientes a establecer una comunicación directa con seres extraterrestres.

A. P. la sometió a cientos de trances hipnóticos y la convenció de que su misión en esta vida era ayudarlo a él a preparar el aterrizaje masivo de extraterrestres. Poco a poco A. P. fue penetrando en la mente de Simi y este la colocó en un estado de dependencia total. La mente de Simi dejó de pertenecerle a ella y empezó a ser considerada propiedad exclusiva de A. P. Después de dos años de experimentación Simi dejo de entender la razón de su aparente misión y desconfió de todo lo que ocurriría. Por fin, un día huyó.

Simi se dedicó al placer en un esfuerzo desesperado por encontrarse y el tumor en su bajo vientre era el resultado.

Después pasaron a Mimi y a Stan. Mimi tenía dolores muy intensos de espalda y el Hermano le injertó varios huesillos tratando de crear una estructura ósea que fortaleciera la columna.

Stan, su novio, había sido operado de su oído derecho pero su sordera continuaba. Asistía a la operación y el Hermano lo hizo acercarse a ver el injerto óseo. Mimi soportó valientemente la intervención y Stan se enteró de que su sordera continuaba por una mezcla de falta de fe e impaciencia.

Al terminar con Mimi el Hermano invitó a Stan a una nueva intervención, pero él se negó con temor.

Cuando nos quedamos solos, el Hermano me dijo que me contaría la vida de Pachita.

—Algún día lo haré y sabrás lo que los mortales como ustedes llaman ego. Aquí en la Tierra, los mortales necesitan aire y agua y alimentos y deben ser proporcionados...

La siguiente enferma interrumpió el monólogo. La operación que se iba a practicar en ella me dejó atónito y logró sorprender aun a Memo, quien la presenció al lado de Armando.

Una mujer bondadosa penetró al recinto acompañada de su hija. Los médicos le habían detectado un tumor maligno en un pecho y se lo habían amputado. Ahora el Hermano vio que un pulmón debía ser injertado y todos nos preparamos para la operación. Era la última operación por ser la más compleja y larga.

Tomé la mano de la mujer y le acaricié su frente mientras el cuchillo de monte abría una incisión gigantesca en su costado derecho.

Se oyó un sonido parecido a un escape de aire y en seguida la mano de Pachita extrajo un tejido membranoso y violáceo y tomó de la mesa adyacente a su silla un paquete de papel aluminio. De nuevo no supe quién había traído el paquete ni cómo apareció en la mesa. Contenía un pulmón enrollado en sí mismo. El Hermano colocó uno de sus extremos en la incisión y me pidió que sostuviera el extremo libre.

Su consistencia era suave y esponjada. Lo sostuve con dificultad temiendo que resbalara de mis dedos y me acerqué a la herida. El cuchillo estaba colocado en ella y la mano de Pachita lo sostenía. No había otro instrumento y, a pesar de ello, algo empezó a jalar el pulmón. Lo veía deslizarse hacia el interior del cuerpo y mi mano siguió el movimiento. De repente el tejido desapareció en el interior del cuerpo y la herida se cerró frente a mis ojos sin dejar rastro visible aparente.

Le dije a la mujer que todo había terminado, pero estaba equivocado. La mano de Pachita tomó el cuchillo y lo acercó a la garganta de la mujer.

Con un movimiento seguro lo introdujo a cinco centímetros por debajo de la garganta. Se oyó un chasquido y el Hermano me preguntó si lo había oído.

—¡Claro que sí! —le contesté.

—¿Qué era? —me preguntó.

—¡El pulmón!

El Hermano se rio a carcajadas.

—¡El pulmón no está adelante, Jacobo!

—¡La tráquea! —corregí apenado.

—Claro —contestó—, eso fue la tráquea.

Después supe que la mujer tenía grandes dificultades respiratorias y la maniobra en la tráquea había sido utilizada para solventarlos.

Ya no me atrevía a decir que todo había terminado y observé la siguiente maniobra. Más bien la olí. Súbitamente un olor putrefacto invadió mis fosas nasales. Busqué su procedencia y al hacerlo oí un ruido extraño. Era como si una llave de agua se hubiese abierto y el líquido chorreante hubiese sido descargado sobre el piso del recinto. Me asomé sobre la cama y vi que del brazo derecho de la mujer la sangre salía a borbotones. Pero no era una sangre normal. Era mucho más diluida y ligera que aquella y su olor era espantoso. La vi chorrear por varios minutos. Era increíble que alguien pudiera tener tanto líquido. Súbitamente entendí que la mujer estaba sufriendo una transfusión total.

Había visto cómo la boca de Pachita sostenía un extremo de una sonda mientras el otro era colocado en el interior del vientre y cómo un líquido rojo pasaba de un extremo a otro. Era demasiado increíble pensar que la boca de Pachita sirviese como fuente de sangre, pero mi aprendizaje era que lo más probable es precisamente lo más improbable y no descarto esa posibilidad.

Pero, aun así, en este caso no había sonda y, a menos de sustituir toda la sangre derramada, la supervivencia de la mujer era menos que imposible. Pero la mujer sobrevivió y mientras todo aquello ocurría hablaba y bromeaba y no parecía sufrir dolor como si viviera fuera de su cuerpo. En realidad, no había otra forma de explicar el mantenimiento de su conciencia.

XX

FAUSTO

El tráfico de la ciudad me retrasó y después de varias aglomeraciones entendí que algo no deseaba verme durante las consultas. Llegué a la casa de Pachita 30 segundos antes de que se iniciaran las operaciones de los ojos, saludé al Hermano y ocupé mi lugar mientras veía cómo los pacientes eran intervenidos.

El primer enfermo que ocupó la cama fue un muchacho que tenía sordera total en ambos oídos. Era además mudo y, como en casos similares, la dificultad de reconocer si la intervención tenía éxito era mayúscula. Se llamaba Fausto y al terminar la operación el Hermano recordó el *Fausto* de Goethe y nos dijo que la historia era verdadera.

Después, el Hermano me preguntó por mi bienestar y le conté que el día anterior había hablado con unos amigos acerca de Cuauhtémoc.

—Dijeron que éramos unos cavernícolas y que hacíamos sacrificios, ¿verdad?

—No, Hermano —le respondí con seriedad—, hablamos acerca del nivel de conciencia en el cual te encuentras y yo llegué a la conclusión de que no lo entendía como quisiera.

Armando se había acercado a nosotros y escuchaba con mucho interés nuestra conversación y al oírme que no entendía el nivel del Hermano sonrió como diciendo que pedía demasiado.

—Es muy bello y hermoso, Jacobo —me contestó el Hermano.

—Pero ¿qué es? Por ejemplo, cuando dijiste que tenías una misión urgente, ¿qué era?

—Un ciclón se acercaba al territorio de los indios coras y fui a pedirle a mi padre protección para ellos.

—¿Y lo conseguiste?

—Sí, el ciclón fue desviado de su trayectoria.

—También me gustaría ver más de lo que sucede en las operaciones —continué yo.

El Hermano no me respondió inmediatamente pero después de unos segundos me dijo algo que me sorprendió y agradó:

—Voy a pedirle a mi Padre que haga un milagro para ti.

El siguiente enfermo fue introducido en una silla de ruedas. Junto a él, otros dos pacientes en otras tantas sillas similares esperaban su turno.

—Es un gran músico —continuó el Hermano.

Su cuerpo estaba completamente flácido y paralizado.

Lo colocamos sobre un costado y el cuchillo de monte hizo una incisión de 10 centímetros. El Hermano pidió una sonda y colocó un extremo dentro de la herida y el otro en la boca de Pachita. De nuevo un líquido rojo empezó a atravesar la extensión de la sonda. El enfermo tenía una infección terrible y el procedimiento estaba dirigido a purificarlo. Al terminar saturé y después Armando vendó. El hijo del músico lo ayudó a ocupar la silla de ruedas y yo me compadecí por su dificultad de movimientos.

—¿Por qué suceden estas cosas? —pregunté en voz alta.

El Hermano se aproximó a mí y en un susurro me dijo que el músico se excitaba y los metales de su instrumento se caldeaban y luego salía al frío y descuidaba su materia.

—Por ello se debilitan, Jacobo.

No quedé muy satisfecho con la respuesta y ayudé al siguiente paciente paralítico. Tenía puesto un corsé que lo ayudaba a mantener rígida su espalda. Boca abajo, el cuchillo penetró una localización aledaña a la columna y unos huesos fueron colocados en esta. Observé que el enfermo manifestaba una tranquilidad y una humildad extraordinaria y al terminar lo comenté.

—Es que —dijo el Hermano— ha reconocido en su situación el poder de Dios. Si Dios lo desea puede acabar con un hombre o hacerlo renacer, nada es comparable con su gloria y poderío.

Noté que Cande se aproximaba a la única veladora que alumbraba el recinto y la apagaba. Después de unos minutos se acercó otra vez y la prendió. Más tarde la volvió a apagar. Intrigado, le pregunté por la razón de los cambios de luz y no entendí su respuesta.

Súbitamente, el Hermano se dirigió a mí y me dijo que veía que por fin estaba yo alcanzando la paz.

—Viviste muchas vidas, Jacobo, y solo en esta estás sintiendo el sufrimiento de tu prójimo. "El sentir ese sufrimiento es lo que te traerá la paz".

Yo tenía muchas preguntas que hacer e iba a aprovechar ese momento para preguntarle al Hermano si era uno o se dividía, pero Memo me interrumpió.

—Hermano, hay un "daño", ¿lo dejamos para el final?

—Por supuesto, pequeño. Mi materia está muy cansada y quizás me la lleve pronto. ¿Estarías dispuesto a acompañarla?

—Claro —contestó Memo mientras un escalofrío recorría mi espina dorsal.

—Hermano —volvió a decir Memo—, aquí está el padre E.

—Dile que pase a ese buen hombre.

—Jacobo —me dijo el Hermano—, el padre E. es un maravilloso hombre. Trabaja en la sierra con los tarahumaras y todo lo da para disminuir sus dolores. Se merece todo nuestro amor y ayuda. Cuando era joven e iniciaba su sacerdocio las mujeres lo tentaban porque era muy guapo y decidió caparse para no caer en tentaciones.

Un hombre alto de facciones agradables y con una mirada bondadosa se aproximó al cuerpo de Pachita y saludó al Hermano con una sinceridad e intensidad tales que todos lo volteamos a ver.

—¿Cómo está, mi pequeño?

—Con la espalda de burro y quejándome de dolores. Yo creo que lo que necesito es una grúa.

—¿Y cómo están sus indios?

—Pues ahora lucho por crear una granja en la que convivan niños y ancianos, se ayuden y aprendan unos de otros.

—Acérquese, mi pequeño, vamos a ver qué tiene en su espalda.

Con las palmas de las manos de Pachita separadas unos centímetros de la espalda del sacerdote, el Hermano hizo un diagnóstico.

—Acuéstese, mi muchachito, que vamos a fortificar esa columna. Usted ya debería descansar, es mucho el peso que carga.

Con la espalda al descubierto, el Hermano localizó la zona dolorida y empezó a trabajar en ella. Hizo una incisión de por lo menos 30 centímetros y dejó al descubierto la columna vertebral. Le pidió a Armando unos huesos y con el mango del cuchillo los introdujo entre las vértebras. El enfermo se quejaba y rezaba a Dios cuando por fin saturé la herida, la que se cerró instantáneamente.

Al salir del recinto, el Hermano nos confió que se sentía muy triste, pero la razón de su tristeza no la puedo reproducir aquí. La última operación fue la de una mujer con un "daño materializado" en su espalda.

Obesa y de tez ceniza entró acompañada por dos de sus hijas. Se quejaba amargamente de dolor de espalda y nos costó mucho trabajo acostarla boca abajo en la cama.

El Hermano palpó la espalda y nos pidió que la colocáramos de costado.

Alrededor nuestro, todos los ayudantes se tomaron de las manos haciendo una cadena de protección.

Doña Candelaria tomó una botella de bálsamo y empezó a lanzar gotas del mismo sobre mi cabeza, la de Pachita, Memo y Armando.

—Recemos, hermanos —nos pidió Cuauhtémoc.

Introdujo el cuchillo en la espalda de la "dañada" y forcejeó unos segundos intentando extraer algo. Yo sostenía la mano de la enferma y me sentía muy energizado y fuerte.

El Hermano me tomó de la mano derecha y la colocó directamente sobre el "daño". Palpé un tejido blando con excrecencias y lo empecé a jalar. Sentía que debía ser muy fuerte y vi cómo ese tejido ocupaba toda mi mano. Tiré con fuerza y lo saqué colocándolo en un papel negro que Cande me ofreció.

Pregunté si era todo y el Hermano me hizo volver a introducir mi mano.

Esta vez palpé una especie de hueso muy irregular y del tamaño de un durazno maduro. "Aquello" se deslizó en mi mano y lo coloqué en el papel negro.

—Falta otro —me indicó el Hermano.

Volví a introducir mi mano y esta vez palpé una esfera del tamaño de un ojo que me pareció poseer relieves como los de la cabeza de un hombre. La saqué y la coloqué en el papel negro.

Me sentía muy raro y noté que todos los ayudantes me miraban con una especie de nuevo respeto y admiración.

Saturé y Armando vendó.

Se llevaron a la mujer y Pachita ocupó la silla junto al altar. Memo se paró frente a ella y yo recordé que Armando había impedido que los visitantes se acercaran al altar durante las operaciones.

El Hermano se despidió de todos y su cuerpo se convulsionó, pero Pachita no regresó. En su lugar una voz infrahumana empezó a balbucear cosas ininteligibles mientras el cuerpo de Pachita seguía convulsionándose. Con un movimiento rápido, las piernas de Pachita se abrieron y orinó. Cande se acercó a la cara de Pachita y le colocó sus manos frente a los ojos.

—¡Toma "luz", toma "luz" y vete!

Cande repitió varias veces la orden y por fin Pachita se recuperó.

Me acerqué a Armando para preguntarle algo y Memo intervino diciéndome que todavía me faltaba ver lo mejor, cuando las botellas de alcohol se rompen y caen cosas del techo.

—A mí —me dijo Armando— un "daño" me destruyó un testículo cuando una vez intenté darle "luz". ¡Es muy peligroso!

Las hijas de la mujer del "daño" preguntaron por mí y yo les conté lo que había extraído del cuerpo de su madre. Memo les ordenó no dormirse sino hasta después de la una de la mañana.

Cuando terminé de colocar los "daños" en el papel negro, vi que el Hermano tomaba una especie de palma (no supe cómo, ni de dónde apareció en la cama de operaciones) y envolvió el papel conteniendo los daños con ella.

Apretó fuertemente el paquete como si hubiera querido ahorcar los "daños" y después se lo ofreció a Memo.

—Antes de que cante el gallo —le dijo el Hermano a Memo—, vendrán a reclamarlo y tú tendrás que hacer el trato.

El padre E. no tenía quien lo llevara a su casa y yo me presté para conducirlo. En el camino me habló de su propia obra y me pareció extraordinaria.

—Pachita se ve muy acabada —me dijo de pronto—, hace seis años se veía mucho más joven. Deben ser las continuas penas y la intensidad de su trabajo. Un día, después de las operaciones, un "daño" violento se le metió al cuerpo y estuvo a punto de matar a la enferma de la cual lo había extraído. Me había operado y descansaba en un cuarto de su casa, cuando la vi venir con su cuchillo en mano. La abracé fuertemente mientras Enrique trató de quitarle el cuchillo, pero todo fue inútil. Por fin Cande nos lanzó agua bendita y por accidente yo mezclé la sangre de una herida mía, que por el esfuerzo se abrió, con la que brotaba de una mano de Pachita que se había lastimado y eso alejó al espíritu. A pesar de todo su cansancio —continuó el padre—, sigue conservando una magnífica dosis de humor y eso es extraordinario.

Era cierto, esa tarde durante una operación oímos el sonido de una sirena de ambulancia.

El Hermano había volteado a verme y con una sonrisa dijo que sería interesante que la policía penetrara al recinto y nos encontrara.

—Se imaginan —había dicho—, apareceríamos en la portada del *Alarma*... "Vieja bruja ejecutando ceremonias de sangre e iniciando en la magia negra a jóvenes ingenuos...".

Al llegar esa madrugada a mi casa y entrar a mi cuarto me di cuenta de que "algo" había colocado un libro junto a la cabecera de mi cama... era el *Fausto* de Goethe.

Lo empecé a leer y supe que el Hermano tenía razón. La historia era verídica.

XXI

LA OBRA

"Es el creador de todas las cosas, poseedor de toda sabiduría, no teniendo otro origen que Él mismo, autor del tiempo, creador de las formas, dotado de la sabiduría universal, rey de la naturaleza objetiva, señor de los mundos, de la causa, de la generación, del estado libre y aprisionado.

"Está, en verdad, unido al Ser, el inmortal, residiendo como señor, Él es el conocedor, el que penetra todas las cosas, el protector de esta esfera, dirigiendo siempre este mundo mudable; no se sabría encontrar otra causa a los movimientos del mundo y de los astros.

"Es aquel que desde la antigüedad dispone el Ser y que, en verdad, penetra en él todas las ciencias, en este Dios que ilumina la conciencia individual, causa de libertad, quiero buscar mi refugio.

"Es el Ser indiviso, dominando la actividad, en la paz perfecta, en quien no se encuentra ninguna falta, puro de toda mancha, puente supremo que lleva a la inmortalidad, semejante al fuego perpetuo de los tizones rojos.

"Cuando, como una alfombra, los hombres arrollen al cielo, entonces, y solamente entonces, cesará el dolor para los que conocen a Dios.

"Conociendo, pues, al Ser por la fuerza de la meditación y por favor de Dios, y realizando la forma superior de vida, es como se muestra a nosotros la suprema verdad, en toda su plenitud.

"Este secreto supremo, contenido en la ciencia final de la sabiduría, enseñado en los pasados siglos, no debe ser enseñado a aquel que no posea la paz perfecta, o que menosprecie el deber filial, o que rompa la regla de la disciplina.

"Para aquel que ofrece a Dios la devoción suprema, y a su instructor como a Dios, estas verdades con toda certidumbre resplandecerán para esta alma grande, para esta alma grande resplandecerán".

Esta sexta parte del Shvetashvatara Upanishad me vino a la memoria a la mañana siguiente.

Durante varios meses, cuando conocí a don Lucio y lo oí hablar, me pregunté sobre el significado de la conciencia.

¿Qué es lo que conecta la conciencia individual con el Ser?

¿Qué es lo que ilumina al hombre y lo conecta con la paz? Había descubierto en mí mismo la existencia de una sabiduría luminosa envuelta en capas de estructuras y por la meditación aprendí a perforarlas para dejar aflorar lo que sabe y Es.

"Vi" el mismo proceso en todos aquellos que utilizaban la técnica y llegué a la conclusión de que la meditación libre conecta al Ser con lo que ilumina.

Mi espíritu curioso y conocedor de algunas reglas del pensar científico se había enfrascado en la difícil tarea de averiguar cómo se realizaba el portento del contacto con lo que no puede mencionarse, con la voz, con el Tao, con el Ser, con Dios.

Descubrí que el espacio está organizado y que una de las bases del contacto es reproducir tal organización en el sistema nervioso.

Se requiere (como dice el Upanishad mencionado al principio) arrollar al cielo como una alfombra, es decir, incluirlo todo dentro de una generalización más unificada y convergente.

Ese incremento en la capacidad de unificación era una de las reglas, pero no bastaba. Debía aumentarse la coherencia para llegar al orden perfecto y a la calma.

El espacio y el cerebro debían ser simétricos y reflejarse mutuamente en un incremento de convergencia y de redundancia.

La actividad cerebral debía ayudar al contacto convirtiéndose en un modelo perfecto del todo para que este pudiera verse a sí mismo y reflejar la existencia en sí misma.

La "luz" era el contacto y este no significaba nada parecido a una comunicación de un ser con otro, a una conversación o contacto de un humano con otro, sino más bien al embobamiento del todo en su propio reflejo.

Me desesperaba ver tanto anhelo por concretizar y trasladar lo inconmensurable a una dimensión humanoide.

Esa mañana del miércoles resolví no dejarme envolver jamás en discusiones estériles y me preparé para adquirir fuerzas para ayudar en las operaciones de la tarde.

—En el nombre del Padre yo te saludo —le dije al Hermano al entrar al recinto.

—En el mismo nombre yo te respondo.

Me coloqué a un lado del cuerpo de Pachita y empecé a ayudar en las consultas.

Faltaban más de 25 y cada enfermo debía ser reconocido, diagnosticado, además de recibir una hoja con las recetas pertinentes anotadas en ella.

Después de una hora, el Hermano pidió no aceptar más enfermos que los expresamente anotados en la lista.

—El mundo —me dijo— está atravesando una crisis terrible y tengo muchas misiones urgentes.

Fui a preguntar cuántas consultas faltaban y me respondieron que nueve.

Pasaron a la niña sobreanestesiada. Me acerqué a ella y le acaricié su carita, la acostamos en la cama y el Hermano la reconoció.

Oyó las quejas de sus padres y los consoló diciéndoles que venía una mejoría y que pronto todo iría bien.

—Este angelito me fue enviado para rehacerlo y veo que pronto empezará a caminar. Si estuviésemos en su cuerpo sabríamos de su terrible desesperación. Reconoce a sus padres y a su hermano y trata de comunicarse, pero no puede.

Vi la cara de la mamá de la niña y reconocí su dolor y su súbita comprensión por lo que decía el Hermano.

Comenzó a llorar y la consolé mientras el papá colocaba a su hija en su silla de ruedas.

Después entró una ancianita. La reconocí inmediatamente, el Hermano la había operado hacía unas semanas, era bajita, delgada y con todo su cabello plateado.

Nos reconocimos mutuamente y observé que ya no se quejaba de dolores. Había venido a saludar al Hermano y a pedirle un reconocimiento. Este la encontró sana y la despidió con un abrazo.

—Ya no tienes cáncer —le dijo—, ya estás sana.

La gente venía con un huevo que el Hermano utilizaba para limpiarlos. Un señor vestido de traje se acercó y le ofreció el blanquillo a Cuauhtémoc.

Este, a través del cuerpo de Pachita, lo tomó y, al empezar a rozar al hombre, literalmente, hizo explotar el huevo. La clara bañó el hombro del señor y Cuauhtémoc, muy apurado, se apresuró a limpiar su traje con su misma túnica.

—Eres de acero —le dijo, después de limpiarlo—, tienes una cruz en tu pecho y tu rigidez y fuerza, ya lo ves, han hecho que el cascarón no resistiera. Estás muy sano, puedes irte. La siguiente persona me impresionó, venía literalmente cargada en brazos. Era una mujer madura de mirada perdida y cuerpo lleno de temblores.

—¿Qué tiene, mi muchachita linda?

El acompañante empezó a responder en nombre de la enferma y después ella continuó. Su voz era débil y tartamudeaba al decirlas palabras.

—Hace ocho años me casé —empezó diciendo— y ha sido un tormento terrible. No vivo con mi marido y cada vez que me visita me enfermo terriblemente. La última vez me quedé ciega y paralítica.

El Hermano la "miraba" con atención y de pronto le dijo que tenía un "daño" y que era necesario extraerlo.

Dio instrucciones para la próxima cita y añadió que la ceguera no era interna, sino externa, y que la mujer debía ser fuerte para resistir, puesto que lo que le sucedía no provenía de ella misma.

Cuando la mujer se alejó, el Hermano me preguntó si había olido la peste de la mujer.

—Claro —le respondí—, olía terriblemente mal.

—La tienen viviendo en medio de caca —me dijo Cuauhtémoc.

La siguiente persona se quejó de que sus hijos se estaban echando a perder por culpa de su padre.

—Estoy separada de él y cada vez que viene a la casa todo se vuelve un infierno y mis hijos se trastornan terriblemente.

—Mi pequeña —le dijo el Hermano—, tú misma les inculcaste el amor y respeto hacia su padre y nunca les dijiste la verdad sobre su conducta, ahora nadie puede decirles la verdad porque los destruiría. Es un caso muy difícil, pero yo le pediré a mi Padre que lleve "luz" hacia los tuyos.

—Mi hijo es un borracho y no quiere dejar la bebida por nada del mundo —dijo una mujer entrada en años—. ¡Ayúdame por caridad!

—Mira, mi niña —le dijo Cuauhtémoc—. Es muy sencillo. Vas a comprar una botella de vino y tres ranas. Las ranas las echas al vino y las dejas que se pudran adentro. Sin que tu hijo se dé cuenta le das a beber un poquito de eso y ya verás que nunca jamás te vuelve a probar alcohol.

La siguiente persona entró en una silla de ruedas. Era una anciana muy bella que al empezar a hablar rompió a llorar amargamente.

—No puedo andar, Hermanito, me duele mi cadera y mi espalda y estoy muy débil.

—¿De dónde eres, muchachita preciosa? —le preguntó el Hermano a la anciana.

No alcancé a oír lo que contestó, pero Cuauhtémoc comentó que en ese lugar había sido atendido de sus heridas por el padre Elías.

—Pues él es precisamente mi protector —le dijo la anciana.

—Entonces somos de la misma tribu —le dijo el Hermano—, ¿qué le pasó que ya no puede andar?

—Pues no sé, algo habré hecho mal, pero no sé qué.

—A ver, mi linda, el poder del Señor no tiene límites y usted se va a parar de su silla y va a caminar.

La anciana negó con la cabeza, pero el Hermano insistió tanto que, en un esfuerzo tremendo, la mujer se paró y, con ayuda de Armando y el Hermano, caminó unos pasos. Después se volvió a sentar y el Hermano le recetó una pomada y unas hierbas. Le dijo cómo prepararlas y usarlas.

Al final de las consultas vino L., una mujer alta de pelo negro azabache y fisonomía egipcia. Se acercó al Hermano y lo saludó:

—¿Por qué está triste, mi pequeña?

—No tiene importancia, Hermano —le contestó L.—. Hay tanto dolor que lo mío es solo un detalle sin importancia.

—No, mi pequeña, todo tiene importancia y lo tuyo también. Cuéntame qué te sucede...

Iban a traer al primer paciente para operarlo cuando el Hermano nos llamó a todos y pidió nuestra atención.

—Mi carne —empezó diciendo— cree que no tiene límite. Si de ella dependiera podría estar trabajando día y noche sin parar, pero eso acabaría con ella. Debéis cuidarla y protegerla de excesos.

Trajeron al primer paciente de ojos y el cuchillo de monte penetró sus globos oculares.

El padre E. había entrado al recinto y sostenía el cuchillo.

El Hermano lo iba a operar de nuevo junto con otro sacerdote que también sufría de su espalda.

Después trajeron a un muchacho sordo. Lo acostamos y, después de hacerle un campo operatorio con un algodón, el Hermano introdujo el cuchillo de monte a través del conducto auditivo del muchacho. Yo le gritaba en su oído intentando detectar algún signo de audición.

—¿Oyes?

De pronto el muchacho contestó que no oía.

—¿Cómo está esto? —pregunté yo—. Contesta que no oye y solo puede contestar si sí oye.

El Hermano volteó a verme y rompió a reír a carcajadas. Lo acompañé y a partir de ese instante todo fue alegría en el recinto. Yo nunca me había sentido tan cerca de Cuauhtémoc y en verdad me gustó la sensación de camaradería.

L. se colocó a mi izquierda y esperamos al siguiente enfermo.

Pasaron a un señor con barba blanca que iba a ser intervenido de sus riñones y su próstata. Le tomé la mano y me di cuenta de que estaba completamente relajado. El Hermano abrió una incisión gigantesca, mientras el hombre no manifestaba ningún signo de dolor.

—¿Es que no te duele? —le pregunté asombrado.

—Dios opera a través de Pachita y yo tengo absoluta fe y eso hace que no me duela —me contestó aquel hombre increíble.

Después de saturar y ver cómo las incisiones se cerraban casi instantáneamente, volteamos al hombre boca arriba y el Hermano introdujo la punta del cuchillo de monte en el pene a través del orificio urinario. El hombre había juntado las palmas de sus manos y colocándoselas sobre el pecho rezaba mientras el cuchillo penetraba sin haber signos de dolor.

Admiré a esa persona y me pareció increíble su capacidad de confianza.

En el momento en el que lo cargaban para acostarlo en el suelo del recinto, entró Armando. Venía muy enojado porque había mucha gente en el recinto y empezó a organizar la sesión pidiendo orden.

La siguiente mujer fue una americana. Tenía un tumor en uno de sus pechos. Le quitamos la blusa y acostada boca arriba el cuchillo penetró uno de sus senos. La incisión que hizo fue tremenda y la sangre brotaba incontenible de la misma.

Al terminar, el Hermano me indicó que tradujera que el pecho quedaría un poco duro pero libre de toda enfermedad. Se lo dije y la mujer agradeció.

Memo entró al recinto y en un susurro le comunicó algo al Hermano. Este lo volteó a ver y en voz alta le dijo que quien quisiera enseñar debía ser un espejo pulido. Lo que se quiera enseñar debe ser un reflejo de uno mismo.

El siguiente paciente fue el padre E., sus huesos estaban débiles y cualquier esfuerzo hacía que se le quebraran. Lo acostamos boca abajo y después de palpar y reconocer su espalda, el Hermano abrió una incisión cerca de la columna. Le pidió a Armando cartílagos, los que introdujo en la columna pegándoles con el mango del cuchillo.

Saturé la herida y esta se cerró.

El siguiente paciente fue el padre H.

Durante las consultas yo había visto varias monjas y varios sacerdotes en las operaciones. La Iglesia en sus miembros no rechazaba la labor de Cuauhtémoc.

El padre H. sufría de la base de su columna y de una pierna. Cuauhtémoc abrió el muslo con el cuchillo y empezó a palpar el fémur, de pronto levantó su brazo derecho y colocó su palma hacia arriba.

Pareció tomar algo del espacio e introducido al fémur.

—Mira lo que me han enviado —me dijo en seguida.

Llevó mi mano al muslo y pude tocar el fémur; en un extremo del mismo había un pequeño hueso que claramente no era parte natural de la osamenta.

Cuauhtémoc había materializado ese huesecillo y yo al tocarlo comprendí que no había límites. Ya lo había visto y sentido y, ahora, de nuevo me volví a asombrar.

—¿El movimiento de tu mano fue para materializar? —le pregunté a Cuauhtémoc en seguida.

—¡Claro!

Después de colocar aquella materialización, Cuauhtémoc le pidió a Armando que jalara la pierna; este así lo hizo y después de saturar se llevaron al operado a descansar.

L. se encargaba de pedir algodones secos y mojados y ante una indicación mía contestó que ella había sufrido una operación en carne propia.

—Cuauhtémoc me cambió un pulmón que tenía cáncer —dijo con voz grave y hombruna.

La siguiente paciente fue una mujer adulta. También tenía mala su espalda y, mientras Cuauhtémoc insertaba cartílagos en su columna, la mujer pedía a gritos que ya dejaran de atormentarla.

—¿Quiénes? —pregunté yo curioso.

—Unos seres me martirizaban y no encuentro forma de alejarlos de mi cuerpo.

—¿Espíritus?

—¡Sí!

—Lo que sucede —empezó a decir el Hermano— es que la gente se muere y en ocasiones no se dan cuenta de que han muerto. Siguen con sus envidias y odios y necesitan recibir la "luz" para darse cuenta y cambiar de nivel.

Así es que era cierto que algunos hombres no se daban cuenta y otros sí se percataban de su muerte —pensé asombrado.

Después de la señora, otra mujer ocupó la cama de operaciones. Iba a ser operada de su vesícula, le tomé la mano mientras Cuauhtémoc abría un costado. La mujer me apretaba la mano y sus uñas se incrustaron en mi carne. Casi grité de dolor y de repente noté que a la mujer le sucedía algo muy extraño, no parecía dolerle, pero en cambio expresaba tener sensaciones sumamente extrañas. Gritaba de asombro y sorpresa y no de dolor.

Al final de las operaciones manifesté que me dolía mi pierna izquierda. El Hermano me hizo acostar en la cama boca abajo y me dio un masaje en la espalda que alivió mi dolor instantáneamente.

El Hermano me había dicho que yo recibiría una lección todos los días y supe que era cierto...

XXII

LOS GUERREROS

Pachita está completamente ciega y solo come de vez en cuando. En las operaciones se le trae un vaso de té y en él el Hermano coloca un elíxir que le da energía para toda la semana.

En un monólogo que duró varias horas, Armando me dio su particular visión de la obra.

—Es un camino lleno de pruebas tremendas, las 24 horas y lo que tú debes comprender es que alrededor de Pachita conviven los extremos de la condición humana: por un lado, el materialismo más egoísta y, por el otro, la santidad espiritual. Aquí ves todo lo que se puede ver y ese es un regalo magnífico.

Su esposa, M., preparaba la comida mientras mi hija Esther y yo escuchábamos el relato.

—Hace 19 años que trabajo con ella y si no fuera por mi orgullo ya estaría muerto. Es necesario ser un verdadero guerrero y no existe posibilidad de echarse para atrás una vez iniciado.

"Hace muchos años íbamos al campo para hacer "entregas". Si venía un enfermo con un "daño" y el Hermano lo operaba en el plano físico, después era necesario cortar la conexión "espiritual" con la entidad que lo había evocado. Nos citaban en una montaña, un valle o junto a un río y entonces debíamos luchar. Casi siempre nos pedían una doncella virgen a cambio del "daño" y por supuesto nos negábamos. Un día Pachita fue alcanzada por una flecha que penetró en su cabeza. Su masa encefálica salía por el orificio craneal y aquí, en mi antebrazo derecho, cayó muerta. Pero el Hermano la salvó, aunque yo sé que a partir de ese momento ha permanecido muerta. De eso ya llovió, fue hace 18 años. Pero esos son los beneficios de la verdadera mediumnidad. Quiero decir que el cuerpo se vuelve inmune. En cambio, yo pedí ser consciente y tengo que pagarlo con mi cuerpo.

—¿Cómo?

—¡Sí, hombre! Cuando Pachita cae en trance, vive en el astral, mientras su cuerpo tiene una protección absoluta. Si alguien lo despedaza, el Hermano lo reconstruye. Yo, en cambio, debo cuidarme solo y aunque tengo protector pedí mantener mi conciencia durante mis trabajos.

—¿Tú curas?

—Me han otorgado dones y otros los he tenido que ganar. Yo vivía con un "daño" terrible que una mujer me hizo. Durante ocho años no pude tocar mujer y nadie me lograba curar hasta que fui a ver a Pachita. Ella me extrajo un "daño" de 30 centímetros y cuando adquirió forma se convirtió en un bellísimo cuerpo de mujer. A partir de ese momento empezó mi aprendizaje. Por las noches alguien venía a visitarme y me preparaba con fuerzas para resistir la energía del Hermano. ¡Imagínate! Me acostaba en mi cama y de repente alguien tomaba mi pierna y me la doblaba dándole un masaje, después mi brazo y mi espalda y mi cuello. Durante un año y medio entre las 12 y las 2 de la mañana venían a prepararme físicamente. Después algo aparecía en la esquina de mi cuarto y me lanzaba flechas. Yo nada más veía cómo la cuerda de un arco se empezaba a tensar y una flecha era en él colocada y después disparada. Apuntaban en dirección de mi cabeza y las flechas penetraban entre mi cerebro y mi cerebelo.

—¿Para qué?

—¡Ah!, eso era un procedimiento para enseñarme a resistir los ataques. Yo debía sobrevivir y probaban mi fuerza. Un día, después de dos años de lanzarme flechas, alguien me entregó mis armas. Me colocaron con los brazos extendidos y me cargaron los antebrazos con machetes, flechas, arcos. Tuve que vigilar mis armas durante 24 horas sin pestañear. Cuando iba a ver al Hermano, él siempre sabía lo que me había ocurrido. "¿Cómo estás, Armando?", me preguntaba. "¿Cuidaste tu guarnición?". Él conocía mis experiencias y siempre que avanzaba me recordaba mi misión. "¡El padre quiere que trabajes!". Yo me quejaba y me negaba. Me gustan las mujeres y soy comodino e irresponsable y no me merezco los dones y no puedo y no sé qué otras cosas le decían. Pero él siempre me contestaba que, de los 100 servidores, yo había sido tocado con el pincel más fino y precisamente por ser descarriado debía purificarme. A veces los "daños" se me metían al cuerpo. Ahora tengo una vejiga de coyote y un testículo artificial y las cicatrices de mi cuerpo son muchas. Pero, en cambio, he visto lo que ningún ser humano ha vislumbrado. He llegado a conocer al mismísimo diablo y sé de sus nombres y acciones. Un día fuimos a una "entrega" muy peligrosa. Debíamos entrar a una casa resguardada por una reja de hierro. Nadie podía entrar a través de ella y no teníamos forma de abrirla. Pachita se relajó y se bajó del coche y atravesó la reja con su cuerpo como si los barrotes fueran luz. En aquel entonces vivíamos en la pobreza. Pachita vendía billetes de lotería en las calles y yo aprendía del Hermano y de ella misma. Una noche me dijo que, junto a un árbol en el patio de mi casa, algo asombroso me sucedería. Llegué a mi hogar y al salir al patio sentí que alguien me observaba desde la azotea. Me dio un miedo terrible y ni siquiera me atrevía a voltear para arriba. Durante más de un mes salía al patio y siempre sentía la presencia observándome. Un día me atreví y vislumbré un cuerpo gigantesco. "¿Quién eres?", le pregunté después de hacer acopio de valor. "Te esperaba", me contestó aquello, "te esperaba, pues soy tu protector".. Subí la escalera y al llegar a la azotea lo vi. Tenía más de tres metros de altura y me colocó su túnica. Desde ese día conocí a mi protector y él me cuida. Tú también conocerás al tuyo, aunque no dudo que ya lo tengas. Poco a poco fui adquiriendo dones. Al llegar a mi casa, me bastaba voltear a ver un sillón para saber quién se había sentado en él y empecé a ver a los médicos que operan en el recinto. Cuauhtémoc tiene un porte impresionante. Cuando tenía 13 años de edad, una epidemia azotó al pueblo azteca. Una voz lo instruyó para hacer una vacuna y la presentó al consejo de ancianos de su pueblo. Tenía en ese entonces 1.86 metros de altura. El consejo se asombró de la sabiduría del joven y a partir de ese momento lo espiaron para saber el origen de la misma. Cuauhtémoc les decía que los mensajes le venían del Dios Sol y ellos lo creyeron. Cuando su tío murió, lo hicieron rey.

XXIII
QUETZALCÓATL

Empecé a leer biografías acerca de Cuauhtémoc y aunque encontré en ellas incongruencias y ausencias de veracidad me emocioné y admiré la evidente valentía del Hermano. Ejemplo de resistencia y virilidad, espíritu luminoso a pesar de toda la oscuridad que lo rodeó durante la conquista y el sitio de Tenochtitlán. Cuauhtemoctzin le llamaban en señal de respeto y cada vez más me llenó de felicidad el honor de conocerlo en persona y poder trabajar a su lado.

Llegué el miércoles muy temprano a la casa de Pachita. Me encontré con muy poca gente y a D. apuntando los nombres de los enfermos y lisiados. Pachita estaba en la cocina rodeada de gente desconocida para mí. Solamente al padre E. reconocí y saludé a los demás con un ¡buenas tardes! Nadie me contestó; tan ensimismados se hallaban en lo que decía Pachita.

—A mí me lleva la chingada con esa gente que viene a curiosear como si esto fuera un circo... —decía Pachita—. Un día vinieron esos, ¿cómo se llaman?, ¡ah sí!, esos de control mental quesque a investigarme. Me llevaron a una casa en la que había rayas de todos colores. Rojas, azules, verdes y negras. Un señor Silva me dijo que yo estaba en la negra. Hágame el favor, ese cabrón me quería nada más para meterme en lo negro. Luego me dijeron que buscara un enfermo con mi mente. Yo qué iba a buscar ni qué carajos. ¿Para qué? Luego otros me llevaron a la zona del silencio en Torreón para que les dijera lo que había allá. Puro pinche desierto y yo allí en medio. Encontré una tortuga y me la traje.

—Bueno, Pachita —la interrumpió el padre E.—, esa zona del silencio es muy interesante, no entra ninguna vibración y sería un lugar ideal para construir un hospital psiquiátrico.

Pachita lo volteó a ver y sonrió.

—Y usted, ¿por qué no deja de ser sacerdote, hombre?

—Es que ya casi no hay y eso empecé y eso debo terminar. Hoy más que nunca se nos necesita.

—Pues no sé —continuó Pachita—, dicen que se paran los relojes y que no se oye la radio, pero ¿para qué sirve eso?, nada más buscan por buscar sin saber y por más que encuentran no se quedan satisfechos. ¡Si yo les contara todo lo que me han llevado a hacer…! Un día me dijo un amigo que le ayudará a buscar no sé qué madres, en un terreno. Fui allí y me lo encontré lleno de excavaciones; me dijeron que les reportara lo que sentía y yo me quedé tal cual. Aquí sí que se trabaja, pero yo de eso sé menos que nadie. Yo nada más me voy y viene el Hermano y ni me entero. A ver, tú, Jacobo, que eres sabio, ¿a dónde me voy?

—Pues no sé —contesté apenado.

—Bueno y ¿qué dice el Hermano, cómo es?

—Pues cuando viene cambia tu voz y todo lo que dice es la verdad y se convierte en certeza y fuerza —dije yo.

—Ya ven, él sabe más que yo lo que sucede y luego vienen a invitarme a dar conferencias y yo ¿qué les voy a decir?

¡Se imaginan a esta pendeja hablando en una conferencia! A mí me gustan las buenas obras, las que de veras ayudan. ¡Ah!, pero cómo es difícil, me tardé 50 años en hacer un kínder, ¡50 años de trabajo para llegar a eso!

Eran las seis de la tarde y Pachita se levantó.

—Ya me voy —nos dijo a todos, mientras salía en dirección al recinto.

Nunca había visto llegar al Hermano para una sesión de curaciones en México y la seguí interesado.

Todo parecía tan natural y, sin embargo, en unos minutos más un ser de otra dimensión vendría a realizar milagros.

Entramos al iluminado recinto y Pachita se acercó al altar.

—Vamos a prender unos inciensos para echar fuera a los malos espíritus —nos dijo mientras encendía dos pajillas hindúes.

Pronto todo el recinto se saturó de un olor delicioso.

Pachita seguía bromeando con todos y solamente se puso seria cuando se sentó en una silla, después de colocarse la túnica de Cuauhtémoc.

La tela amarilla estaba completamente impregnada de coágulos de sangre y grandes manchas rojas entre la pedrería y los diseños indios que la llenaban.

El padre E. se colocó a la izquierda y yo a la derecha de Pachita; esta tomó un libro de pastas negras que estaba colocado en el altar y lo abrió.

Grandes letras lo llenaban y yo alcancé a leer una oración. Se trataba de un libro religioso que me hizo recordar una Biblia en hebreo que deseaba regalarle al Hermano. El padre E. se acercó y comentó la rareza de la edición.

—Ya no se hacen más de estos libros —dijo emocionado.

Pachita cerró el libro y sus ojos y empezó a rezar en voz alta. El padre E. comentó que sentía un cosquilleo en su oreja izquierda y Pachita confirmó que era señal de la inminente llegada del Hermano.

—Yo siento —dijo— cosquillas en ambas orejas.

Candelaria se colocó detrás de Pachita y cuando esta entró en convulsiones Cande empezó a rezar en voz alta. Pachita se retorció unos segundos y después bostezó, su cuerpo parecía estar ajustándose al manejo de un nuevo ser y equilibrando y llenándose con su presencia. Volvió a retorcerse unos segundos, a bostezar, y Candelaria continuó con su rezo. Alguien apagó la luz, descorrió las cortinas y pidió silencio. De pronto tocaron la puerta y Cande volvió a insistir en la necesidad de mantener silencio. Por fin el brazo derecho de Pachita se levantó y una voz intensa y viril salió a través de su boca:

—Los saludo, queridos hermanos.

—En el nombre del Padre yo te saludo —le dije confiadamente.

—En el mismo nombre yo te respondo, mi pequeño.

El padre E. se acercó a preguntar si la indicación de Pachita de dejar el sacerdocio era una señal.

—No, buen hombre —le respondió Cuauhtémoc—, tú ya conoces a mi carne y sus bromas, no te preocupes por eso y sigue con tu bella obra.

—¿Qué es lo que tenemos, mis cariñosos hermanos?

D. se aproximó y mencionó 22 o 23 consultas apuntadas.

—Bueno, vamos a comenzar.

Una viejecita con un huevo en su mano derecha se acercó al Hermano y le pidió ayuda. Yo no me pude contener y le acaricié su cabello cano mientras Cuauhtémoc la revisaba y recetaba unas hierbas para sus dolencias.

—Los viejecitos son como los niños —le dije al Hermano al despedir a la mujer y él asintió.

Yo me había acostumbrado a ir hacia la cortina y acompañar al siguiente enfermo y presentárselo al Hermano, pero Candelaria me lo prohibió.

—Estás alterando la energía —me dijo muy seria—. Estiras los "cordones" y no debes hacerlo.

Permanecí el resto de la sesión junto al Hermano.

Un muchacho muy fornido se aproximó y explicó que había tomado todas las medicinas que le habían recetado, pero seguía sin virilidad. El Hermano enfocó su atención en la zona genital del muchacho y le pidió que esperara afuera porque lo tenía que operar.

—Eso es un "daño" —me dijo Cuauhtémoc más tarde.

Yo quería aprender a diferenciar los "daños" de otras dolencias y la siguiente persona me dio la oportunidad de hacerlo.

La misma mujer que había venido una vez anterior, aquella de la mirada perdida y despidiendo un olor insoportable, fue traída a rastras sobre una silla. Era impresionante su abandono y quejidos. El Hermano se puso de pie y la recibió muy serio.

—Que se pare por sí misma —ordenó a sus acompañantes—, que se defienda y sepa que lo que tiene viene de afuera.

La mujer giró sus ojos y cabeza y no respondía.

—¡Quítatelo, no es dentro, sino de afuera, hazlo por tus hijos!

La mujer volteó a ver al Hermano y el loco girar de sus ojos disminuyó por un instante; se paró de la silla y empezó a hablar:

—Me duele el cerebro y no puedo pensar y me hago en los calzones, ayúdame por favor.

—Miren —les dijo Cuauhtémoc a los acompañantes—, frótense las palmas de sus manos y denle luz y ordenen a la entidad que salga del cuerpo de esta pobre mujer. Me la van a traer el viernes a las 12 de la noche para operarla.

A mí me empezó a doler el cuello y me lo froté varias veces sin éxito; el Hermano me vio y me dijo que eso pasaba por poner tanta atención a los "daños".

—No los mires —me dijo mientras me daba un masaje en el cuello.

La diferenciación está en el propio cuerpo y sus sensaciones; pensé recordando a José y su técnica psicoanalítica.

Una pareja de ancianos penetró al recinto. El marido informó que su esposa tenía malos los riñones y que los médicos no encontraban solución para su caso.

Mientras el Hermano atendía a la mujer, el esposo me hizo una seña para acercarme a él; me susurró en voz baja que era cáncer, pero que no le querían decir a su esposa.

Me acerqué para informar aquello al Hermano, pero este me hizo una señal para que no hablara.

—Ya sé —dijo en voz alta, dirigiéndose a la mujer—, dicen que tienes cáncer, pero eso no es cierto. Vas a cuidarte y vienes otro día para ver cómo sigues y para cambiarte tus riñones. No les hagas caso a los médicos, te han debilitado con sus lavadas y técnicas de... ¿Cómo se llama, Jacobo?

—Quimioterapia... —dije yo.

—¡Sí, eso! —dijo el Hermano.

—Piensa que estás bien y eso será el primer remedio.

Una mujer joven, su esposo y su hija bebé se acercaron a Cuauhtemoctzin; este vio a la muchacha y la llenó de elogios.

—Tienes la gracia, bella mujer, y has tenido la paciencia para enderezar a tu familia.

Traía tres huevos y el Hermano tomó uno para limpiar a la mujer.

—Sigue como vas y todo te irá bien —le decía mientras frotaba su cuerpo con el huevo.

La bebé se había quejado y el Hermano se rio.

—No me quiere esta pequeñita —dijo.

Tomó en sus brazos a la niña y esta siguió protestando, también la frotó con otro huevo y lo mismo hizo con el marido.

—Me duele el pecho y temo que tenga malo el corazón —le dijo este asustado.

—Tu corazón está bien, aunque un poco lento, no te morirás de eso, sino de otra cosa y más vale hacerle caso a tu mujercita, que ella sí sabe lo que hace.

El siguiente paciente me impresionó. Una mujer de mediana edad, lentes oscuros, labios violáceos y manos marmóreas pidió ayuda.

—Me siento muy mal de todo, vengo de Guadalajara, recomendada.

Cuauhtémoc la reconoció y le recetó unas hierbas.

—Ya puedes irte, mujer, eso te curará.

—Dame tu bendición en mi espalda, persígname con tus manos.

—No, mujer, toma los remedios y eso te ayudará.

La mujer tomó las manos de Pachita y se las colocó en sus hombros…

—¡Dame tu bendición! —dijo en tono de orden.

Cuauhtémoc lo hizo y, al irse la mujer, me volteó a ver.

—No me gusta esto, realmente no me gusta hacer eso.

Una mujer vestida en forma muy elegante se presentó después. Dijo tener muy bajos sus glóbulos rojos, sufrir debilidad y dolores abdominales.

—¿Tienes gases?

La mujer me volteó a ver y se ruborizó, luego afirmó con la cabeza.

El Hermano la hizo voltearse y "vio" su espalda.

A mí me dio la impresión de que un aparato de rayos X se había puesto a funcionar.

—"Veo" unas plaquetas muy peligrosas en tus pulmones —dijo Cuauhtémoc—. Debes dejar de fumar y venir el viernes para operarte.

—¿Y mis glóbulos rojos?

El Hermano tomó una de las manos de la mujer y con un dedo pareció lanzar algo sobre la palma.

—Están un poco bajos, pero no tanto —dijo—, ven el viernes.

Una muchacha joven de labios delgados y aristócratas susurró sus dolencias. Pareció no querer decir lo que tenía y, después de salir, volvió a entrar acompañada de Memo, quien nos dijo que le daba pena hablar enfrente de mí. Me aparté y la muchacha habló de problemas con su menstruación. El Hermano le dio un remedio y al salir y acercarme a él bromeó conmigo.

—Vaya —me dijo—, ni que fuera algo nuevo.

Una madre traía a su niña. Dijo que no podía hablar. El Hermano le preguntó su nombre y la niña balbuceó algo ininteligible.

Junto a nosotros había un invitado que, curioso, observaba las consultas. Interrumpió estas y le dijo a la mamá que él conocía una escuela especial que podía ayudar a su hija. El Hermano volteó a verlo con asombro y no lo dejó seguir.

Noté la confusión del hombre mientras el Hermano le recetó unas lenguas de pájaro para la niña.

Habían acabado las consultas y nos preparábamos para las operaciones; aproveché el intervalo para decirle a Cuauhtémoc que estaba leyendo su biografía en varios libros y le expresé mi gran admiración por su valentía.

—Nadie es veraz, obtienen sus datos de fuentes dudosas y no dicen la verdad; tú dices la verdad porque describes lo que experimentas, y eso está muy bien. Mira —continuó—, nunca hicimos sacrificios, hacíamos lo que has visto. Detrás de cada símbolo teníamos un dios, ustedes no son así, pero nosotros sí.

Ese ustedes no lo entendí. Mi educación judía me había enseñado la existencia de un solo Dios y no supe si se refería al judaísmo o a nuestra época.

—Tampoco morí ahorcado —continuó—, lo que hicieron los españoles no tiene nombre, tomaban bebés y los lanzaban al aire y luego los ensartaban con sus lanzas.

Recordé la Segunda Guerra Mundial y las atrocidades de los nazis.

—Parece —dije en voz alta— que hay épocas en las cuales la oscuridad crece y se establece una lucha terrible en la que se manifiestan los más bajos motivos de la carne.

—Así es —confirmó Cuauhtémoc—, para mí era inconcebible lo que hacían los españoles, pero ellos no fueron los primeros en llegar a nuestra tierra. Mucho antes unos vikingos vinieron conducidos por un fraile... Perdóneme usted —le dijo al padre E.—. Un tal Jonás descubrió nuestro continente, venía en una balsa y le dio la peste bubónica; pudo regresar y le comunicó a Colón su descubrimiento, por ello él tenía tanta seguridad en su travesía. Nadie sabe esto que te digo porque los escritos se perdieron. Tuve una novia, pero nunca me casé. Ella se entusiasmó con los Barbados y nos traicionó. Les dijo todo lo que sabía, incluyendo la localización de nuestros túneles secretos.

Aquello me tocó fibras muy sensibles. Yo también había sentido la traición de la mujer y sabía el dolor que produce. Me imaginé lo que debió de haber sentido Cuauhtémoc y me dolí por su sentimiento de ver a su mujer en manos de los conquistadores y ofreciéndose a ellos.

—Me apresaron también por su culpa —siguió diciendo Cuauhtémoc.

—Hermano —le dije solamente—, un día te pregunté acerca de Quetzalcóatl y me contestaste que era un traidor.

—Así es —confirmó Cuauhtémoc—, él sabía que no debíamos mezclarnos con los blancos y a pesar de ello los trajo a nuestras playas. Yo no acepté recibir a los españoles como dioses, pero me obligaron por culpa de su profecía.

En ese momento Memo entró muy preocupado al recinto.

—Hermanito, no encontramos el cuaderno y no sabemos a quiénes tienes que operar.

Armando se escandalizó y dijo que ese cuaderno era un secreto de Estado y que no era posible que lo hubieran descuidado. Cuauhtémoc dijo que si no encontraban el cuaderno no operaría.

Observé a Memo y noté una serie de movimientos despectivos... Parecía gozar la situación y burlarse del Hermano. Pensé que quizás resentía que su mamá fuera ocupada por otro ser y no dudé que, si aquello que yo pensaba era cierto, era inconsciente para Memo.

Cuando Memo salió, el Hermano continuó su relato.

—Tengo muchas misiones que cumplir. El planeta está en crisis y el hombre hace guerras y aquí mismo, en esta ciudad, se muere lentamente entre todo lo que ha creado. El hombre lucha por riquezas sin saber que ya las posee. En México existen montañas llenas de oro. Cuando vivía en la carne, lo que ustedes llaman cerro de la Estrella relucía por la gran cantidad de piedras preciosas, esmeraldas y oro que contenía.

En ese momento volvió a entrar Memo avisando que el cuaderno se había perdido definitivamente. Con un tono de reto le dijo al Hermano que se retirara como había dicho.

Yo me asombré mucho cuando Memo salió, sentí la tristeza de Cuauhtémoc, le coloqué mi mano en su hombro y no supe qué decirle.

—Ya me voy porque aquí no me quieren, me dedicaré a mis otras misiones.

—No, Hermano, le dije, sí te queremos y lo que haces nadie más lo puede hacer.

Memo volvió a entrar como si hubiera entendido y se quejó de que D. lo humillaba ante la gente. Creo que en realidad vino a justificar su anterior reto y quería decir que D. lo había puesto muy nervioso.

Cuauhtémoc pareció comprender y en ese momento entró D. y recitó de memoria la lista de operaciones.

—Empecemos pues —dijo el Hermano.

Una muchacha joven, de facciones muy dulces, ocupó la cama; su oído izquierdo no funcionaba y al decirlo el Hermano preguntó cuál era el lado izquierdo.

Yo ya había notado que el Hermano no parecía distinguir la derecha de la izquierda, porque siempre preguntaba sus respectivas localizaciones. Le tapé el oído derecho con un algodón empapado en alcohol y le hice un campo operatorio para el izquierdo. El Hermano introdujo el cuchillo de monte y, en menos de 30 segundos, la muchacha nos indicó que oía perfectamente. Cuauhtémoc susurró algo para comprobar si lo oía y entendía, y al preguntarle la muchacha repitió lo que había susurrado.

Yo había visto cómo el Hermano adelantaba y desarrollaba la técnica de oídos a través de las operaciones que atestiguaba y me alegré del éxito de esta. Me había costado mucho trabajo entender que Cuauhtémoc seguía aprendiendo y me di cuenta de que por fin yo lo aceptaba como un ser en constante desarrollo y expansión.

Después pasaron a una mujer con problemas renales; como en otras ocasiones el cuchillo abrió dos grandes incisiones en las partes laterales de la espalda y dos riñones fueron colocados sobre la piel para después penetrar a las cavidades. Saturé las heridas y, como siempre, estas se cerraron inmediatamente.

La siguiente operación fue un muchacho con problemas pulmonares. Fue extraordinario lo que sucedió y me gustaría relatarlo con detalle: el joven tenía cáncer en el pulmón derecho y se le había fortalecido para ese momento. Lo acostamos boca abajo y, mientras tomaba mi mano, el cuchillo abrió su espalda. El Hermano pidió la sierra y cortó varias costillas. Yo oía el cálido roce del metal con el hueso y me asombré de la rapidez y precisión del corte. Definitivamente no era la sierra la que lo hacía, pues casi no se movía. Era otra cosa la que cortaba…

De la mesilla colocada a su izquierda, Cuauhtémoc tomó un tejido y lo llevó a la boca de Pachita. Oí cómo el aire penetraba al tejido y cómo el Hermano le hablaba como si aquella masa rojiza entendiera.

Después, el pulmón por ser injertado fue colocado en la incisión e introducido a través de esta con la ayuda del cuchillo. En un santiamén fue absorbido en el interior del cuerpo; le pregunté al muchacho cómo se sentía y me contestó que muy bien.

—¿Cómo respiras?

—Como nuevo.

No había habido dolor y, mientras llevaba al operado para reposar, interrogué al Hermano:

—¿Cómo puede conectarse tan rápido?

—Mira, Jacobo —me empezó a contestar—, para ustedes el tejido que injerto está muerto, pero para mí está vivo, lo que hago es abrir la membrana del tejido por injertar y la acomodo en contacto con el tejido interno. Después las dos membranas se conectan y se pegan entre sí. Eso pone a funcionar el nuevo pulmón.

Un joven en silla de ruedas fue introducido al recinto. En el momento de verlo, el Hermano le dijo que era inocente y que se curaría. Lo acostamos boca abajo y el Hermano localizó la columna y penetró en ella con el cuchillo; le pidió a Armando que se fijara en las piernas del joven y él pidió a este que las moviera.

Después realizó un giro con el cuchillo e introdujo algo a la médula. Volvió a pedir movimientos y las piernas obedecieron la orden.

—Te curarás completamente, buen hombre —le dijo de nuevo Cuauhtémoc al hombre.

La siguiente enferma fue toda una prueba. Era una mujer muy obesa y de ademanes toscos. La acostamos boca arriba y el Hermano dijo que su mal era venéreo. Yo sentí una repulsión involuntaria y rogué que el Hermano no me hiciera tocar los genitales de la mujer.

Con el cuchillo abrió cerca de la zona genital y, como si hubiera escuchado mis pensamientos, me tomó la mano y la introdujo en la herida que había practicado. Tuve que superar mi asco y de pronto sentí cariño por la mujer y me sobrepuse. Saturé la herida y la vendé deseando que se aliviara.

Al muchacho del pulmón lo había acostado al lado de los altares y, al terminar la operación de la mujer, el Hermano le preguntó cómo respiraba.

—Muy bien, me siento muy bien —contestó el joven. Después trajeron al muchacho del "daño" genital. Armando dijo que eso no podía considerarse un "daño" en forma, sino más bien una travesura.

El Hermano abrió cerca de los testículos y me hizo tocar un tejido parecido a un pergamino envuelto.

—¿Lo saco? —pregunté con curiosidad.

—No, hombre, si lo haces lo dejarás sin miembro.

Armando colocó un papel negro abierto y el Hermano puso en él el "daño".

—Cuidado —le recomendó—, cuidado con él porque no tardará en cobrar vida.

Yo empecé a vendar al muchacho y el Hermano se paró de su silla y se sentó en otra colocada cerca del altar.

—Me despido de ustedes —dijo—, porque debo cumplir otras misiones. Un huracán se acerca a México y los huracanes traen terremotos.

Yo seguía vendando y noté algo extraño. Pachita no volvía y de pronto su cuerpo se levantó de la silla y empezó a gritar.

—¡Chinguen a su madre todos porque los voy a matar!

Vi cómo la mano de Pachita buscaba el cuchillo y se acercaba al enfermo que todavía no acababa yo de vendar. Lo protegí con mi cuerpo mientras Armando y el padre E. abrazaban el cuerpo de Pachita y le daban "luz"; por fin regresó Pachita y yo envolví al operado con la sábana. Z. empezó a bromear junto con Armando; contaban de ocasiones anteriores en las que un "daño" se había introducido al cuerpo de Pachita y les había pegado.

A mí no me pareció tan gracioso lo que decían, pero su espíritu festivo aligeró la tensión que se había formado.

Me sentía agotado y me senté junto a Pachita a descansar; ella me volteó a ver y le dijo a Armando que yo tenía algo especial.

—Tiene un "hueso" muy especial y la primera vez que lo vi sentí que yo lo conocía desde hace mucho tiempo.

—Claro —dijo Armando—, recuerda que los dos dijimos y después el Hermano confirmó que había sido Andrés.

Pachita se rascó su barbilla y dijo que Andrés había tenido una hija.

—¿Cuántos hijos tienes, Jacobo?

—Una hija, contesté yo.

El padre E. comentó que la hija de Andrés se llamaba Esther.

—¿Cómo se llama tu hija? —preguntó Pachita.

—¡Esther! —contesté yo asombrado.

—Andrés —dijo Armando— sufrió una lucha terrible entre lo divino y lo humano, él quería estar con lo primero y alejado de lo segundo.

—Andrés —dijo Pachita— fue el apóstol más subordinado.

Aquello fue demasiado para mí, yo también sentía una lucha terrible entre mi naturaleza humana y mi ansia por llegar a lo divino, esa lucha me había evitado vivir como cualquier otro hombre y en ese momento pensé que las vidas se repetían.

—Andrés era un escribano de Jesús —comentó el padre E.

—Ya no sigan, por favor —pedía yo ahogado en sensaciones.

Tomé mi lámpara de mano y la introduje a la bolsa de mi bata; Pachita me pidió que la encendiera y al hacerlo bromeé:

—Fíjense, así sí parezco un espíritu de "luz".

—¡Vaya! —comentó Pachita—, ya se te está pegando lo bromista. Aquí se aprende de todo —dijo al final—, lo más bueno y lo más malo.

XXIV

PRIMERO DE SEPTIEMBRE

Mientras el presidente de México dirigía un mensaje sencillo y profundo al país, yo me sentía triste. Me habían dicho que Coyoacán había sido la residencia de los inquisidores y eso me hizo entender algunas de las sensaciones que de pronto y sin razón aparente me invadían en mi casa situada en esa colonia de la Ciudad de México.

López Portillo estaba entusiasmado con los hallazgos de petróleo en el subsuelo de la República y, en la sesión de la noche, el Hermano me había confesado que él había intervenido en su descubrimiento.

—Yo se los di, Jacobo, bueno, más bien —corrigió Cuauhtémoc—, mi padre se los dio.

Desesperado por las vibraciones de mi casa, probé una técnica budista de meditación que consiste en repetir en voz alta un mantra compuesto que dice:

NAM MYOHO RENGE KYO

Su traducción aproximada es "Devoción en cuerpo y alma a la ley mística de la simultaneidad de causa y efecto a través del uso de vibraciones".

Me lo había enseñado una de las pacientes operadas por Pachita y al probarlo me di cuenta de que encerraba el secreto de la permanencia en un estado de amor.

Encantado por la experiencia, comuniqué el uso de la técnica en el seminario de la investigación de la tarde y todos mis colaboradores decidieron probar su efecto.

Llegué a la casa de Pachita y me encontré al Hermano dando consultas. Una ancianita se quejaba de insomnio y nervios.

Cuauhtémoc le preguntó la razón de su dificultad y la mujer confesó su tremenda preocupación por uno de sus hijos.

—Va a la escuela —dijo entre sollozos—, y casi no lo veo y se me parte el corazón.

El Hermano esperó a que se calmara y la aconsejó:

—Mira, preciosa, tú estás ligada a la tierra por ese amor, pero debes recordar que solo puedes ofrecer tu cariño si te encuentras en un estado satisfactorio de salud. Debes cuidar tu carne porque, si la descuidas, el amor que deseas para tu hijo no se lo vas a poder ofrecer.

El siguiente enfermo era un gigante de casi dos metros y más de 100 kilos de peso. Se acercó al Hermano y no pronunció palabra alguna, Cuauhtémoc "miró" su pecho y lanzó una exclamación de asombro.

—Mi pequeño —le dijo—, espera en el patio que hoy te vamos a operar de eso que tienes en tu pecho.

La primera operación fue de un tumor cerebral localizado en el tálamo de una bella joven; su pelo brillante enmarcó su cara y se extendió en abanico al acostarla boca arriba sobre la cama de operaciones. El Hermano me pidió sostener la cabeza de la joven mientras penetraba el cerebro por la frente.

La operación fue sumamente impresionante y yo justifiqué los gritos de dolor de la muchacha. El cuchillo de monte abrió la frente y tras apartar el hueso frontal dejó al descubierto parte del lóbulo frontal. Era muy extraño que, a pesar del dolor, la cabeza de la joven permaneciera inmóvil. La misma inmovilidad la había observado en casi todas las operaciones. Los enfermos podían gritar, temblar y sudar de dolor, pero no se movían a pesar de la obvia estimulación de reflejos involuntarios.

Candelaria me había dicho que cada operado era colocado en un "aparato" especial y al ver la operación de la muchacha entendí que no había otra posibilidad para explicar la ausencia de movimientos intensos e involuntarios; de hecho, la descripción para el aparato de la cabeza coincidía con la de un estereotáxico para humanos, pero de "cristal" en lugar de acero.

La siguiente operación también fue de la cabeza, pero ahora de un tumor cerebeloso que el Hermano extrajo en menos de dos minutos. Durante la siguiente operación me di cuenta de que empezaba a "ver". Una mujer de unos 30 años fue traída al recinto, se quejaba de terribles dolores en su espalda. Sus riñones funcionaban pésimamente y Cuauhtémoc había decidido injertar un par de esos órganos. Le descubrí la espalda y con un algodón empapado en alcohol limpié la superficie. El Hermano abrió el costado derecho y después el izquierdo, las heridas eran gigantescas y brotaba sangre de las mismas. De la mesa adjunta a su silla el Hermano tomó dos masas rojizas que identifiqué como riñones. Colocó uno sobre la incisión de la izquierda y el otro sobre la derecha. Algo succionó los dos riñones y poco a poco fueron penetrando a través de las heridas. Yo, colocado a 10 centímetros del riñón derecho, observé su movimiento lento y constante abandonando la superficie externa de la piel e internándose en la cavidad corpórea. Un sonido siseante acompañó el movimiento y mi asombro se completó viendo cómo las heridas se cerraban por sí solas. No pude reprimirme y empecé a decir que aquello era increíble, fantástico, extraordinario. Sentí que, a pesar de haber visto mucho, jamás dejaría de asombrarme y di gracias a Dios por los portentos que atestiguaba.

Coloqué algodones sobre las marcas de la herida y con la ayuda de Armando vendé a la mujer.

De pronto Cuauhtémoc me dijo algo ininteligible y tuve que pedirle que me lo repitiera. Por fin entendí que me decía que el siguiente enfermo era un "daño".

Un hombre fornido ocupó la cama mientras nos preparábamos para la operación. Memo llegó a decir que un enfermo que iba a ser operado del cuello estaba sumamente nervioso y que a escondidas se había tomado un calmante para los nervios.

—Se va a debilitar —dijo el Hermano—, quiero "ver" qué es lo que tomó, pues puede ser peligroso operarlo con una droga en su cuerpo.

El daño del hombre estaba localizado en su abdomen. Cuauhtémoc abrió 15 centímetros del mismo y empezó a buscar con la punta del cuchillo. Después de girar y forcejear con este, tomó mi mano y la colocó sobre un pedazo de un sólido rasposo y de morfología compleja.

—Mira, Jacobo, para que lo escribas en tu libro.

Yo sentí esa "cosa" y pregunté si debía sacarla con mi mano.

—¡No! —me contestó el Hermano—, yo lo haré.

Armando trajo un papel negro en el que fue colocado el "daño". Mientras eso ocurría el hombre rezaba en alta voz y agradecía a Dios por su salvación. La siguiente enferma fue operada de su columna. La intervención fue similar a las que ya he descrito del mismo tipo. Huesillos alargados fueron incrustados entre las vértebras y pude palpar uno de ellos; era complejo y su forma recordaba a la de un caracol cónico.

Cuauhtémoc decidió operar al enfermo del cuello.

—Es mejor no tener compromisos —me dijo mientras incrustaba el cuchillo y extraía un tumor del cuello del hombre.

El paciente se veía relajado y era obvio que su aparente calma era artificial.

Al final de la sesión, Cuauhtémoc se despidió de todos y antes de que regresara Pachita, una entidad distinta habló:

—Hermanos —nos dijo—, pronto todos dejarán sus cuerpos, pero, mientras eso no suceda, deberán recordar que su obligación es ayudar y dar amor a todo aquel que lo necesite.

Después de decir aquello se despidió y Pachita volvió a ocupar su cuerpo.

XXV

VIBRACIONES

Pachita me había pedido que le leyera el libro que estaba escribiendo y yo le había prometido hacerlo en cuanto estuviera lista la transcripción a máquina.

Me sentía muy satisfecho de estar terminando el volumen y al releer algunos capítulos me asombré de la dificultad que me había costado escribirlo y de la sensación completamente contraria que tenía al leerlo. "Parece que fue fácil", me dije a mí mismo bromeando.

La mañana del viernes fue atroz y solo hasta las cuatro de la tarde empecé a sentir "luz" y optimismo. No sabía el porqué de mis súbitos cambios y solo sentía que algo más allá de mi comprensión y control me afectaba.

Durante el seminario hablamos de lo extraordinario de los sueños y nos preguntamos si acaso nosotros mismos no éramos el sueño de alguien, quien al despertar nos destruiría. Llegué a la casa de Pachita a las seis de la tarde y me encontré con el patio repleto de enfermos, prácticamente nadé en medio de toda esa gente y con trabajos pude llegar al recinto. A pesar de que ya me sentía mejor sin todavía entender lo que me había pasado en la mañana, el ver a Pachita y oír al Hermano me convencieron de que mi estado de conciencia no era el óptimo; quiero decir que amo a esa mujer y admiro a Cuauhtémoc, y el verlo y sentir lo que siento por ellos me hace entender que todavía no logro sentir lo mismo cuando veo a cualquier ser humano y eso no es correcto.

T. era un incrédulo y nunca había participado en las consultas y operaciones; vivía con Pachita, quien lo había traído de Parral por una situación desesperada. Me asombré de verlo en el recinto y supuse que por fin se convencía de la existencia de Dios.

Trajeron la lista de las consultas, eran 35 y yo me preparé a permanecer todo ese tiempo junto al Hermano. No puedo describir los casos, aunque debo decir que la capacidad de involucramiento del Hermano con cada uno de sus pacientes no parecía tener límites. Era toda una enseñanza ver su magnífica entrega de ternura, aliento y "luz" a cada uno y todos sus enfermos.

Una muchacha que había viajado desde el norte de la República entregó un huevo al Hermano. Tenía un malestar en un ojo y este la "limpió" y después colocó el huevo en el altar y no lo tiró (como siempre lo hacía) en un basurero que era colocado exprofeso para cumplir ese menester.

—Regresa a tu choza y con las medicinas que te he dado te curarás —le dijo a la muchacha en un tono dulce.

Le pregunté por qué había colocado el huevo en el altar y no lo había tirado, y su respuesta fue una sonrisa enigmática. Seguro quiere sacar una "vista", pensé recordando el procedimiento que don Lucio utilizaba para diagnosticar y que consistía en verter el contenido del huevo en un vaso de agua para ver las formaciones y señales de yema y clara.

Un señor de edad avanzada, sonrisa inocente y andar dulce fue llevado en presencia del Hermano. Dos hijos del enfermo hablaron por él, mientras este pedía una silla para sentarse.

—Los doctores —empezaron diciendo— dicen que tiene agua en su cerebro y no nos dan esperanzas. Nuestro padre nació en Damasco y queremos que viva.

Cuauhtémoc observó la cabeza del enfermo y después tocó su vertex.

—No tiene agua, sino un tumor; si lo desean, tráiganlo dentro de ocho días y se lo sacamos.

La siguiente persona era una mujer morena de porte orgulloso y mirada profunda. Al "verla" el Hermano lanzó una exclamación de sorpresa y yo sentí que reconocía en ella a alguien del pasado. Se lo pregunté y por alguna razón su contestación me estimuló una imagen en la que creí reconocer a su amada cuando era rey.

Una mujer acompañaba a su esposo, quien no cesaba de temblar ni por un instante.

—Tiene párkinson —dijo la mujer.

El Hermano se sentó en su silla y se puso a observar los movimientos involuntarios del hombre.

Su tendón de Aquiles está conectado con sus partes temblorosas.

Si aquello era una metáfora, yo no la entendía. Al salir el paciente comenté que los núcleos lenticulares de su cerebro debían estar descargando en forma incontrolable y Cuauhtémoc asintió con un movimiento afirmativo.

La siguiente paciente era una vieja amiga mía de Tepoztlán. Sus ojos despiertos y brillantes relucían una vida interna de la máxima intensidad. Se quejó de tristeza y el Hermano le habló de su belleza y del esplendor del mundo.

—Cada día es un milagro y es todo lo que se necesita para hallar la felicidad; tú eres la escogida y debes saber que contienes la semilla del despertar.

—Yo lo sé —decía la mujer mientras las lágrimas asomaban en sus magníficos ojos—. He tenido señales, pero ahora estoy confusa.

—Nada de eso, mi pequeña, recuerda lo que te digo y volverás a la senda.

Al salir, me volteó a ver y sentí el impacto de las palabras que había escuchado y un saludo. En ese momento entró Enrique y saludó al Hermano; este lo regañó fuertemente.

—He dado orden —le dijo— de que se respetara la lista de pacientes y tú has permitido el desorden.

Se refería a las primeras consultas, las que no estaban en las listas. Enrique salió cabizbajo y volvió a entrar acompañado de Memo.

—Dice el Grillo —así apodaban a Enrique— que su mamá ya no lo quiere y que el Hermano solo lo regaña.

Mientras Memo decía esto, abrazaba a su hermano como queriéndolo proteger.

—Es cierto —dijo Enrique con voz entrecortada—, yo solo vine a saludarte y tú me regañas.

—Mira, mi pequeño, el orden es el orden y tú debes dar el ejemplo.

Había terminado las consultas cuando P., un ayudante, se acercó al Hermano.

—Una pareja de Nicaragua ha venido a consulta, tienen problemas muy fuertes y desean verte.

—Diles que pasen, mi cariñoso.

Una mujer rubia, alta y muy bella, acompañada de su esposo, se acercó al Hermano; el hombre habló en nombre de ella:

—Mi mujer —dijo— tiene miedo de que le hayan hecho un "trabajo" cuando visitó Brasil. Tenemos problemas muy graves y ya no soportamos lo que sucede entre nosotros. Nos amamos, pero cada vez que hacemos vida marital ella se siente muy mal y a mí me dan deseos de agredirla. Íbamos a tener un hijo, pero ella no lo soportó y se pegaba en el vientre hasta que abortó.

—Mujer —llamó el Hermano a la mujer—, ¿tú sueñas con agua o que vuelas?

—A veces —contestó ella.

—¿Sientes como que algo se apodera de ti y te descontrola?

—Sí, así siento.

Yo empecé a entender y recordé que, al entrar al recinto, la cabeza de la mujer había golpeado un crucifijo que estaba a la entrada. Aquello me había asombrado y ahora comencé a comprender.

Súbitamente Cuauhtémoc pidió su cuchillo. Fue una orden rápida y cortante. Volteé a verlo y me fijé que "miraba" en dirección a la entrada del recinto. Fijé mi atención en esa dirección y de pronto vi cómo las cortinas se separaban; todos vieron lo mismo y en un santiamén nos colocamos a los lados del Hermano esperando la entrada de "algo", mismo que poseía a la mujer.

En absoluto silencio, con los músculos tensos, la vista fija en la cortina y el Hermano sosteniendo su cuchillo, permanecimos inmóviles y expectantes. De pronto el Hermano comenzó a silbar una tonada extrañísima y después dijo que el espíritu oscuro no se había atrevido a enfrentársele.

—Sabía que no podía conmigo y se fue. Tú, ¡mujer! —dijo llamando a la rubia—, ¿qué sentiste?

—¡Un escalofrío!

—Mira, te hicieron un "trabajo" terrible y son muy poderosos. Le voy a indicar a P. lo que debe hacerse y eso los salvará a ti y a tu compañero.

La pareja salió y Cuauhtémoc llamó a P.

—Quiero saber si puedes comprometerte a realizar el trabajo. Deberás ir a una montaña y hacer unas cosas que después te indicaré. Necesitamos seis "limpias" rigurosas. La entidad posee a la mujer y mató a su hijo. Sé que tu mujer está encinta y debes evitar que esta mujer se le acerque. ¿Tomas la responsabilidad?

—¡Sí!

—Muy bien y ahora llévalos a su casa y ten mucho cuidado en el camino.

Cuauhtémoc llamó a Memo y también le dio instrucciones.

—No permitas —le dijo— que mi carne realice ese trabajo, ayuda a P. y que el Señor los guíe. ¿Habéis entendido?

—¡Sí!

Iban a empezar las operaciones y el Hermano pidió hablar con Gema, la hija de Pachita; nos pidió salir a todos y alcancé a oír un diálogo muy emocional. Después entré yo y le pregunté a Cuauhtémoc acerca de mis sensaciones de la mañana:

—¿Es que quizás tengo algo mal en mi cuerpo o estoy cometiendo algún grave error?

—Lo que te sucede —me contestó después de barrer mi cuerpo con su "mirada"—, lo que te sucede es que cada día adquieres más sensibilidad y ahora estás detectando las señales de la próxima hecatombe.

Por un lado, me sentí tranquilo y, por el otro, inquieto. ¿La próxima hecatombe? El Hermano ya había mencionado esta y parecía estar convencido de que pronto sucedería algo terrible.

La primera operación fue de una muchacha ciega de su ojo izquierdo. La lateralización era manejada en forma muy especial por el Hermano. Si el mal estaba en un lado, trabajaba con el otro, y en este caso particular no fue excepción. Me recordó las primeras operaciones de focos epilépticos en las cuales los investigadores se sorprendían con apariciones de focos en espejo trasladados del hemisferio cerebral sano al enfermo.

Tomé la cabeza de la muchacha e inmediatamente me sentí sumergido en una sensación muy placentera. ¿Era ella o la energía que el Hermano le enviaba?, y yo en medio sintiendo una felicidad muy especial.

La joven no se quejó mientras el cuchillo y el dedo pulgar de la mano de Pachita penetraban en su ojo sano. Armando prendió una lámpara de mano y la muchacha anunció que veía con claridad.

Una pareja entró después. La mujer parecía japonesa y ocupó la cama. Tenía un problema de sordera en un oído. El Hermano pidió el cuchillo y la mujer empezó a temblar y a respirar alocadamente. Parecía a punto de desmayarse y era tal su nerviosismo que Cuauhtémoc decidió no operarla. El padre E. había traído un sacerdote que tenía una hernia en la ingle.

Mientras lo preparábamos para la operación, T. observaba con tal atención y sorpresa que parecía que sus ojos se saldrían de sus órbitas en cualquier momento. Cuando el cuchillo penetró en la ingle, el Hermano pidió luz y la sorpresa de T. llegó a su clímax.

—¡Eres de otro mundo! —le decía al Hermano—. ¿Cómo puedes hacer esto?

—Pregúntale a Jacobo, él es escritor y te lo puede decir.

—¡Yo no sé cómo lo hace! Mejor pregúntale a Dios —le contesté.

—Pero Dios no existe —dijo T. con voz quebrada.

—Si Dios no existiera esto no sería posible —intervino el padre E.

—Pero yo no veo ni siento a Dios —continuó T.—, simplemente no lo puedo ver.

—Deberías estudiar la forma en la que Aristóteles llegó al conocimiento de Dios, quizás eso te permitiría comprender —dijo el padre E.

—Pero Aristóteles era un ignorante —le contestó T.—, y su definición del hombre como ave implume lo comprueba.

El Hermano seguía operando y de vez en cuando sonreía seguramente atento a la conversación entre T. y el padre.

Por fin terminó y vendamos al sacerdote.

Yo me sentía tan energizado y seguro de mí mismo que empecé a platicarles acerca de mis nuevas investigaciones:

—En el laboratorio —les dije con voz confiada—, estamos demostrando que el cerebro humano puede crear una fuerza antigravitacional y eso siempre sucede cuando ocurre un proceso de unificación informacional que podría definirse como una expansión de conciencia.

—Eso me gusta mucho —me dijo el Hermano.

—También —continué yo— hemos visto que existen niveles ascendentes de concentración informacional y que tanto el cerebro como el espacio están organizados en forma convergente de tal forma que se puede concebir la existencia de puntos infinitesimales conteniendo la información total del universo. A esos puntos los hemos considerado como pertenecientes a un espacio de elevadísima "sintergia" ocurriendo en ellos fenómenos muy interesantes.

Cada vez me emocionaba más y no sabía si todos me entendían, pero continué.

—En un espacio de alta sintergia es tal la unificación que se trasciende el tiempo y el mismo espacio. Allí existe una máxima redundancia informacional y un alejamiento o quizás inversión de la fuerza gravitacional. Cuando un cerebro alcanza estados de elevada conciencia, también trasciende el espacio, el tiempo, y la gravitación afecta el espacio que lo circunda creando una fuerza antigravitacional. Al menos eso indican nuestros resultados experimentales.

—Eso sería —me interrumpió el padre E.— la evidencia de un contacto con Dios.

—Exactamente —dije yo.

—Eso me gusta mucho —volvió a decir el Hermano.

No recuerdo las siguientes operaciones, solo sé que al final hubo una extracción de un "daño" y, cuando el Hermano se despidió de nosotros, una entidad penetró al cuerpo de Pachita y agredió a Armando rompiendo unos billetes que este le había entregado.

Por fin Pachita retornó y T. quiso averiguar si la "persona" que había roto los billetes y Pachita tenían conciencia uno del otro.

—¡Pachita! —la llamó—, ¿te acuerdas de lo que hiciste?

—¿Qué hice?

—Pachita, por favor —continuó T.—, rompiste unos billetes.

—Yo no rompí nada, ¡tú estás zafado!

XXVI

ENTRE LA JUSTICIA Y LA RUEDA DE LA FORTUNA

Cuando entendí la diferencia entre el bien y el mal y me percaté de que existían "seres humanos" que viven sin reconocerla, supe que el mundo de las conciencias puede estar separado del Ser a pesar de que este último es el verdadero decididor.

Mis concepciones teóricas me llevaban hacia la consideración de que de la misma forma en la que en un espacio de máxima sintergia la redundancia es óptima, así (en el último paso) el Ser pierde su individualidad y es igual para todos.

La conciencia, en cambio, es individual.

Entre la rueda de la fortuna (o sea, el desconocimiento del bien y el mal) y la justicia (o sea el conocimiento de la diferencia entre el bien y el mal) se encuentra la fuerza. Desde la inmadurez hasta el conocimiento se requiere la energía.

Quien desee penetrar a la realidad de las certezas y a la sincronicidad consciente debe adquirir fuerza. De otra forma sobreviene la confusión, la tristeza y el olvido.

Dicen que el estado adulto implica la aceptación de la división intrapsíquica y la coexistencia de varios niveles de conciencia. Pienso que la coexistencia y la división antes referidas son parte de un proceso, pero no la verdadera identidad. Esta es indivisible y no acepta debilidades como partes esenciales de su verdadera naturaleza.

Sé que Cuauhtémoc y Pachita son dos entidades separadas en el nivel de la conciencia, pero unidas en el nivel del Ser.

Que la verdadera identidad es el Ser y mientras este no se alcance es necesario amar el proceso.

La aceptación de la coexistencia de varios niveles de conciencia o, en términos budistas, de los 10 mundos como esenciales lleva a la dispersión y al olvido.

La aceptación de su realidad como proceso, sin el olvido de la verdadera identidad, lleva al desarrollo sin el peligro de perderse en la dispersión.

Sin embargo, esto no resuelve el problema de la individualidad, ni lo encara en una forma tal que su desarrollo lleve a aclarar el momento en el que aparece.

Un ejemplo de la dificultad de establecer el umbral de la creación de la vida propia es el nacimiento de un bebé.

Dos seres humanos se enamoran y conjugan sus energías. Pronto en su interacción se comienza a crear un tercer elemento emergente. En cierto nivel de su relación, la propiedad emergente creada comienza a interactuar con la mancuerna original y, si el proceso continúa, un nuevo ser se materializa. La individualidad seguramente se alcanzó antes de la materialización, pero ¿cuándo?

Con estas interrogantes llegué a la casa de Pachita.

Desde el primer día que la vi, me impresionó mucho la joven de facciones bellísimas que en una operación convencional había sido sobreanestesiada y descerebrada.

En silla de ruedas, inmóvil, sorda, muda, ciega y sin control motor había sido llevada con Pachita después de que una docena de neurólogos y otros tantos especialistas en otras áreas la habían desahuciado.

Cuauhtémoc decidió reconstruir el cerebro de la joven y, en una serie de 10 operaciones, de las cuales yo había estado en las últimas cuatro, había logrado devolver el control esfintereano, la vista, el oído, la capacidad de tenerse en pie y últimamente las primeras señales de lenguaje verbal.

Injertaba porciones de corteza y de estructuras subcorticales en el cerebro muerto de la joven ante mi asombro y la felicidad de los padres que día a día la veían crecer, recuperarse y volver a ser ella misma. Esto último, sin embargo, me preocupaba sobremanera y en esta ocasión, al ver que los padres de la joven penetraban con su hija al recinto, decidí preguntarle al Hermano:

—¡Hermano! —le dije con curiosidad—, cuando la niña se recupere, ¿cómo será su conciencia?

—La misma que antes, mi cariñoso hermano —me contestó.

—Pero, entonces —insistí yo—, ¿la conciencia no emerge si no se conecta?

—Por supuesto —dijo Cuauhtémoc—, el cerebro es solo un medio para establecer la conexión.

Durante años yo me había preguntado acerca de las bases neurofisiológicas de la experiencia y había llegado a la conclusión de que esta aparece como resultante emergente de la interacción de dos campos energéticos; por un lado, el neuronal y, por otro, el asociado con la estructura del espacio. El postular una propiedad emergente satisfacía el salto dimensional que implica pasar de la actividad neuronal a la experiencia; sin embargo, la conclusión me había dejado insatisfecho y falto de recursos para explicar ciertos fenómenos. Por fin, desesperado por una solución y poco antes de conocer el trabajo de Cuauhtémoc, ya había considerado que la experiencia y la conciencia no eran producto emergente, sino causa y primer dato. Lo que el Hermano me decía ahora estaba de acuerdo con esta última consideración. El sistema nervioso como antena de la conciencia o como lente a través de la cual se construye la realidad era la conclusión inescapable. Esto no invalidaba el postulado de interacción energética, pero sí indicaba que su flujo direccional no era de la actividad neuronal hacia la experiencia y la conciencia, sino de esta última hacia la actividad cerebral. Así, se podía aceptar la existencia de conciencias fuera de cuerpos orgánicos (por ejemplo, Cuauhtémoc) y de cerebros capaces de establecer un contacto con tales conciencias (por ejemplo, Pachita).

Lo asombroso y extraordinario era la derivación lógica hacia la conciencia personal. Quiero decir que mi conciencia, como la de cualquiera que lea esto, existe fuera de nuestros cuerpos, independiente y libre, y que nuestros cerebros establecen un contacto con ella y nos dan la sensación de poseerla internamente.

Tal es la conclusión, cierta y asombrosa…

Durante una de las consultas, una mujer se había quejado amargamente de permanecer en un estado de inquietud constante y de incapacidad para llegar a la tranquilidad. El Hermano le había recetado orégano y después me había dicho que esa hierba era magnífica para los nervios. Pero también había dicho otra cosa que dentro del contexto de la independencia de la conciencia era clara. "Necesitas impulsar tu desarrollo, necesitas aprender a desarrollarte", le había dicho a la mujer.

En la escuela chamánica mexicana, tal consideración (el desarrollo) es aplicada en forma muy específica. Se refiere a la adquisición de la habilidad para salirse del propio cuerpo. En realidad, toda escuela de impulso a la espiritualidad posee técnicas para realizar precisamente lo anterior. El yoga, la meditación, etcétera; hablan de lo mismo.

El desarrollo implica la adquisición de fuerza y luminosidad. Se considera que existe "luz" y que una persona en el camino espiritual debe impulsar su "luz" y expandirla. Uno de los efectos de la adquisición de "luz" es la capacidad de desprenderse de lo orgánico. Otro efecto es la comunicación directa con otros niveles de realidad y conciencia.

Así, mientras descansábamos después de una operación, el Hermano había volteado a verme y me había dicho que en el tiempo que estábamos viviendo pululaban muchos espíritus de "luz" cuyo deseo era encontrar seres humanos preparados para oírlos.

—Desean manifestarse —me dijo con mucha seriedad—, y buscan. Sé —continuó— que ya tienes suficiente "luz" para "ver".

—Si el desarrollo implica el aprendizaje para salirse del cuerpo, la "luz" ¿qué implica?

Por supuesto que, como todo, la "luz" es un sentimiento. Reconozco con toda claridad cuando tengo "luz" y cuando no la tengo. Siento, además, lo mismo con respecto a otras gentes. Quiero decir que cuando alguien habla conmigo o simplemente se me acerca, sé si tiene "luz" o si está en "oscuridad". Al principio no podía diferenciar si era yo o la otra persona, si era "luz" u "oscuridad" o cualquier otra cosa. Pero ahora lo sé con certeza. El saberlo y el sentir la "luz", sin embargo, nada dice acerca de lo que verdaderamente es. Escuchen ahora esta otra consideración de Cuauhtémoc:

—A veces —me dijo a la mitad de una operación de riñones—, a veces el espíritu todavía está cerca de un cuerpo que parece muerto, está allí y, si uno es capaz de "ver", puede preguntarle y, si al preguntarle contesta que todavía desea que el cuerpo viva, uno puede darle "luz" y ayuda y el sujeto se restablecerá.

Esto último me lo dijo después de ver a la niña sobreanestesiada.

—Me dirán lo que quieran —dijo el Hermano—, pero para mí esta niña estaba muerta. Sin embargo —continuó—, su espíritu no quería irse y por ello se recuperará.

Un niño, Rubén, tenía malos sus dos riñones y un testículo. El Hermano le injertó dos nuevos riñones y le curó su testículo. A la mitad de la operación le dijo:

—Rubén, acuérdate de que "tú" me dijiste que querías vivir.

"Tú" era el verdadero Rubén y la operación era "luz" para el cuerpo.

—Todos tenemos "luz"—le había dicho Cuauhtémoc a una mujer—; la "luz" se concentra en las palmas de las manos y, cuando uno se frota una palma con la otra, la "luz" aparece e inclusive se puede repartir.

—¿Qué es pues la "luz"?

—Las palmas hacia abajo colocadas a la altura de las rodillas significan un contacto con la tierra, la "luz" y el agua. Busca un lugar tranquilo —me decía Cuauhtémoc—, y siéntate como te digo y verás que "vendrán" a darte conocimiento. Ya tienes suficiente "luz" como para conectarte y en cierto momento sentirás que tu boca habla palabras sobrehumanas. Sentirás que existe un nuevo ser en tu interior. Sé que ya tienes suficiente "luz" para pasar de la rueda de la fortuna a la justicia. Suficiente "luz" para "ver"…

XXVII

LO ABSOLUTO Y LO RELATIVO

—La asepsia es buena para los muertos —me dijo una mujer macabra encargada de sumirme en la "oscuridad".

Puesto que he probado cientos de ilusiones y sé que lo que las caracteriza es su temporalidad aunada a cierto estímulo placentero (de otra forma no serían ilusiones), le contesté que quien vive en el ruido solo escucha ruido y es incapaz de percibir el silencio.

No me entendió y recordé unas palabras del Hermano:

—… es necesario dar "luz", pero aquellos que no saben oír y que responden con oscuridad cuando se les ofrece la "luz": a ellos es necesario dejarlos ir por su camino y evitar que interfieran con el nuestro…

Otra mujer me confesó que odiaba tener que luchar y volverse guerrero. La volteé a ver y le pregunté si acaso podía decidirlo.

—Mira —le dije—, cada uno posee un termómetro y el que tiene más suerte es aquel cuyo termómetro es más sensible. El sufrimiento es señal y cualquier sentimiento es el pináculo de una pirámide. Cada vez que estás insatisfecha, tu termómetro se ha puesto a funcionar y debes agradecer el portento y hacerle caso, puesto que él te llevará a un nivel…

No me dejó continuar y me contestó que aquello le sonaba muy teórico.

Lo que quiero decir es que no existen metas y que todo deseo termina al verse satisfecho. Por lo tanto, ni el correr detrás de metas ni estimular deseos es la verdadera vida. Es necesario haber vivido para comprender que lo único que interesa es lo que permanece y sucede que lo eterno no tiene ni contenido ni manifestación. Puede, ¡eso sí!, estimular manifestaciones y activar contenidos, pero en sí mismo trasciende cualquier consideración.

El sí mismo es permanente y absoluto. Todo lo demás es relativo.

—¡Hermano!, ¿tú eres uno o te divides?

—¿Qué?

—¡Sí!, yo te he visto estar en varios lugares al mismo tiempo y tu capacidad para estar con todos y cada uno de tus enfermos parece no tener límite. ¿Cómo puedes hacer tantas cosas al mismo tiempo?

Cuauhtemoctzin rio y me contestó:

—¡Donde yo estoy no existe ni tiempo ni espacio! Estoy en todos lados al mismo tiempo, puesto que no existen ni lugares ni tiempo. En este momento, hablando contigo puedo también ir a ver cómo está cenando tu hija o también a un enfermo encamado. Es muy bello y sin límites.

En la meditación de la tarde, me interno por veredas nuevas y, cuando trato de referir mis vivencias a mis recuerdos, me encuentro con la sorpresa de que ni unos ni otros coinciden. Tal es el infinito que no encuentro pasado que pueda explicarme el presente y sé que al intentar comparar me sumerjo en lo que me fue dado sin mi consentimiento.

Alguna vez quiero compartir mis veredas y los arbustos que veo y soy incapaz de describir; tal es mi condición que lo humano se me va de la mano por no reconocerlo. La "luz" es el sentimiento de sí mismo y a pesar de que lo relativo conozco como trampa todavía en cuerpo hábito. ¡Quién como tú que tales remordimientos has trascendido!

¡Dios! quiero confesarte que todavía me siento...

¡La bondad es el único paradigma!

El 15 de septiembre vi junto con Pachita una pelea de Muhammad Ali. Pachita prendió una veladora y le dio "luz".

—No me gusta que le peguen —dijo desde el primer round.

—¿Tú crees —le pregunté mientras veíamos la pelea— que, en cierto nivel, tú y el Hermano son el mismo ser?

—Yo no sé —me contestó—, lo que quisiera saber es a dónde me voy mientras él viene. Siento que bajo como en una rueda de la fortuna en la tarde y cuando menos me doy cuenta ya que es de noche. ¡Mientras, mi cuerpo opera y hace mil maravillas y yo ni me entero! ¿A dónde me voy?

—Debe ser algo relacionado con el tiempo —le dije con inseguridad—. Nuestra conciencia cree vivir en el tiempo, cuando en realidad el presente es atemporal. Entre dos instantes de conciencia el tiempo no existe para ti.

Obviamente eso no explicaba nada. Me dieron ganas de contarle mis ideas acerca de la interacción de campos energéticos y su conexión con el Hermano, pero me di cuenta de que tampoco podía explicar lo que realmente sucedía.

La conciencia es una entidad, pensé más tarde, y viaja y aparece y desaparece y se conecta y se desconecta y... ¿quién sabe?...

En todo está lo absoluto y su percepción solamente depende del nivel de conciencia del que ve. Cualquier objeto, por ejemplo, es la resultante de un proceso tan complejo que el solo pensar lo que implica produce la admiración más grande.

Cuando vemos una piedra, lo que realmente percibimos es nuestra propia actividad neuronal. Lo que observa a esta actividad es el Ser. De esta forma, aun en la percepción más "concreta", está involucrado el Absoluto. Me río cuando alguien olvida lo anterior y considera que estamos en caída por el solo hecho de vivir entre preceptos. Lo único que verdaderamente funciona es el Ser, todo lo demás es temporal y por tanto dependiente del observador. Por supuesto que existen quienes logran mantener una ilusión el tiempo suficiente como para involucrar a otros en su mantenimiento: ¡cuidado con tales entidades "oscuras" encamadas o descamadas!... a lo único que llevan es a la muerte. El ser humano tiende a utilizar unidades de análisis y construye a partir de ellas mundos conceptuales. Cuando tiene la pésima suerte de manejar como unidades elementales lo que son, en realidad, resultantes finales, la perspectiva que le espera es el aburrimiento sofocante y total, una noche de hastío en el reflejo de otra noche de hastío. Digamos lo que la Biblia dice al respecto:

> La sabiduría clama en las calles,
> alza su voz en las plazas;
> clama en los principales lugares de reunión;
> en las entradas de las puertas de la ciudad dice sus razones.
> ¿Hasta cuándo, oh, simples, amaréis la simpleza,
> y los burladores desearán el burlar,
> y los insensatos aborrecerán la ciencia?
> Volveos a mi represión.
> He aquí yo derramaré mi espíritu sobre vosotros,

y os haré saber mis palabras.
Por cuanto llamé, y no quisisteis oír,
extendí mi mano, y no hubo quien atendiese,
sino que desechasteis todo consejo mío
y mi represión no quisisteis,
también yo me reiré en vuestra calamidad,
y me burlaré cuando os viniere lo que teméis;
cuando viniere como una destrucción lo que teméis,
y vuestra calamidad llegaré como torbellino;
cuando sobre vosotros viniere tribulación y angustia.
Entonces me llamarán, y no responderé;
me buscarán de mañana, y no me hallarán.
Por cuando aborrecieron la sabiduría,
no escogieron el temor de Jehová,
ni quisieron mi consejo,
menospreciaron toda represión mía.
Comerás del fruto de su camino,
serán hastiados de sus propios consejos.
Porque el desvío de los ignorantes los matará,
la prosperidad de los necios los echará a perder;
mas el que me oyere habitará confiadamente,
vivirá tranquilo, sin temor del mal.

El temor de Jehová es el ruido para quien conoce y habita en el silencio. Jehová es el Ser, el Absoluto, el sí mismo, la alejada y trascendida (de todo lo relativo) conciencia en sí misma.

¡Si solo recordáramos que detrás de cualquier decisión está quien puede ver todas las alternativas!

XXVIII

EL CORAZÓN

Llegué tarde, agotado y hambriento a la casa de Pachita. En la mañana me había mudado de casa y me sentía triste. A medida que se crece, los lugares adquieren importancia y quizás en la vejez un cambio de casa resulte peligroso, pensé mientras tocaba la reja amarilla de la casa de Pachita. Es cierto que el verdadero desarrollo es el aprendizaje de la exteriorización sin que esto signifique un abandono o una falta de acceso al mundo interno. La conciencia se pone en contacto con el mundo expandiendo su radio de acción. Aquí, en cualquier proceso de crecimiento, la diferenciación es básica. Sin ella lo que acontece es la locura y con ella el discernimiento. El problema es que no se encuentran guías sino hasta que se han pasado las suficientes pruebas como para fortalecer la propia identidad.

Lo que iba a "ver" ese día me enseñó que, además de lo anterior, el verdadero mundo trasciende cualquier proceso lógico convencional y que aferrarse al entendimiento "humanoide" impide vivir en el nivel en el cual no existen límites.

El Hermano daba consultas y después de saludarlo me coloqué a su izquierda.

Observé que mi cansancio era generalizado. Por alguna razón todos los que rodeábamos a Cuauhtemoctzin no teníamos energías suficientes. Yo me había mudado de casa y mi desgano era explicable. Después me enteré de que Armando iba a ser operado de un daño y que Memo tenía un problema emocional. Obviamente estábamos conectados y, si bien cada uno por diferentes razones, en todos algo impedía estar lo suficientemente fuertes.

La única excepción era el Hermano. Él parecía no tener límites y, a pesar de que había atendido a 65 pacientes, al terminar las consultas estaba fresco e inspirado.

—Dentro de poco —me dijo con voz suave—, todos los signos serán reunidos en Orión.

—¿Los signos?

—¡Sí!, lo que ustedes llaman signos zodiacales. Cada uno —continuó— representa una diferente parte del cuerpo y los que asistan al acontecimiento aprenderán el significado de las relaciones entre las estrellas y lo orgánico.

—¿Se reunirán diferentes seres? —pregunté.

—¡No!, no son seres, sino galaxias. Pero desde la ciudad no podrá verse, aquí hay demasiado humo. Sería magnífico que 100 o 200 hombres asistieran, pero sé que casi no existe quien esté en armonía con la naturaleza. Solo en armonía se podrá entender y vivir lo que sucederá.

En San José del Pacífico yo había vivido esa armonía. Es el diálogo con el mundo, pensé en ese momento, en su nivel más directo es el conocimiento de la razón de los movimientos de las nubes, de las lluvias, de los vientos, del crecimiento de las plantas, de los cambios de iluminación del sol y del canto de los pájaros.

Es la conexión entre todos los eventos de la naturaleza y la propia conciencia en unidad de contacto con los mismos.

Nos preparábamos para las operaciones y después de varias intervenciones que no describiré pasaron a una mujer que había venido desde Nueva York, quejándose de dolores continuos de cabeza.

—Es un caso de irritación trigeminal —me dijo el Hermano al ver a la mujer—, tendré que conectar el trigémino con la zona neutral y así desviar la excitación exagerada del nervio.

Acostamos a la mujer y yo le sostenía la cabeza mientras el cuchillo de monte penetraba su frente y con un movimiento lateral abría una incisión enorme que llegó hasta la parte posterior de la oreja. Sentí un líquido caliente cayendo en mi mano izquierda y después un pedazo de carne que reconocí como parte del cuero cabelludo separado del hueso. Me impresioné mucho y vi cómo el cuchillo giraba intentando arreglar el nervio.

Por fin el cuchillo se apartó y la herida fue cerrada. La mujer se había quejado durante la operación, aunque su dolor había sido mínimo comparado con lo que podía haber sentido en una cirugía convencional, pero sin anestesia.

Entre Armando y yo vendamos la cabeza y el Hermano despidió a la mujer.

Me sentía muy cansado y temía que mi espalda me empezara a doler y me impidiera seguir ayudando. Respiré profundamente y me di un masaje. El Hermano volteó a "verme" y me susurró algo que no entendí. Le pregunté y en un murmullo me dijo:

—Te daré oportunidad de ver algo extraordinario.

En ese momento pasaron a un joven de alrededor de 25 años, delgado y muy nervioso.

El Hermano lo recibió muy cariñosamente y le dijo que nada debía temer. Lo acostamos boca arriba y con un algodón empapado en alcohol el Hermano limpió su pecho. Pregunté acerca de la dolencia y Rafael (así se llamaba el paciente) dijo que el brazo y el hombro izquierdo le dolían mucho. Obviamente se trataba del corazón y la operación intentaría aliviar el órgano. Sostuve la mano de Rafael y le sugerí que se relajara y respirara profundamente. Así lo hizo mientras el cuchillo penetraba su pecho y la sierra cortaba sus costillas. Estaba muy oscuro y no alcanzaba a ver con claridad cuando el Hermano me pidió que prendiera mi lámpara de mano. Alumbré el pecho y me quedé sin respiración. Sobre la piel de Rafael palpitaba libre y claramente el corazón.

—Ahora fíjate bien —me dijo el Hermano.

Vi cómo el cuchillo de monte se introducía al corazón y literalmente lo partía en dos.

—No es posible —me dije repetidas veces.

Alumbré la cara de Rafael y mi sorpresa no tuvo límites.

Mientras su corazón era partido en dos, el muchacho sonreía y permanecía con sus ojos abiertos.

—¿En dónde estás? —le pregunté a Rafael—, ¿en dónde estás?

Me miró y se rio por toda contestación.

Volteé a ver el pecho y el corazón seguía allí, insertado por un cuchillo y latiendo. De pronto, aquella masa palpitante empezó a penetrar al pecho y en un santiamén se colocó en su posición original y la herida se cerró rápida, elegante y plácidamente frente a mis desorbitados ojos.

Le volví a preguntar a Rafael:

—¿En dónde estabas?

De nuevo sonrió y no me dijo más.

—¡Dios mío!, ¡Dios mío!, ¡Dios mío! —repetí en voz alta mirando al Hermano, a Rafael y luego a Armando.

El Hermano volteó en mi dirección y luego llamó a Armando, le susurró algo en el oído y creí que se refería a mi reacción. Alcancé a oír que le decía que yo no era como ellos. Al final de la sesión le pregunté a Armando lo que Cuauhtémoc le había dicho.

—Me dijo que aún no dejas tu investidura humana y que todavía estás tratando de entender lo que sucede usando una lógica restringida.

Era cierto; a pesar de haber visto tantos milagros, me había asombrado y había intentado entender esa operación utilizando nociones convencionales. No entendía la supervivencia de Rafael y me pareció lógico que Cuauhtémoc se extrañara de mi falta de fe. Sin embargo, de algo me había percatado; trascendiendo mis dudas, había pensado que Rafael estaba fuera de su cuerpo durante la operación y había supuesto que todos los operados también se salían de sus cuerpos durante las intervenciones. No era posible entender la ausencia de dolor y la supervivencia y mantenimiento de la conciencia de otra manera.

Al terminar la sesión, el Hermano mencionó algo muy extraño:

—¡He desobedecido a mi padre! —dijo muy serio.

—¿Cómo lo has desobedecido? —pregunté yo asombrado.

—Mi padre da la orden de que alguien desencarne, que abandone su vida, y ese alguien viene a buscarme y yo lo opero porque me duele "ver" su sufrimiento. Eso he hecho, mi cariñoso, y así he desobedecido.

Antes de despedirme, Armando me dijo que comprendía mi asombro, pero que eso (la operación del corazón) era una nimiedad comparada con lo que sucedía antes, cuando se trabajaba en el campo.

—Ojalá hubieras estado con nosotros —me dijo—. Pachita parecía un tigre y brincaba y corría y se agazapaba y de pronto parecía volar como un águila. Era una delicia verla y sé que te hubiera encantado ser testigo de eso…

XXIX

EL MÉDIUM DAÑADO

Fui a visitar a Pachita al día siguiente. Le había prometido leerle el libro.

Me la encontré en la cocina de su casa acompañada de Memo. Estaban preparando remedios y Pachita me mostró un cuarto contiguo repleto de botellas, sillas, costales llenos de hierbas, matraces, probetas, papeles.

—¡Este es mi laboratorio! —me dijo sonriendo—, aquí hago mis medicinas. Ahorita estamos preparando un líquido especial. Si uno se toma un traguito todas las mañanas y en ayunas, no envejece.

Me lo dio a probar y tosí abrumado por el alcohol.

—¡Es puro alcohol!

—¡No, hombre! —rio—, son hierbas y ron y… ¡Sí!, un poco de alcohol, pero nada más.

Me regalaron una botella y después de varios días de tomarme mi "traguito" noté que mis músculos endurecían notoriamente. Pachita tomaba ese mismo remedio y se veía extraordinariamente joven para sus 78 años de edad.

Empecé a leerle el libro y nunca tuve ni he tenido una audiencia más interesada y luminosa…

El viernes me sentía muy bien y al entrar al recinto de las operaciones lo encontré iluminado y a Pachita platicando.

Era temprano y el Hermano todavía no venía. Aunque había visto varias veces la llegada de Cuauhtémoc, siempre era interesante observar el procedimiento que Pachita usaba para recibirlo.

Armando me dijo al finalizar esa sesión, que las entidades utilizaban un 10 por ciento del cerebro de los médiums porque usar más destruiría la masa encefálica. Era como si una organización energética se apoderara de los axones, dendritas y neuronas del cerebro activando patrones neuronales específicos y controlando campos energéticos neuronales.

Pachita pidió la túnica de Cuauhtémoc, se la colocó y se sentó en una silla frente al altar, cerró los ojos y empezó a recitar una serie de oraciones. Bostezó varias veces y después tembló otras tantas. Por fin levantó su brazo derecho y nos saludó:

—¡En el nombre de mi Padre, yo os saludo!

Por alguna razón, recordé que cuando vivía en Nueva York, en dos ocasiones, yo había penetrado en un remolino gigantesco y al sentir que mi cuerpo empezaba a girar siguiendo las curvas de aquel, había parado el proceso asustado por el misterio.

En ese momento me pareció probable que la llegada de Cuauhtémoc implicaba sensaciones similares para Pachita.

A la mitad de las consultas me empecé a sentir muy mareado. Era como si una energía desorganizada e intensa estuviese interactuando con mi cerebro sacándolo de equilibrio. No quise decir nada y solo hasta que mis sensaciones sobrepasaron mi capacidad de control comenté en voz alta:

—¡Hermano, me siento muy extraño y no sé si soy yo o es algo que estoy detectando!

—Son los incas, mi cariñoso, hoy tendremos un enfrentamiento y ya están aquí. Además —continuó— estás recibiendo energía para poder soportar la lucha.

Al terminar su comentario escuché algo muy extraño. Era una especie de gruñido salvaje.

—¿Oíste? —me preguntó el Hermano.

—¡Sí! —afirmé extrañado.

—Esos son los incas preparándose para atacar.

El Hermano se refería a un evento que habíamos vivido dos semanas antes cuando la pareja de sudamericanos se había presentado para consulta.

La mujer, una rubia muy atractiva, había visitado Brasil y le habían hecho un trabajo de brujería. Su compañero estaba muy alarmado y había comentado que su mujer actuaba en forma muy extraña y parecía poseída por una entidad "oscura".

La pareja había decidido venir el día de hoy y los incas eran las entidades que poseían a la mujer.

Esperamos toda la sesión a la pareja, pero no llegaron. Mientras tanto, la desorganización energética persistió durante varias horas acompañada de súbitos gruñidos.

Tuve que comentar de nuevo mis sensaciones y al terminar las consultas, le volví a preguntar a Cuauhtémoc:

—Hermano, ¿qué es lo que sucede?

—Ya te dije, mi niño, son los incas.

—¿Tú te sientes igual que yo?

—No, yo no siento eso, a mí no me afectan como a ti.

—¡Es que tú eres de acero!

El Hermano se asombraba mucho por algunos incidentes que tenían en común una absoluta ausencia de conciencia bondadosa.

Cada vez que ocurría algo de ese estilo, siempre comentaba el acontecimiento haciendo énfasis en que tal nivel era insostenible.

Parecía penetrar en la naturaleza humana y todo el estereotipo con el cual trabajaba (un cuchillo de monte, operaciones, una cama de cirugía, una luz tenue) estimulaba en el ser humano que penetraba al recinto, lo que no era posible controlar y ocultar. Yo aprendía a su lado y veía cómo allí, entre sus manos, surgían los instintos, lo no resuelto, la porción animal de la conciencia.

Así, cuando una señora obesa acompañada de su hijo se acostó boca abajo en la cama para ser intervenida de su columna vertebral y en un continuo grito se quejaba y quejaba, el Hermano comentó que una madre no debía asustar de tal forma a su hijo y por lo menos tener conciencia de las consecuencias de su falta de control y ausencia de fe.

El prestigio de Pachita era muy amplio y cada día la visitaban enfermos de regiones muy alejadas. Nueva York mandaba pacientes y la última operación de la noche fue de un muchacho llamado Carey, quien, acompañado de su novia, una joven puertorriqueña, venía desde aquella ciudad especialmente para ver a Pachita.

Me di cuenta de que la energía que había estado recibiendo durante la sesión, había tenido como propósito prepararme para esta, la operación más difícil de ese día.

Armando platicaba con el Hermano cuando anunciaron que Carey y su novia esperaban su turno.

Me habían dicho que Carey tenía artritis y yo lo había creído.

Cuando le pregunté al Hermano si operaría a Carey de su artritis, se rio junto con Z., como contestación.

Yo todavía no diferenciaba los "daños" de las "verdaderas" enfermedades y la risa del Hermano me hizo comprender que Carey estaba "dañado".

Cuando penetró al recinto con su novia, noté que esta última despedía vibraciones extremadamente sensuales. Su cuerpo era el de una felina y una bolsa negra que cargaba descuidadamente y que mantenía colgada en la posición de sus genitales la hacía aparecer como desnuda e incitante seductora.

Ambos venían vestidos de blanco y eso resaltaba aún más el efecto que he descrito.

El Hermano hizo sentar a Carey en la orilla de la cama y lo "miró" fijamente. Después, se frotó las palmas de sus manos y con un movimiento rápido y en dirección a Carey le lanzó "luz" mientras decía:

—Te ordeno que te presentes, te exijo que aparezcas y, si es voluntad de mi Padre, que lo tomes por completo y, si no, que salgas de su cuerpo...

Carey mientras tanto empezó a oscilar su cabeza y de pronto a tartamudear. De su boca salían sonidos extraños similares a los de algún dialecto indio.

Las palabras de Carey estimularon aún más al Hermano.

—Esa no es la forma de tomar un cuerpo. Toma "luz" y déjalo, te lo ordeno, recibe mi "luz" y cambia, aléjate de él y déjalo en paz.

En ese instante sentí que Carey se iba a desmayar. Oscilaba y cabeceaba y tartamudeaba y sus piernas empezaron a temblar.

Su novia, mientras tanto, respiraba profundamente y se quejaba.

El Hermano volvió a frotarse las palmas y a dar "luz":

—… sal de ese cuerpo, te lo ordeno por última vez…

No fue suficiente y Candelaria empezó a lanzar bálsamo sobre nuestras cabezas y prácticamente empapó a Carey y a su novia.

Por fin, el Hermano dio la orden de hacer una cadena de protección y todos, excepto Armando, nos tomamos de las manos.

El "daño" estaba localizado en las rodillas de Carey. Este era maestro de karate y siempre se había quejado de dolores muy intensos en sus piernas. El Hermano tomó el cuchillo de monte y abrió la rodilla derecha mientras Carey gemía de dolor y su novia lanzaba exclamaciones nerviosas. Sentí que debía salir de la cadena y tomar las manos de Carey pero no pude. Le dije que tomara mi brazo y lo apretó fuertemente. La operación seguía y los gemidos del muchacho indicaban un dolor intensísimo.

Candelaria nos lanzaba bálsamo y el cuchillo penetró la rodilla izquierda. Yo me sentía muy energizado y recordé que después de las consultas le había preguntado al Hermano:

—¿En qué forma te ayudo?

Cuauhtémoc me había preguntado si alguna vez yo había visto un mar encrespado. Al responderle afirmativamente me había dicho que la energía que daba durante las operaciones era como una ola gigantesca de un mar.

Seguramente el Hermano detectó mi nivel energético porque súbitamente me llamó y me pidió que sacara los "daños".

Me aparté de la cadena y le pedí a la gente que me había tomado de las manos que las apoyara contra la pared para que esta última sirviera de continuidad protectora.

Llevé mi mano derecha a la rodilla izquierda de Carey y junto a la punta del cuchillo sentí una especie de huesecillo alargado y terminado en punta. Lo tomé entre mis dedos y traté de extraerlo. No pude al primer intento y me enojé. Empecé a gritarle a aquel hueso y con un esfuerzo tremendo lo saqué de la rodilla. Armando se acercó con un papel negro y coloqué el "daño" en el interior del mismo.

Ahora me acerqué a la otra rodilla y volví a sentir un huesecillo similar al otro, pero en el momento de palparlo se apartó de mis dedos. Parecía vivo y el Hermano introdujo el cuchillo de nueva cuenta y volví a sentir la punta del hueso. Otra vez me enojé y le grité y con un tirón tremendo lo saqué de su lugar.

Carey respiró profundamente y cesaron sus gemidos.

Armando vendó las dos rodillas y yo acaricié la frente de Carey intentando tranquilizarlo.

Cuauhtémoc se dirigió a la novia del "dañado" y le dijo que si ella quería podía curarla de su pulmón.

La muchacha se negó diciendo que ella era santera y que podía curarse sola.

A mí me extrañó mucho aquello y sentí que el "daño" de Carey tenía relación con su novia.

Cuauhtémoc le habló a Carey.

—Tú eres un buen hombre y además eres un médium. Tienes capacidad curativa y un médico de una época anterior a la de Cristo va a introducirse en tu cuerpo y va a curar utilizando tu materia. Debes aprender a comunicarte con él y dejarlo pasar a través de ti.

—¿Cómo?, ¿cómo hago eso? —preguntó Carey.

—Debes aprender a meditar.

La novia interrumpió la conversación y dijo que el día anterior el espíritu había aparecido y durante cuatro horas había dialogado con ella.

Cuauhtémoc no la atendió y siguió hablando con Carey.

—Debes colocar —le dijo—, una flor blanca en la cabecera de tu cama y debes purificarte.

Mientras Armando seguía vendando, el Hermano se despidió de todos y se sentó junto al altar.

Durante un periodo corto nadie habló y de pronto y después de varias convulsiones el cuerpo de Pachita fue ocupado por una nueva entidad.

—Mala, mala, mala —decía en voz grave y entrecortada—, salte de aquí, vete.

Después habló en mexicano puro y sentí que hacía burla de la novia de Carey.

Por fin, Pachita apareció y yo le pedí a la novia que saliera del recinto. Estaba seguro de que ella tenía algo que ver con el "daño" y le pregunté a Armando su opinión. Estuvo de acuerdo conmigo, lo mismo que Pachita, después de relatarle lo que había sucedido.

Me sentía con la obligación de decírselo a Carey y no sabía cómo. Me acerqué a él y Armando me acompañó.

—Dile —me dijo Armando— que su camino es de "luz" y el de su novia no compagina. Ella necesita sexo, drogas y "oscuridad". Él, en cambio, será ocupado por una entidad de "luz", la que utilizará el lado de su cerebro y le enseñará a curar.

Carey no lo podía creer y me enseñó un collar que su novia le había regalado especialmente para aquella ocasión.

Lo tomé y por poco pierdo el conocimiento; se lo pasé a Armando y él sintió lo mismo.

—Este collar está "trabajado" —dijo con firmeza.

En seguida Armando colocó el collar en el suelo y con una botella de alcohol regó el contenido de la misma alrededor de él y le prendió fuego. Luego hizo varias cruces con alcohol y también las prendió. Por último, bañó el collar con bálsamo y me lo dio. Las vibraciones negativas habían desaparecido.

—Dile —me dijo Armando— que se lo regrese a su novia y que no le diga nada de lo que comentamos acerca de ella a riesgo de que, si hace lo contrario, morirá. Carey me mostró otro objeto y me pidió mi opinión acerca de sus vibraciones.

—Está muy bien —le dije con seguridad.

—Ese me lo dio mi maestro de karate. Él me quiere enseñar a meditar y es un magnífico ser espiritual.

"¿Cómo sientes la diferencia de vibraciones? —me preguntó enseguida.

—No lo sé —contesté—, simplemente las siento.

Despedimos a Carey y le sugerimos no dormirse sino hasta después de las 12 de la noche.

A la mañana siguiente Carey me habló por teléfono a mi casa.

—Sabes —me dijo—, me estoy dando cuenta de que mi novia tiene algo muy negativo, pero la quiero tanto que la estoy convenciendo de ser operada por el Hermano.

—Ojalá y logres convencerla —le contesté—, eso solucionaría el problema y así no tendrían que separarse.

—Gracias por todo —se despidió—, y te juro que cuando venga el médico y yo aprenda a curar haré algo por ti...

XXX

LA MUERTE DEL PAPA

"Estar en la creación de la experiencia es trascender toda dicotomía". Eso soñé una noche; me lo decía John Cooke y yo lo escuchaba con tal atención que mi sueño se trasladó a un plano de materialización.

Dos días después soñé que alguien me iba a "regalar" una revelación extraordinaria cuando un par de manos tomaron mi cuello para intentar ahorcarme. Me desperté y vi el reloj. A esa misma hora el papa (Juan Pablo I) moría envenenado. Digo envenenado y no de un ataque cardiaco, porque así me lo dijo Cuauhtémoc.

Después de la operación de Carey, este decidió separarse de su novia y la envió a un hotel. La muchacha me habló una tarde angustiada, confusa y llena de temor. Me pidió asilo en mi casa y yo accedí. Me contó de los santeros y de sus ceremonias llenas de sacrificios de animales, tambores danzantes y rituales exóticos.

La convencí de ir a operarse con el Hermano de una serie de dolencias que eran claro testimonio de "daños".

Durante los días que vivió en mi casa sentí que un fuego me quemaba el pecho y esperé expectante el día de la operación. Cuauhtémoc se negó a intervenirla.

—Ella es gran sacerdotisa de los santeros y está entregada de por vida —me dijo muy serio—. No puedo intervenir en esos menesteres —añadió con firmeza.

Se lo comuniqué a la muchacha y ella y su novio decidieron regresar a Nueva York.

Dos días después moría el papa y a mí me quemaba el pecho. Pachita tampoco se sentía bien; había ido a Toluca en compañía de sus hijos y en el camino su presión sanguínea había subido hasta 240 milímetros de mercurio.

¿Qué sucede en el mundo que todo parece dirigirnos a una crisis?, me pregunté el miércoles al entrar al recinto de operaciones.

Pachita había decidido descansar de las consultas y se habían programado pocas operaciones para la noche.

Nos preparamos para operar y la sesión transcurrió sin mayor percance. La niña sobreanestesiada ocupó la cama de operaciones para ser intervenida, de nueva cuenta, en su cerebro.

Se paró por sí sola de su silla de ruedas y yo me asombré de su increíble desarrollo y crecimiento. En unas cuantas semanas había aumentado 10 centímetros de estatura y casi parecía un gigante para su corta edad.

El cuchillo de monte penetró en su cráneo…

XXXI

EL DAÑO DE ARMANDO

Cuando cumplí 13 años, me enviaron una Biblia desde Jerusalén de pastas de plata y bellísima caligrafía. Había decidido regalársela a Cuauhtémoc y a Pachita.

El viernes siguiente llegué temprano a la casa de Pachita. La gente hacía cola y después Memo me dijo que, de 76 consultas, el Hermano solo había aceptado 20.

Mi pecho ya no me quemaba y me acerqué al Hermano para saludarlo.

—En el nombre de mi Padre, yo te saludo.

—En el mismo nombre yo te respondo —me contestó el Hermano—, ¿cómo estás, mi cariñoso?

—Estoy muy preocupado por la muerte del papa.

—Lo mataron, Jacobo, murió envenenado y es una señal. Está dicho que antes del final los patriarcas de las Iglesias perecerán. Primero fue el de la ortodoxa y ahora el papa.

Yo no había oído que el jefe de la Iglesia rusa ortodoxa muriera, pero era cierto. Con una separación de un mes, dos líderes religiosos habían fallecido y eso no era coincidencia, (como nada lo es). Ojalá, pensé, que la "luz" venza sobre la "oscuridad".

—Te traje un regalo —dije mostrando el libro.

Cuauhtémoc lo abrió y permaneció viendo una página unos instantes. Me pregunté si lo leía y entendía el hebreo, y como si hubiera leído mis pensamientos me contestó:

—¡Aquí hablan como lo hacemos tú y yo!

—¿Entiendes hebreo? —le pregunté en voz alta.

Volteó a verme y sonrió y le pidió a T. que le entregara el regalo a su materia.

—Gracias, hermano Jacobo.

Me paré junto al Hermano y lo acompañé durante las consultas. Como siempre, era asombrosa su capacidad bondadosa y su amor. La forma en la que el ser humano le era transparente y su capacidad de reconocer enfermedades, problemas emocionales y ataduras siempre me dejaba con una sensación de perplejidad y al mismo tiempo me confirmaba que a pesar de estar confinados "dentro" de un cuerpo, nuestros pensamientos afectan el espacio y son detectables por quienes han adquirido la capacidad de "ver". En mi labor como psicofisiólogo había llegado a la conclusión de que el cerebro crea un campo energético que interactúa con la organización del espacio, por lo que todos vivimos imbuidos y somos parte de una red energética que nos comunica y nos entrelaza en una unidad concebible teóricamente para mí y vivencialmente para Cuauhtemoctzin. Ahora "veía" que no solamente el cerebro sino todo el cuerpo crea y participa de esa red. Pero confieso que tales cuestiones energéticas son solo una aproximación lógica restringida y con esa misma capacidad tienen poder y capacidad de explicar. Lo que realmente ocurre trasciende cualquier intento humano de explicación y lo que iba a ver más adelante me lo confirmaría una vez más.

Armando tenía un "daño" que se manifestaba por dolores muy intensos en su bajo vientre y en su pierna derecha. Era el decimoséptimo desde que había empezado en la obra del Hermano y hoy sería la decimoséptima operación a la que sería sometido. Cuauhtémoc le había pedido traer una aguililla y, después de nuestra conversación acerca de los líderes religiosos, el Hermano le preguntó acerca del animal.

—Está afuera dentro de una caja —le contestó Armando.

Cuauhtémoc, en el cuerpo de Pachita, se dirigió hacia el águila y la sacó de su caja; las garras del animal se aferraron a su antebrazo y lo hirieron. Cuando pudimos separar el ave del cuerpo de Pachita noté varios orificios en el brazo de esta.

—Mira —me dijo—, esta águila tiene dentro al ser que molesta a Armando y la prueba es que de las heridas que le hizo a mi materia no brota sangre.

Era cierto, a pesar de que las uñas del animal se habían introducido en el antebrazo, dejando huellas terribles en el mismo, no brotaba sangre de las mismas.

—Recuerda, hermano Jacobo —me dijo Cuauhtémoc—, cuando un animal hiere y no brota sangre de las heridas que produce, eso significa que el animal tiene un ser dentro.

Recordé uno de los procedimientos que don Lucio utiliza para limpiar casas. Hace una mezcla de hierbas y las enciende para llenar de humo las habitaciones y en casos graves utiliza lo que él llama "seguros". Estos generalmente son gallos que se entierran en las entradas de la casa y que se "tragan" los "daños".

También recordé lo que la novia de Carey me había descrito de las ceremonias de los santeros. Estos sacrifican animales después de un ritual en el que las bestias se apropian de los espíritus que se "trabajarán" en la ceremonia.

—A ver, hermano Jacobo —me dijo quisquillosamente Cuauhtémoc—, ¿cómo explicas esto?

Se refería a la ausencia de sangre de sus heridas.

—Yo creo —empecé diciendo con inseguridad— que el animal tiene dos campos energéticos interactuantes y que la resultante de ambos cierra los poros de la piel de la víctima y… bueno —continué—, la verdad es que mi lógica no alcanza a explicar esto ni nada de lo que he visto aquí.

El Hermano me "miró" con atención y me dijo que yo había cambiado mucho.

Era cierto, jamás me había sentido igual y mis procesos de pensamiento habían trascendido todo deseo de explicación concreta. Creía en Dios y tenía fe y por fin había aceptado la supervivencia de la individualidad después de la muerte corporal y todo lo que esto último implicaba.

Deseé decirle al Hermano que lo que más me había cambiado era su bondad y la de Pachita y la aceptación de la individualidad permanente. El aquí, el allá y el más allá son lo mismo, me dije para mí, recordando una frase memorable de don Lucio. Cuando me lo había dicho, no lo había entendido, y ahora ya era parte de mí.

Si nos conservamos como individuos, es necesario fortalecer nuestra identidad. Si continuamos con nuestra labor, es necesario trabajar en lo más elevado. Si seguimos siendo, debemos hallar en nuestro interior la belleza y trabajar en su mantenimiento, continuidad y fortalecimiento.

Quise decir todo eso en voz alta, pero solo acerté a murmurar un "sí, ¡sí he cambiado!".

El Hermano sabía lo que había pensado y me lo confirmó con una observación:

—Ahora tienes la "fuerza" —me dijo—, no permitas que nadie te haga dudar de lo que has visto y tú tampoco hagas lo mismo con tu prójimo. Sé fuerte y mantén tu propio yo frente a cualquiera.

Así lo había hecho últimamente con tal convicción que me extrañaba cómo antes era tan fácil que alguien me hiciera caer.

—¡Así lo haré! —le respondí con firmeza.

Estábamos en las consultas y nuestro diálogo salpicaba los momentos en los que alguien salía del recinto y el próximo enfermo penetraba al mismo. Cada vez era más fácil que yo me introdujera a la vivencia atemporal, y el recinto y las consultas y sobre todo las operaciones me estimulaban ese estado en el que lo único que existe es un presente eterno.

Una mujer que había sido operada de sus ojos se acercó a Cuauhtemoctzin. Este me pidió mi linterna y alumbró los ojos de la señora. Estos eran verdes y difusos.

La mujer dijo haber empezado a ver después de la operación, pero todavía sin detalles.

El Hermano extendió su brazo derecho y, con la palma de su mano hacia arriba, pareció esperar una materialización. Yo no noté nada concreto pero la mano se movió en dirección a los ojos y pareció inyectar algo en ellos. La mujer reportó un incremento de la luz y el Hermano le dijo que pronto podría ver con detalle.

En ese momento y por una asociación extraña, recordé que el Hermano era incapaz de distinguir el lado derecho del izquierdo. Yo me había preguntado la razón de esto y había pasado desde la consideración de una comunicación interhemisférica absolutamente fluida en el cerebro de Pachita con la consiguiente mezcla de lo espacial con lo aespacial, de lo fantástico con lo lógico, de lo matemático con lo puramente intuitivo, hasta la consideración de ausencia de espacio en el "hábitat" del Hermano con la consiguiente ausencia de referencias direccionales.

Yo no dudaba de que el cerebro de Pachita tuviera absoluta fluidez de transmisión de señales callosas interhemisféricas y que el Hermano viviera en una dimensión que trascendía el espacio, pero ambos pensamientos no eran suficientes para explicar la confusión direccional.

El siguiente paciente interrumpió mis pensamientos.

Era un hombre adulto con expresión muy preocupada. El Hermano lo conoció y al "verlo" se emocionó y se entristeció.

—Querido hermano —le dijo—, ¿por qué estás en ese estado? Debes levantar tu vista y salir del orificio en el que te han metido. Sé que es por una mujer y sé cuánto te duele. A mí mismo me lo hizo la Malinche, recuerda su traición y mi dolor. Pero a pesar de eso me levanté y con el alma rota, pero con voluntad de fierro hice frente al invasor y defendí a mi pueblo. Estás triste y no ves futuro, pero yo te digo que existe y es muy bello y debes levantarte y andar recto. Tú eres muy "luminoso" y nada debe hacerte caer. Pon tu voluntad al frente y álzate, ofrece tu pecho al destino y no dejes que algo así te derrumbe.

El siguiente enfermo había sido abandonado por su mujer llevándose a sus cinco hijos con ella. Cuauhtémoc se ofreció para visitar a la hembra y hacerla entrar en razón.

—Iré en espíritu y tú, mientras tanto, espera…

Antes del inicio de las operaciones le pregunté a Cuauhtémoc acerca de la traición de la Malinche.

—Se emocionó con los barbados —me dijo—, así son las mujeres cuando les falta centro.

D. vino a informarle al Hermano acerca de la lista de operaciones y este le pidió que las dividiera en las de ojos, líquidos y sangre.

—Así debe ser el orden, hermano D.

Yo observaba todas esas maniobras y de pronto tuve la sensación más bella de familiaridad y ritual que recuerde.

Siempre sucedía lo mismo: D. venía y luego el Hermano preguntaba por R., y ella venía trayendo los órganos por ser injertados y otras cosas que no he alcanzado a saber para qué son.

Me sentí en mi hogar y la sensación de orden, tradición y ritual me envolvió como un perfume magnífico.

La primera operación fue de ojos. Una muchacha joven se sentó en la silla del Hermano. Me coloqué detrás de la silla y tomé la cabeza de la muchacha entre mis manos. Me sentí instantáneamente luminoso y energetizado. Volteé a ver al Hermano y le dije que lo quería mucho. No entendí lo que me contestó y el resto de la sesión me mantuve con una sensación continua de alegría y paz.

Después de varias operaciones de líquidos en niños, trajeron a una muchacha joven.

El Hermano la "vio" y le preguntó por qué deseaba morir. La muchacha había sufrido un accidente de automóvil y había quedado semiparalizada. Odiaba aquella ocasión y maldecía al chofer del automóvil accidentado.

—No quiero vivir —le dijo al Hermano—, no veo nada que me guste ni nada me satisface.

El Hermano la reconfortó y después en un tono serio la regañó:

—Quien sufre una enfermedad debe ser paciente porque de otra forma no se cura; debes dar gracias a Dios de que te conservó viva y dejar recriminaciones y maldiciones porque vuelven a uno y es no respetar la vida.

La muchacha tenía enfermo un riñón y el Hermano injertó un riñón de cadáver en sustitución del original. Yo ya había visto tantas operaciones similares que no me asombré y lo consideré natural.

El siguiente paciente era un famoso músico norteamericano. Su cuerpo flácido vivía en una silla de ruedas paralizado de todos sus miembros.

Era la segunda vez que lo veía y en esta como la anterior llegó acompañado de una comitiva muy ruidosa.

Cuauhtémoc lo obligó a pararse de la silla y dar algunos pasos, ayudado de su hijo y una amiga.

—Vamos a quitarle un tumor de su pulmón —dijo Cuauhtémoc después.

Acostamos a Ch. y el Hermano hizo una incisión en su costado posterior derecho. El músico dijo que ya no sentía agua en su pulmón y pidió permiso para hacer una pregunta que yo traduje.

—¿Pachita ha vivido varias vidas?

—Por supuesto —contestó el Hermano—, ¡igual que todos nosotros!

Al salir le dije al Hermano que siempre había sentido una diferencia entre los norteamericanos y los mexicanos.

—Así es —me confirmó—, los americanos son más "sucios".

La operación de Armando se había retrasado dos semanas y estaba programada para el final de la sesión de hoy.

Jamás imaginé lo que vería y me preparé para la

intervención de Armando de la misma forma en la que me preparaba para las demás.

Obviamente, sin embargo, había una diferencia de sentimientos; sentía hacia Armando un cariño muy especial y una cercanía de hermanos.

A pesar de que el Hermano lo había operado otras 16 ocasiones, sentí un poco de nerviosismo en Armando.

Lo acostamos boca arriba y como broma le di las mismas instrucciones que a otros enfermos: relaja tu cuerpo, respira profundamente y reza...

Cuauhtemoctzin pidió una cadena de protección, y Candelaria, el cuerpo de Pachita y yo nos introdujimos en su centro.

El Hermano pidió a Dios por fuerzas y después abrió el vientre con las tijeras. En seguida hizo una incisión de 15 centímetros con el cuchillo. Armando no se quejaba y controlaba su dolor a través de respiraciones profundas. El Hermano empezó a hurgar en el interior del cuerpo y a medida que profundizaba en el vientre lanzaba exclamaciones de asombro.

En cierto momento dijo que allí adentro había exactamente lo que Armando más aborrecía.

Me pidió mi mano y me hizo tocar algo alargado y de una consistencia repulsiva.

—¡Sácalo, Jacobo!

Yo empecé a tirar de aquello, mientras Cuauhtémoc chiflaba. Era el mismo chiflido que yo había oído en una ocasión cuando el Hermano se enfrentó con una entidad oscura proveniente de Brasil.

Yo había interpretado el chiflido como un medio para alejar la oscuridad, pero, después de su operación, Armando me explicó que así llamaba Cuauhtemoctzin a su ejército, en casos de gran peligro.

Y aquello no era para menos: a medida que yo sacaba la "cosa" alargada me daba cuenta y después confirmé que era una víbora.

—¡Hipnotiza a esa víbora! —me ordenó Cuauhtémoc.

Algo se apoderó de mí, sentí una fuerza sobrehumana y le empecé a hablar al animal.

—¡Viborita, vas a salir, viborita!

Tiré y tiré y aquello no terminaba de salir. Por fin saqué el extremo de la cabeza de la víbora y se la entregué a Candelaria quien la recibió en un papel negro.

Miré de reojo al animal y noté sus movimientos; era repugnante e increíble haber sacado una víbora viva del vientre de un ser humano, pero así era. Respiré profundamente mientras Candelaria vendaba a Armando.

La cadena de protección seguía en su lugar y súbitamente el Hermano llamó la atención de Candelaria.

—¡Cuidado que se escapa!

La víbora había salido del papel y se dirigía hacia Armando. Con un movimiento rápido Candelaria la atrapó y la guardó en el papel negro de protección. La sesión había terminado y después de que Pachita regresó a su cuerpo le recordé a T. el encargo de entregarle a Pachita la Biblia y lo hizo. Pachita miró las pastas y abrió el libro y se extrañó de los caracteres hebreos.

—¿Qué dice, Jacobo?

Tomé el libro por donde lo había abierto Pachita y leí en hebreo antiguo. El hebreo resonaba en el recinto y me di cuenta de que lo que leía no era azaroso y significaba la terminación del libro que yo había empezado a escribir pensando que era yo, pero después comprendí que mi mano era solo un instrumento para dar a conocer lo que veía.

Leía:

Fueron, pues, acabados los cielos y la tierra y todo el ejército de ellos, y acabó Dios en el día séptimo la obra que hizo, y reposó el día séptimo de toda la obra que hizo, y bendijo Dios al día séptimo y lo santificó porque en él reposó de toda la obra que había hecho en la creación.

MURMULLOS DEL SILENCIO

El observador es independiente; pero "aquí" ve a través de la lente de la actividad neuronal.

El único equilibrio es la libertad.

La inmortalidad no requiere ser buscada, se encuentra dada desde siempre: por ello la responsabilidad es alimentar de belleza al espíritu.

La búsqueda es la armonía, el encuentro es con el Ser esencial, aquel que trasciende cualquier impresión sensible.

El mayor misterio es la experiencia.

No existe el azar, no se toman decisiones, todo está entrelazado dentro de una red hipercompleja de relaciones.

El mundo es una matriz de interacciones entre conciencias. Todo es señal y enseñanza para el que sea capaz de despertar.

Ninguna palabra que alguien nos comunica es azarosa. Todo funciona en dirección a la plenitud consciente y todo es lección por aprender.

En el punto final somos un solo Ser...

La experiencia religiosa es la plena aceptación de la existencia de un orden trascendente en el que no cabe el azar.

Si la cuarta dimensión es el eterno presente, la quinta es las relaciones humanas.

La conciencia es el todo en cada instante del presente.

Cuando la conciencia es libre, cuando la sensibilidad es óptima; somos lo que el universo es.

En última instancia todo es manifestación de la estructura cerebral, la que, a su vez, es un modelo de todo el universo.

Cuando vemos, nos vemos a nosotros mismos.

Cada imagen, sonido, sensación táctil, sabor... contiene todo el conocimiento.

Siendo cada uno de nosotros la representación del estado total del universo en un instante dado, no se puede más que asegurar que nuestra esencia es la perfección.

El cerebro es el matraz cabalístico del Ser.

El observador es una personita que se escandaliza por las estupideces que el cuerpo hace.

El mundo real se localiza más allá del pensamiento.

Desde un punto de vista lógico, todo puede llevarse al sinsentido. Por ello, la verdadera vida trasciende la razón.

En el despertar se van abandonando antiguas ilusiones hasta encontrar lo incambiable, lo sin nombre, lo eterno.

El encuentro con uno mismo es la eternidad. Ningún placer temporal se acepta como real cuando el Ser se ha visto a sí mismo.

En un nivel de conciencia se habla con el hombre, en otro con el mundo y cada sonido adquiere significado. Este es el verdadero sentido de la sincronicidad.

El diálogo total con el mundo trasciende toda lógica estructurada y es una función del verdadero observador.

La sincronicidad siempre está.
Solo se requiere despertar para darse cuenta de su existencia.

Nada que no provenga de la experiencia directa puede ser considerado como verdadero conocimiento.

La libertad interna es esencial para reconocer la sabiduría del universo. Sin ella todo se traduciría en una estructura limitante.

Todo es transformación y el pensamiento aparece desde la primera interface del espacio con el cerebro.

Al ponernos en contacto con un nuevo nivel de la realidad tendemos a vislumbrarlo a través de la lente de nuestra historia personal.

Lo que es en sí mismo no puede ser conocido mientras no trasciende la genética y la historia personal…

Los símbolos, el lenguaje, el pensamiento y la experiencia en sí dependen y están dados por las morfologías energéticas de campos en interacción.

En el silencio está la respuesta.

El asombro de la creación de la experiencia es el asombro por todo.

Bella energía es el pensamiento en la esencia. Bella porque conecta con el Ser.

La conciencia de Unidad con el Todo se puede adquirir como se adquirió la unidad corporal. El bebé lanza una orden y su brazo le contesta. El chamán lanza una orden y las nubes le contestan. Unidad de cuerpo y unidad del Todo.

Pero también la Unidad se adquiere por el pensamiento.

Cualquier objeto es un proceso y un pensamiento.

Todo se transforma a través de nosotros y adquiere forma.
Por ello el amor es la creación más absoluta.

Sentirse siendo es el mejor de todos los sentimientos.

Al caminar, nos pisamos a nosotros mismos.

AGRADECIMIENTOS

Gracias a mi padre amado, por dejar a la humanidad este regalo tan grande en todos sus textos e investigaciones. Gracias por haber tenido el atrevimiento de ahondarse en lo más profundo y darnos con sus letras una ventana para comprender un poco más nuestra naturaleza.

Gracias por ser uno de los pioneros en la investigación científica de la conciencia.

Gracias, padre, por enseñarme tantas cosas, acompañarme y cuidarme siempre con tanto amor.

Gracias a mi madre por siempre estar presente y siempre recordar a mi padre con respeto y cariño.

Gracias a mis hijas Ixchel y Leilani, por traer dentro esa herencia llena de sabiduría. Gracias por cuidar con tanto amor el legado de su abuelo.

Gracias a Nicolás por ayudar tanto en la recuperación de la obra de mi padre.

Gracias a la música por ser un canal tan sutil de comunicación con mi padre.

Gracias a todos los amigos entrañables de Jacobo.

Gracias a la familia.

Gracias a todos los científicos que han seguido la investigación en sus laboratorios.

Gracias a la UNAM por apoyar siempre el trabajo de mi padre.

Gracias a Penguin Random House por difundir el trabajo de Jacobo Grinberg en esta nueva edición de sus libros.

Gracias a la humanidad por estar llena de luz a pesar de todo lo que hemos y estamos pasando... Somos seres hermosos, parte de este universo que lo es todo... Somos polvo de estrellas.

Gracias, padre, donde sea que te encuentres. Te amo en lo más profundo de mi ser.

ESTUSHA GRINBERG

Esta obra se terminó de imprimir
en mes de febrero de 2026,
en los talleres de Corporativo Prográfico, S.A. de C.V.
Ciudad de México